着実運用で
4年で10倍!

ボリンジャーバンド×自動売買FX

山中康司
YAMANAKA
YASUJI

クロスメディア・パブリッシング

はじめに

この原稿を書いている今日、ニューヨークダウは大きく値を下げ、取引開始早々サーキットブレーカーが発動されました。新型コロナウィルスの感染拡大による景気への悪影響と原油安などの要因によるものです。このような景気の悪化はこれまでにも幾度となく繰り返されてきました。振り返って見れば１９７３年─変動相場制の導入、１９８５年─プラザ合意、１９９７年─アジア通貨危機、２００８年─リーマンショック、そして２０２０年、コロナショックとでも呼ばれることになるのでしょうか？　これらの出来事がほぼ12年サイクルで起こっているのは偶然かもしれませんが、景気は良くなったり、悪くなったりを常に繰り返しているということについては疑いの余地はありません。

いったんこうした金融危機が起こると、あらゆる金融商品が影響を受けます。特に株式を買っている場合には、早々に売却しなければ大きな損失を抱えてしまう可能性があります。為替相場も影響を受けるという意味では例外ではありません。しかし買いからも、売りからも入れるＦＸの場合、相場のトレンドさえうまくつかむことができれば、上昇局面でも下降局面でも利益を生むことができるのが大きな魅力です。しかしながら、このチャンスをうまく利益につなげることのできるトレーダーは全体の10％とも、５％とも言われています。相場は上がるか下がるかですから、本来なら勝敗は五分五分のはずなのに9割近いトレーダーが負けているという現実があります。利益が上がらない理由は様々あります。わかっていてもできないことは練習を重ねればいつか克服できるでしょう。しかし、もし誤解を抱えたままトレードをしているとしたら、いつまでたっても利益を出すことはできないでしょう。本書では最初にそんな誤解を解いていきます。

そして、無理なく着実に利益を上げられる方法として近年注目を浴びている「リピート注文」の使い方や注意点などについて、詳しく掘り下げていきます。本書のテーマでもあるこのリピート注文を使っているトレーダーの場合、その約8割が利益を上げているというデータもあります。利益を上げるその秘密は、「FX独特の値動き」にあります。リピート注文はこのFX独特の値動きを自動的にとらえて、細かく利食いを繰り返してくれるので、ほとんど手を掛けることなく利益を積み重ねることができるのです。しかし、このシンプルなリピート注文も誤った使い方をしてしまっては利益を上げることはできません。そこには裁量トレード同様、テクニカルチャートを使った相場の読みもある程度必要になります。

そこで、私がこれまで実際にリピート注文に携わってきた中で、最も有効なテクニカルチャートであると、自信を持って言えるのがボリンジャーバンドです。

ボリンジャーバンドは裁量トレードでも人気がありますが、リピート注文で重要な「トレンド転換のタイミング」と「レンジブレイクのタイミング」がわかりやすいので、リピート系にはとても便利なチャートと言えます。本書ではリピート注文の基本的な使い方から応用まで、このボリンジャーバンドをうまく使って効率よく利益を上げる方法をわかりやすく解説していきます。

今後の皆様のトレードの一助となれば幸いです。

2020年3月

第2章

トラッキングトレードの基本戦略

第3章 山中流ボリンジャーバンド活用術

第4章 山中流「トラッキングトレード」の基本戦略

第5章 山中流トラッキングトレード実証実験

第6章 応用編 「ダマシ回避」と「リピート注文と裁量の併用」

コラム

序章

FXの２つの誤解と現実的な利益目標

FX 利益出てますか？
利益が出ないいくつかのワケ
これを理解することが
収益アップへの第一歩

ＦＸなら〝毎月決まった小遣いを稼げる〟という誤解

ＦＸには様々な誤解があります。中でもよく耳にするのが「毎月お小遣いのように決まった額が稼げる」という誤解です。これはＦＸに限らず、株や投信の場合でも銀行の金利のような安定した利益を求めることはできません。なぜそれが難しいのか、具体的に見てみましょう。

ＦＸで利益を出す方法の一つにチャート分析があります。実際に利益を出しているトレーダーの多くはチャート分析を行っているので、それ自体は間違っていません。問題はそれらの分析手法を自分自身で検証し、自分の**トレードの癖や生活スタイルに合わせてカスタマイズできているかどうか**です。そして、何より、相場状況です。**利益を上げやすい相場かどうか**です。私の開催したセミナーでも、チャートのサインに従ってトレードしても儲からない、というような声を聞くことがあります。

例えば多くのトレーダーが参考にしているＭＡＣＤを使ってある時期のトレード結果を検証してみましょう。２０１９年の6月~8月のドル／円を例に単純にゴールデンクロスとデッドクロスのサインに従って売買してみます。新規注文・決済注文それぞれの売買ルールはクロスが完成した足の始値（詳しくは次ページ参照）とします。3カ月間運用した結果はトータルでマイナス２・４２円でした。10万通貨で取引していれば24万２０００円のマイナスです。**同じ時期、別の手法で利益を出していた方はいくらでもいるでしょう。また、別の時期にこのＭＡＣＤのサインに従ってトレードして、大きな利益を上げることができたかもしれません。しかし、左ページの結果も事実です。**

※ MACD（通称マックディ）とはトレンド系のテクニカル指標で、短期線と長期線で構成され その重なりや位置、向き（角度）などから売買判断をサポートするもの

MACDの売買サインによる3カ月間の収益

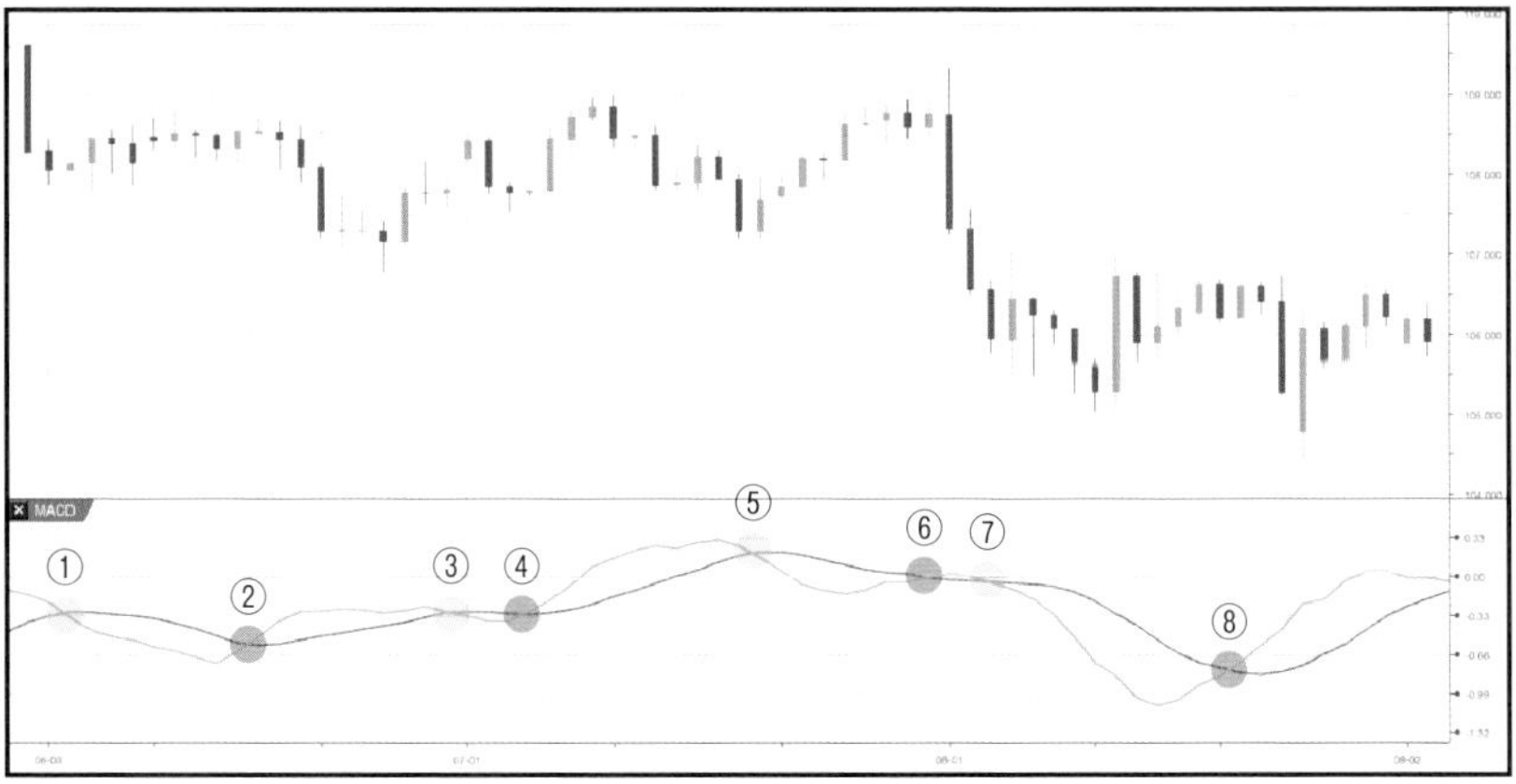

USD／JPY　日足　2019年6月～8月　※MACD（短期線＝10日EMA・長期線＝20日SMA）

新規（買・売）	決済（売・買）	決済損益
①6月5日　108.14円　売	②6月19日　108.44円　買	−0.30円
②6月19日　108.44円　買	③7月2日　108.43円　売	−0.01円
③7月2日　108.43円　売	④7月8日　108.43円　買	0.00円
④7月8日　108.43円　買	⑤7月23日　107.86円　売	−0.57円
⑤7月23日　107.86円　売	⑥8月2日　107.32円　買	−0.54円
⑥8月2日　107.32円　買	⑦8月7日　106.46円　売	−0.86円
⑦8月7日　106.46円　売	⑧8月22日　106.60円　買	−0.14円
⑧8月22日　106.60円　買	——	——

2019年6月1日～8月31日の期間、MACDのゴールデンクロスとデッドクロスのサインに忠実にトレードをした結果、8回の新規注文と7回の決済注文が入りました。最終的な損益はマイナス2.42円（－242pip）

※1pip＝1銭（0.01円）

では同じＭＡＣＤの設定で、時期を変えて検証してみましょう。

左ページ上のチャートは２０１６年11月９日にアメリカでトランプ氏がクリントン氏を破って大統領選を制した時の相場です。この時、ＭＡＣＤのサインに従ってトレードをしていれば確かに６・94円の利益が確保できました。また移動平均線の売買サインに従えば１０・６９円もの利益が出ています。10万通貨あれば69万４０００円か１０６万９０００円もの利益を手にすることができました。しかし、**相場はいつもこのように動くとは限らない**ことは前ページで述べた通りです。

ところで、買い注文を入れた日がなぜ９日ではなく11日なのか、疑問に感じた方もいらっしゃるのではないでしょうか。売買サインを見る上でよく間違えるので確認しておきましょう。左ページ下のチャートは豪ドル／ＮＺドルの５分足チャートでＭＡＣＤのゴールデンクロスが形成される様子を追ったものです。ゴールデンクロスの発生したポイントと実際にそのクロスが完成したポイントには足２本分のズレがあることがわかります。過去のチャートで検証する場合、ゴールデンクロスが発生しているポイントで売買できたと仮定して計算すると、収益予想を大きく見誤ってしまいます。実際の売買ポイントはチャートで確認できる通り、ゴールデンクロスの発生した次の次の足の始値を付けた後になります。これはＭＡＣＤに限ったことではなく、移動平均線でもＲＣＩでもＤＭＩでも短期線と長期線のクロスをサインとして見るチャートはどれも同じなので注意が必要です。

さて、このように見てきますとＦＸで利益を上げることの難しさをご理解いただけたのではないでしょうか？　またＦＸには「短期間で大儲けできる」という誤解もあります。〝しっかりと利益を

※ゴールデンクロスとはMACDの短期線が長期線を下から上に突き抜けて交差したところ。デッドクロスとは逆に短期線が長期線を上から下に突き抜けて交差したところ。

1カ月で利益の上がったケース

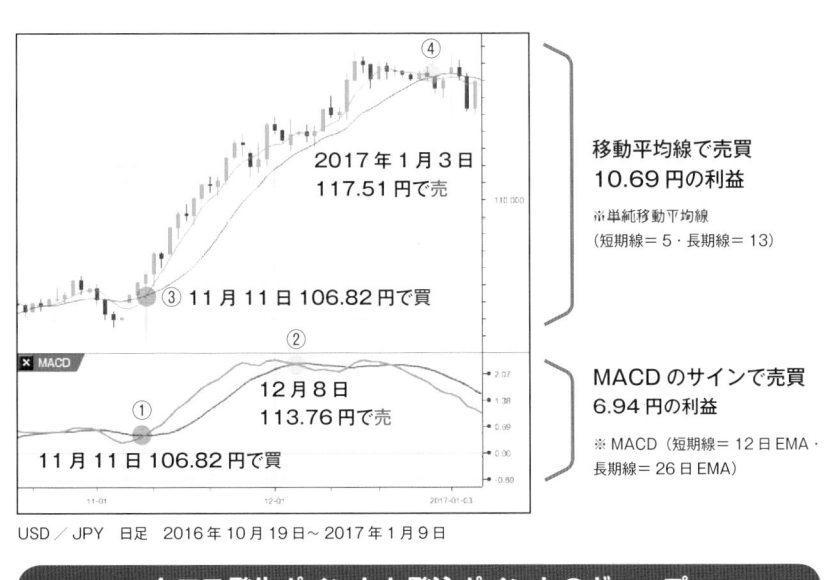

移動平均線で売買
10.69円の利益
※単純移動平均線
(短期線＝5・長期線＝13)

MACDのサインで売買
6.94円の利益
※MACD（短期線＝12日EMA・長期線＝26日EMA）

USD／JPY　日足　2016年10月19日～2017年1月9日

クロス発生ポイントと発注ポイントのギャップ

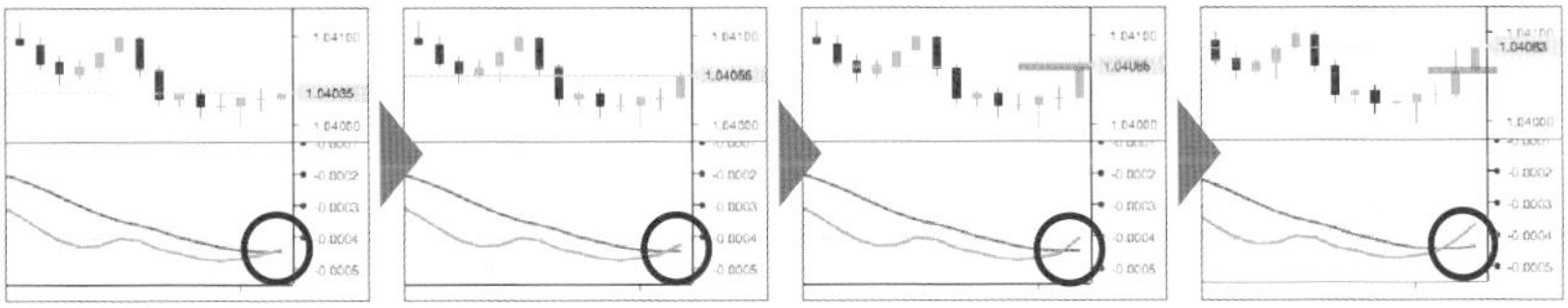

AUD／NZD　5分足　2020年1月6日20：00～21：15

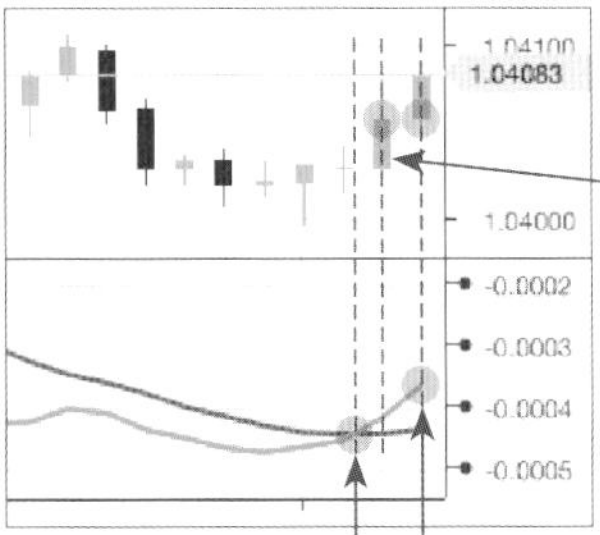

この足の終値が決まるまでMACDのクロスは完成しない。
また、この足の終値で注文を入れることは現実的には不可能で、その**次の足の始値が付いた後**が注文を入れられるポイントになる

見かけのクロス発生ポイントと、実際にサインに基づいて発注できるポイントとのギャップ

上げる〟ためにも、この誤った認識も改める必要があります。

ここでは２００９年～２０１９年の10年の間のドル／円相場の動きを俯瞰してみます。この間１年でどのくらい相場が動いたか見てみましょう。チャートの真ん中２０１２年あたりから発生した大きな上昇トレンドに注目してください。最安値75・56円を付けた２０１１年10月から最高値１２５・85円をつけた２０１５年６月まで、50・29円上昇するのに３年と８カ月をかけています。その後はこのトレンドも次第に収束していきます。

左下の表の通り、最も値動きの大きかった年が２０１６年の22・59円、反対に最も値動きの少なかった年が２０１９年の７・95円です。このデータからも明らかなように、利益を出しやすい期間もあれば、相場が停滞して利益を出しにくい期間もあります。どんなに素晴らしい釣り名人でも魚のいない池で魚は釣れないように、**どんなに腕のいいトレーダーでも動かない相場で利益を上げることはできません。**このようなことから、**ＦＸ取引では毎月の利益目標を立てるというのは現実的ではありません。最低でも1年間くらいの長期的なスパンで考えることが現実的と言えるでしょう。**

相場が動いても利益につながるとは限らない

さらに相場が大きく動きさえすれば簡単に利益が出るかと言えば、必ずしもそうとは限りません。左の表の１行目に１９９８年の年間変動幅を記載しましたが、１年で36・１円も動いています。そし

ドル／円 年間変動幅

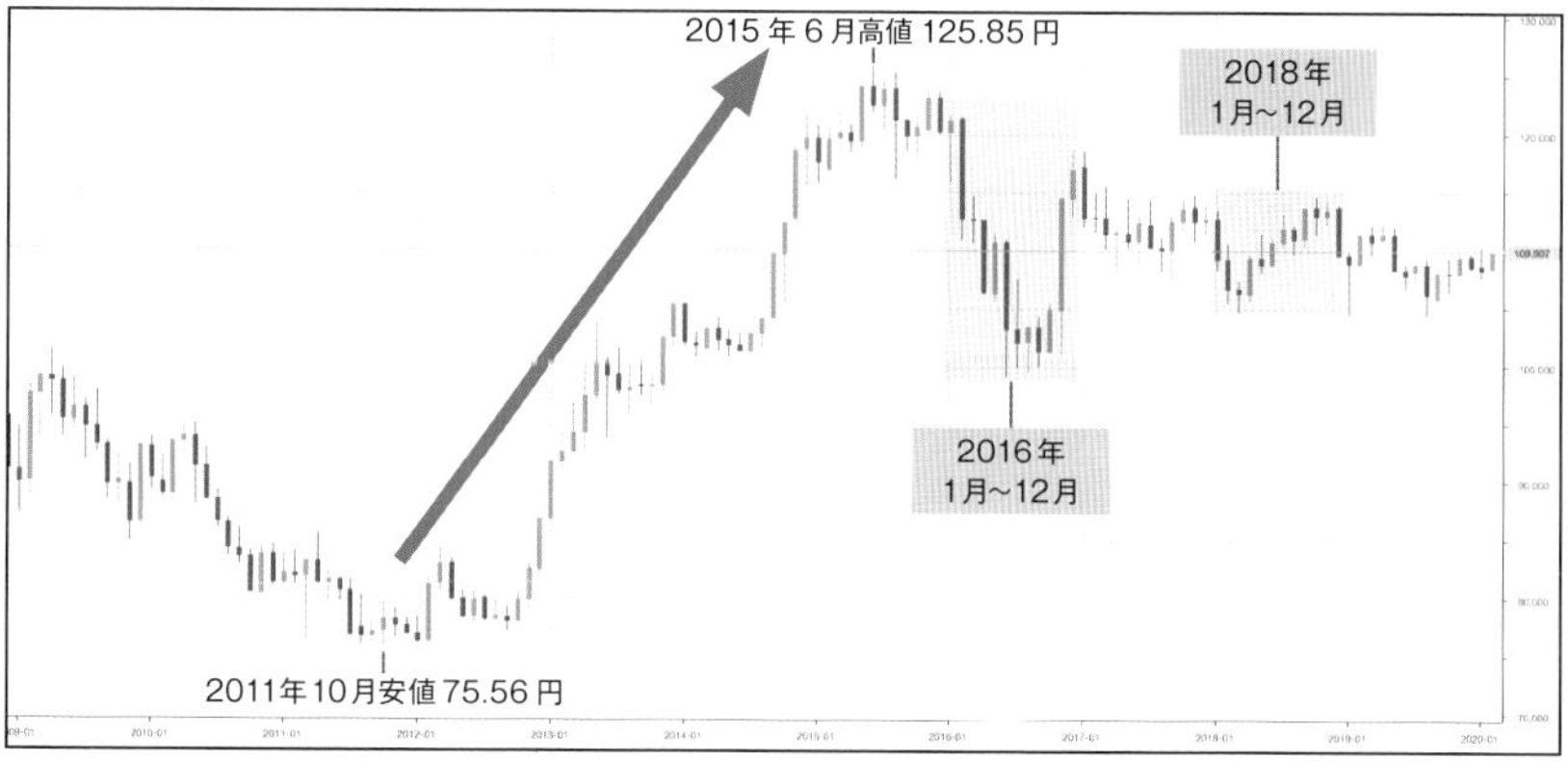

ドル／円　月足（2009年1月～2020年1月）

年	安値（発生月）	高値（発生月）	変動値幅
1998	111.53円（10月）	147.63円（8月）	**36.1**円
2009	84.82円（11月）	101.40円（4月）	16.58円
2010	80.23円（11月）	94.98円（5月）	14.75円
2011	75.56円（10月）	85.52円（4月）	9.96円
2012	76.02円（2月）	86.78円（12月）	10.76円
2013	86.54円（1月）	105.41円（12月）	18.9円
2014	100.75円（2月）	121.85円（12月）	20.1円
2015	115.85円（1月）	125.85円（6月）	10円
2016	99.09円（6月）	121.68円（1月）	**22.59**円
2017	107.31円（9月）	118.60円（1月）	11.29円
2018	104.64円（3月）	114.55円（10月）	9.91円
2019	104.45円（8月）	112.40円（4月）	**7.95**円

てその動きは10月に集中しています。この時はロシア通貨危機の影響でドル/円も大きく動き、わずか3時間で約10円も暴落してしまいました。その後3日で、さらに約20円も下落したのです。とても手の出せるような相場状況ではありません。

次はファンダメンタルズとは関係のない例を見てみましょう。通貨危機なども含めて、国や企業の経済状況を示す基礎的要因のことをファンダメンタルズ要因といい、相場を動かす一因になっていますが、最近ではAI（アルゴリズム）による高速度取引が急な相場の動きにつながることもあります。２０１９年1月3日の相場がそんなケースにあたります。

左のドル/円チャートは、わずか10分ほどの間に１０８円台から１０４円台まで下落した場面です。原因は米株式相場でアップルの業績の下方修正が発表されたことをきっかけに、アジア市場が休みで市場参加者が閑散としていたところに「AIのアルゴリズム売買」が加わり、「フラッシュ・クラッシュ」が起こったというのが大方の見方です。規則的に下げ続けるような場面であれば大儲けできたところですが、1秒にも満たない間に不規則な上げ下げを繰り返すので、裁量トレードで利益を狙うことは難しいでしょう。このように、**相場が大きく動いても利益につながりにくいことはよくあります。**

さて、FXに関する誤解と裁量で利益を出すことの難しさを並べてきましたが、他にはどうでしょうか？　FXに関する誤解の中でもトレードに大きく影響するものとして欠かすことができないのが「FXはレバレッジが掛けられるからわずかなお金でも大金を稼げる」という誤解です。この言葉は正しい反面、中途半端な理解は大きな損失を招いてしまいます。次項で詳しく見てみましょう。

※フラッシュ・クラッシュとは株や外貨などの金融商品の取引で使われるAIによる自動売買で通常の売買とは違う、極端な売りや買いが発生し、相場が暴落したり、急騰したりすること。

急激な相場変動（ファンダメンタルズと AI のアルゴリズム）

■ロシア通貨危機発生時の相場変動

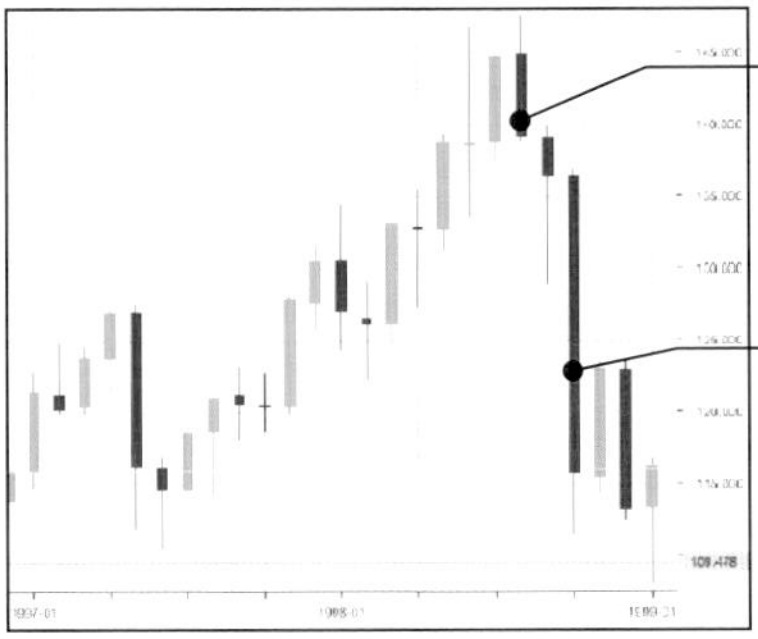

1998 年 8 月 ── 月間変動幅＝8.830 円
H=147.630 円
L=138.800 円

1998 年 10 月 ─ 月間変動幅＝25.37 円
H=136.900 円
L=111.530 円

ドル／円　月足

■フラッシュクラッシュ発生時の相場変動

2019 年 1 月 3 日 07:00
H=108.8 円
L=104.8 円
1 時間の変動幅約 4 円

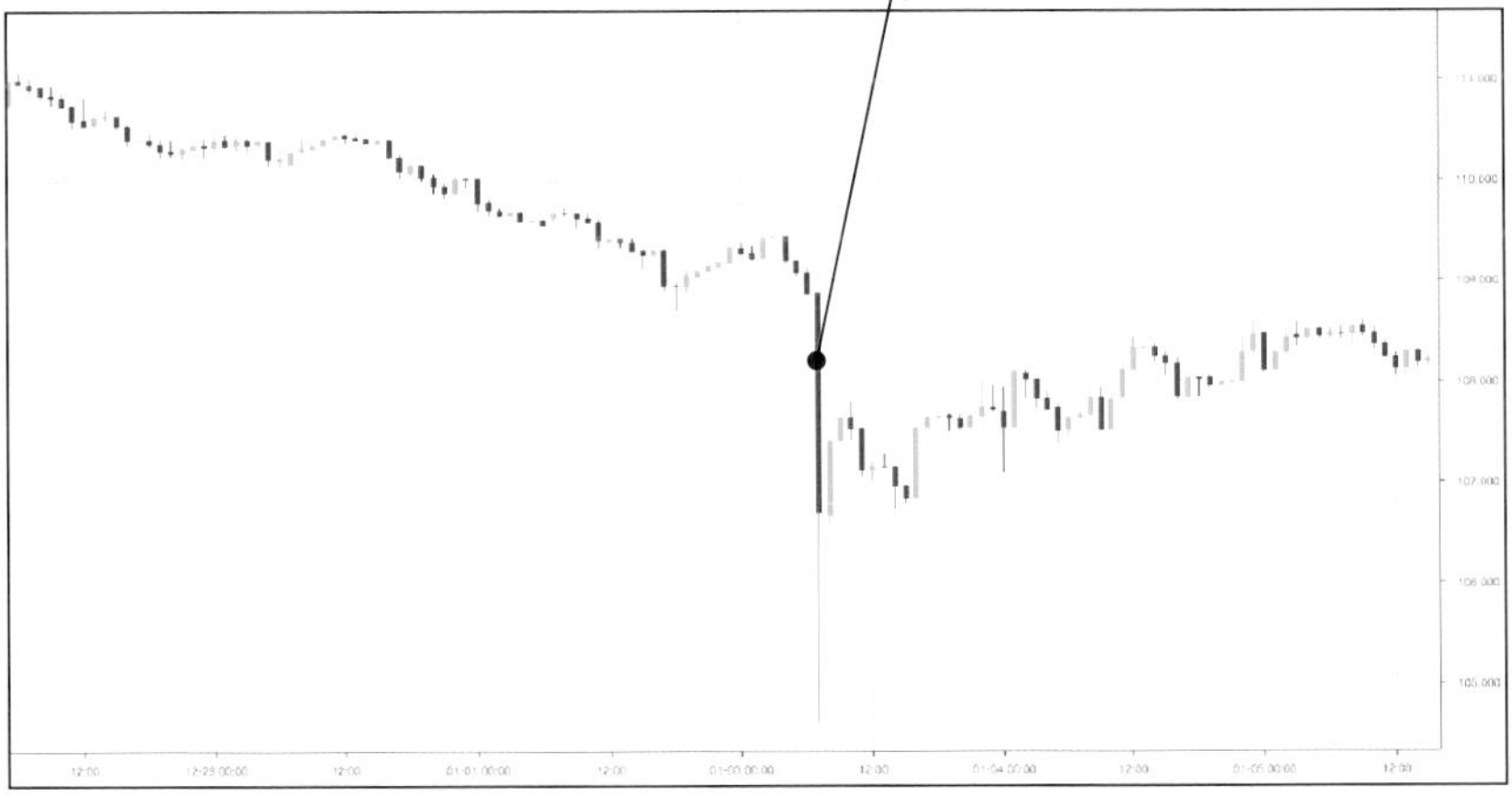

ドル／円　1 時間足　2019 年 12 月 29 日 6:00～2020 年 1 月 5 日 15:00

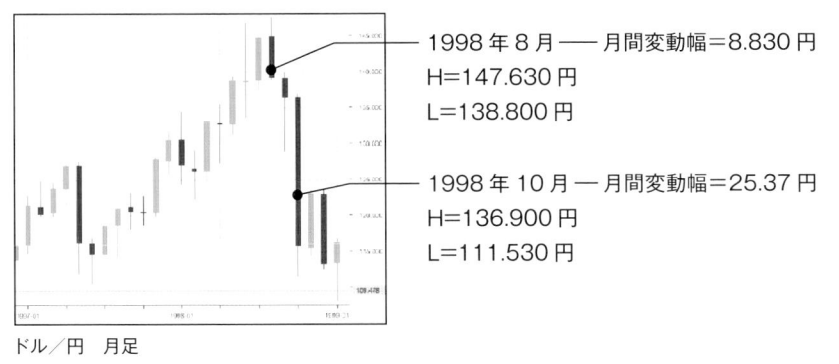

ＦＸは資金を25倍にして取引できるという誤解

ＦＸにはレバレッジという便利なものがあり、少ない資金でも大きな利益を上げられるのが魅力のひとつになっているのは事実です。25倍までとされているこのレバレッジですが、初心者の方の中にはその意味を誤解されている方も時々見受けられます。例えば左ページ上の図のように、単純に1万円を25倍の25万円にしてトレードした場合、０・1銭でも買値を下回れば強制決済されてしまいます。

ＦＸは「外国為替証拠金取引」といい、口座に預けた**資金の25倍を限度**として運用できます。これを運用資金の面から見ると、運用資金の最低４％は証拠金として口座に入っていなければなりません。**この割合を少しでも下回ってしまうと「強制決済」される**ことになります。これは、投資家の損失を拡大させないための、金融庁の方針です。

そしてもう一つ大事なことは、購入単位が通常1万通貨（1本）になっていることです。ドルなら1万ドル、ユーロなら1万ユーロです。例えば1ドル１００円の時に最低限必要な資金は1万ドル（１００万円）の４％で4万円になります。最近では０・1本（１０００ドル）単位でも買えるＦＸ会社が増えているので、1万円あれば２０００ドル分（４０００円×2本＝８０００円）買うことができます。しかし、もし相場が予想と反対方向に動いたら左ページ下の図のようにほんの1円10銭下がっただけでレバレッジは限界の25倍に達してしまい、強制決済されることになります。ではどのくらいの資金で、どのくらいのレバレッジに抑えるのがいいのでしょうか？

※金融機関の場合、取引単位は１本＝100万通貨となります。例えば、米ドル１本の場合であれば100万ドルになります。

レバレッジ 25 倍の意味

■次の足で 0.1 銭でも買値を下回ると強制決済されてしまう?

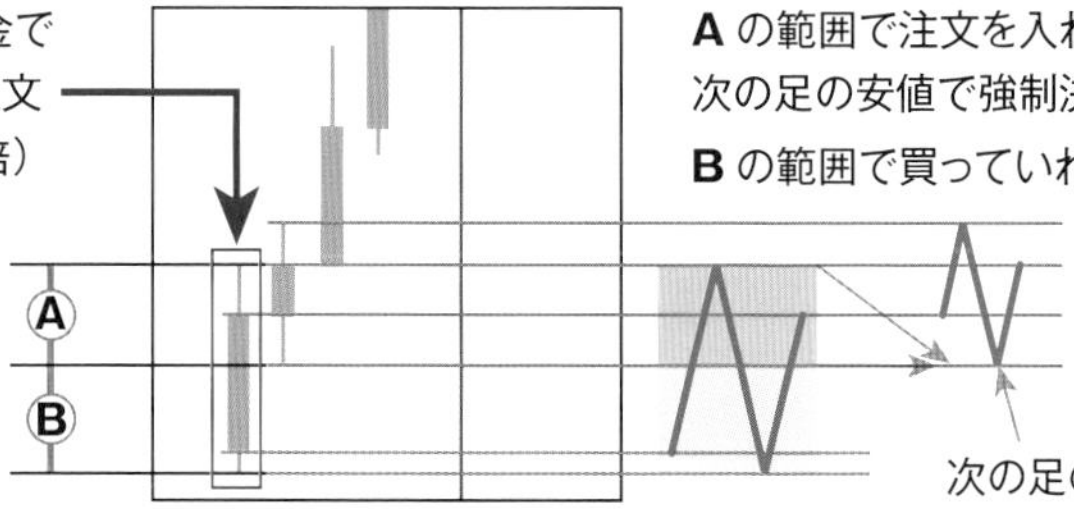
1 万円の運用資金で
25 万円の買い注文
を入れた場合
A の範囲で注文を入れていたら
次の足の安値で強制決済される
B の範囲で買っていれば問題ない
次の足の安値

外国為替証拠金取引のルール

投資資金 **1万円**

最低必要証拠金

運用資金の
4%

最低注文数量

1 本=1万通貨(1 万ドル)
4%=400 ドル=**40,000** 円

0.1本=1000 通貨(1000ドル)
4%=40ドル=**4,000**円

1万円しか
ないので
買えない

4,000 円が
2 本買える!

※1 ドル 100 円で計算

さっそく1 万円で2000 ドル 買うと、約 1 円下がっただけで強制決済!

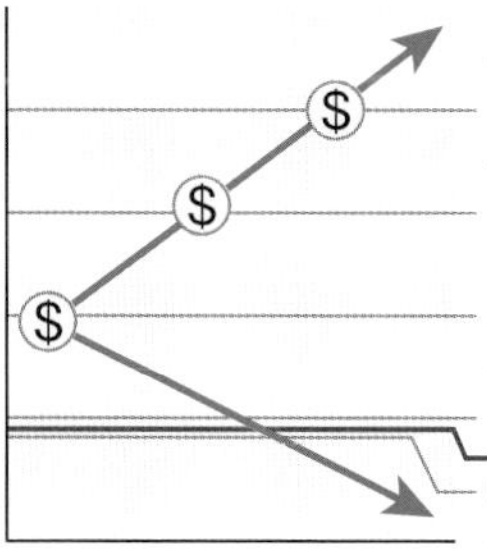

レート	時価評価額	有効証拠金	レバレッジ
102 円	**+4,000** 円	**14,000** 円	**14.5** 倍
101 円	**+2,000** 円	**12,000** 円	**16.8** 倍
100 円	**0** 円	**10,000** 円	**20** 倍
99 円	**−2,000** 円	**8,000** 円	**24.75** 倍
98.9 円	**−2,200** 円	**7,800** 円	**25.35** 倍

強制決済
ライン

レバレッジの計算方法

レバレッジ = **レート** × **取引本数** ÷ **有効証拠金**

25.35 倍 = 98.9 円 × 2000 ドル ÷ **7,800** 円

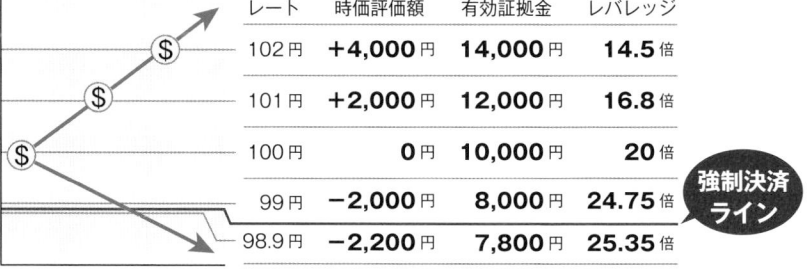

仮に20万円の資金で1ドル100円の時、1万通貨※ロングでエントリーしたとしましょう。相場の上昇が続けば利益は増えるので不安はありません。むしろ気分は高揚するでしょう。逆に下落が続けば資金は減り続け、不安感は広がり、切羽詰まれば頭が真っ白になってしまうかもしれません。

このようなトレーダーの気持ちが「時間の経過＝横軸」と「相場の変動＝縦軸」によってどう変わるのかを、色の変化で表したのが左の概念図です。青が濃くなれば安心感が、逆に赤が濃くなれば不安感が増すことを表しています。

相場が図の青いルートを辿った場合を見てみましょう。Cまで一気に9円も下落し、次に一端94円まで戻したと思ったら、さらに88円まで下落しました。この段階でレバレッジはすでに約10倍です。気分はかなりへこみますが、まだ強制決済までにはいくらかの余地があり、また急にそこまで下がるとも思えないという時間的余裕もあるので、まだ冷静に判断することができます。もしここで損切りをせず、強制決済ぎりぎりのところまでポジションを持っていると、もう後がありません。時間的余裕がないので冷静な判断ができなくなってしまいます。

このように不安感が大きくなるのは「時間的余裕がない」ことと「選択肢がない」ことが影響します。だからこそ、損切りのような判断は気持ちが冷静でいられる限界の、レバレッジ10倍までにやっておくことが望ましいのです。

投資資金20万円を例に為替レートとレバレッジの関係を見てきましたが、投資資金が10万円だったら？　5万円だったらどうでしょうか？　次のページで具体的に確認してみましょう。

※ロング：FXで買いのポジションのこと。売りのポジションはショートと言う。ロングポジションを持っている、またはショートポジションを持っているなどと言う。

相場変動と気持ちの変化

■1ドル100円の時、資金20万円で1万ドルを買った場合

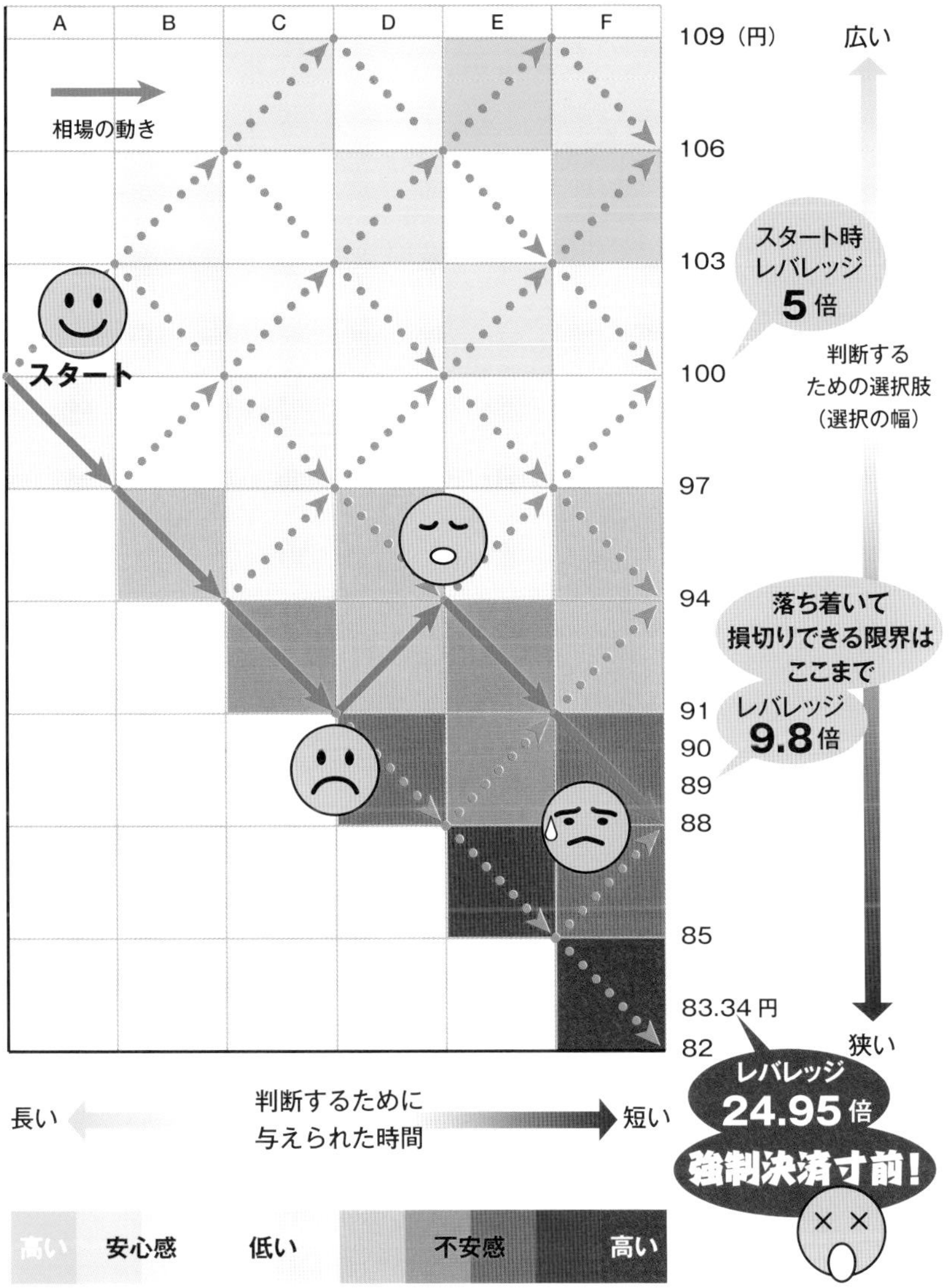

レバレッジを10倍以下に抑えるとなると、そもそもいくらぐらいで投資を始めれば余裕のあるトレードができるのでしょうか？　相場の変動に対して、いくらで運用すれば簡単に危険なレバレッジに達しないかということです。15ページのドル／円の年間変動幅でも見たように1年間では10円から20円ぐらいの変動はあると見ていいでしょう。そして1日なら1円から2円ぐらいは動きます。また特別なことがあればごく希に5円ほど動くこともあります。

そう考えるとエントリー後相場が予想と反対方向に5円動いてもレバレッジが10倍に達しない資金で始めれば余裕のあるトレードができるということになります。19ページにレバレッジの計算方法を記載しましたが、具体的な資金を例に表にまとめました。口座資金は口座に入れておく金額、通貨単位に取引本数を掛けたものが運用資金です。そして1通貨100円でエントリーした場合のレバレッジと各レバレッジにおけるレートをまとめてあります。例えば1列目は口座に1万円を入れて1000通貨単位で1本※買い注文を入れました。するとその時点ですでにレバレッジは10倍になっていることがわかります。そして93円80銭になった時点で、レバレッジは25倍に達し、強制決済されてしまいます。同様に4列目の口座に3万円を入れて1000通貨単位で3本買い注文を入れたケースもエントリーした時点ですでに損切りを考えなくてはいけない状況になってしまっています。

このように3万円の口座資金であれば、12円下がってもレバレッジを5倍程度にしておくためには1000通貨単位で注文本数は1本に抑えておくべきと言えます。そして口座資金が10倍になれば取引単位も10倍の1万通貨で同じ結果になります。エントリーする時の参考にしてください。

※ 1000 通貨単位で 1 本買い注文を入れるとは、ドル／円なら 1000 ドル買うという意味

口座資金とレート／レバレッジの関係

口座資金 10,000 円~300,000 円まで 1 ドル 100 円の時にエントリーしました。相場が予想と逆方向に進んだ場合、レバレッジが 5 倍（安全域）、10 倍（要注意）、25 倍（強制決済）になるのはレートがいくらまで進んだとき？

口座資金（円）	取引量（通貨）	取引金額（総代金）	エントリー時（100円）のレバレッジ	レート／レバレッジ		
				4~5 倍	9~10 倍	24~25 倍
10,000	1,000	100,000	10 倍	—— ——	100 円 10 倍	93.8 円 25 倍
30,000	1,000	100,000	3.33 倍	87.50 円 5 倍	77.80 円 10 倍	72.92 円 24.97 倍
30,000	1,000	200,000	6.67 倍	—— ——	94.44 円 10 倍	88.55 円 24.94 倍
30,000	1,000	300,000	10 倍	—— ——	—— ——	93.75 円 25 倍
50,000	1,000	100,000	2 倍	62.5 円 5 倍	55.56 円 9.99 倍	52.09 円 24.92 倍
50,000	1,000	200,000	4 倍	93.75 円 5 倍	83.33 円 10 倍	78.13 円 24.96 倍
50,000	1,000	300,000	6 倍	—— ——	92.59 円 10 倍	86.805 円 25 倍
100,000	10,000	1,000,000	10 倍	—— ——	—— ——	93.75 円 25 倍
150,000	10,000	1,000,000	6.67 倍	—— ——	95.0 円 9.5 倍	88.55 円 24.94 倍
200,000	10,000	1,000,000	5 倍	100 円	88.9 円 9.99 倍	83.34 円 24.95 倍
300,000	10,000	1,000,000	3.33 倍	87.50 円 5 倍	77.78 円 10 倍	72.92 円 24.97 倍
300,000	10,000	2,000,000	6.67 倍	—— ——	94.44 円 10 倍	88.55 円 24.94 倍
300,000	10,000	3,000,000	10 倍	—— ——	—— ——	93.75 円 205 倍

実際にFXトレーディングにかけられる時間は？

昼間仕事をしていたら、毎日どのくらいの時間をトレードに割けるでしょうか？　無理なく継続してトレードできる時間は1日で長くてもせいぜい3時間ぐらいでしょう。

仮に20時に始めるとします。まずは1時間かけて相場状況のチェックをし、21時にエントリーの判断をします。条件が揃わなければその後の相場の動きに関わらずその日は見送ります。そして23時には利益に関係なく終了。（エントリーの条件は左ページの下にまとめました）これを２０２０年の２月４日から土日を挟んで６日実施してみました。結果は２月４日に０・０９円、そして11日に０・０６９円の利益になりました。1万通貨1本でトレードしていればトータル１５９０円の利益です。

もしこれを平均値として計算すると、年間２４０日÷６×１５９０円＝６３６００円になります。

仮に口座に30万円入れておいたとすれば、年間利回りは21・2％になります。こんな利回りのいい金融商品はめったにありません！　しかし実際には仕事やプライベートでトレードできない日もあったり、相場の急変や損切りルールを守れなかったりして大きな損失を出してしまうこともあるでしょう。これはあくまでも仮定の話です。その上で毎日3時間のトレードの結果として6日間で１５９０円という利益は多いと感じますか？　それとも、少ないと感じますか？　もちろんもっといいトレード手法もあるかもしれませんが、その手法がここで検証した利益の10倍になるようなものではないでしょう。これを毎日3時間の裁量トレードで稼ぐことができる利益の目安としてみてください。

裁量トレード、6日間の実証実験

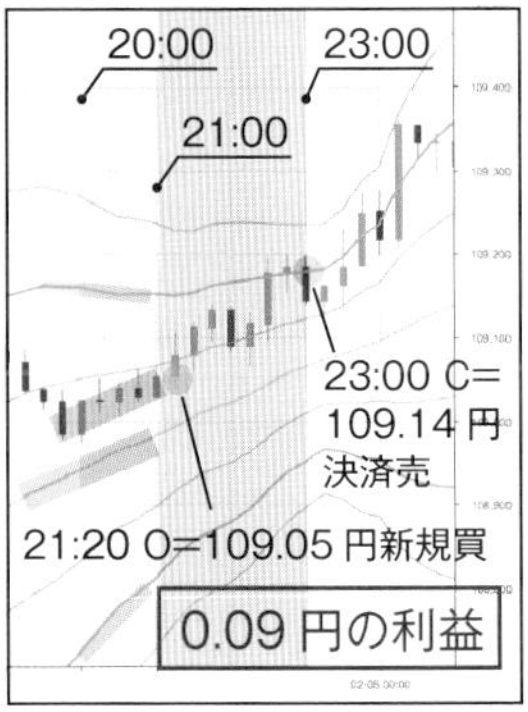

2月4日

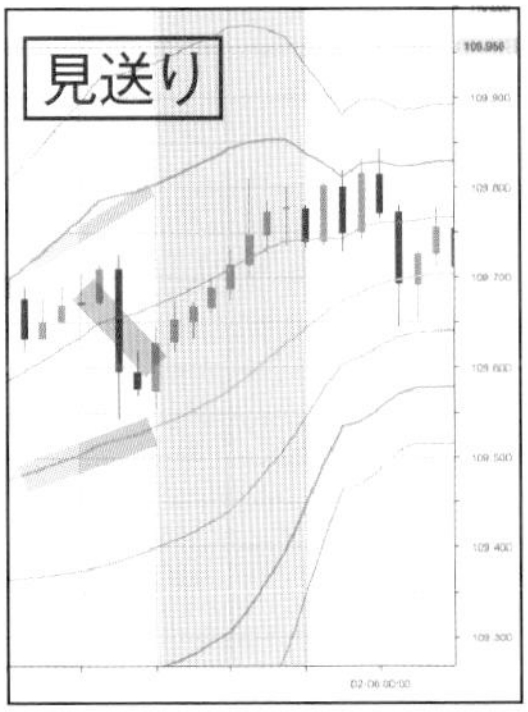

2月5日

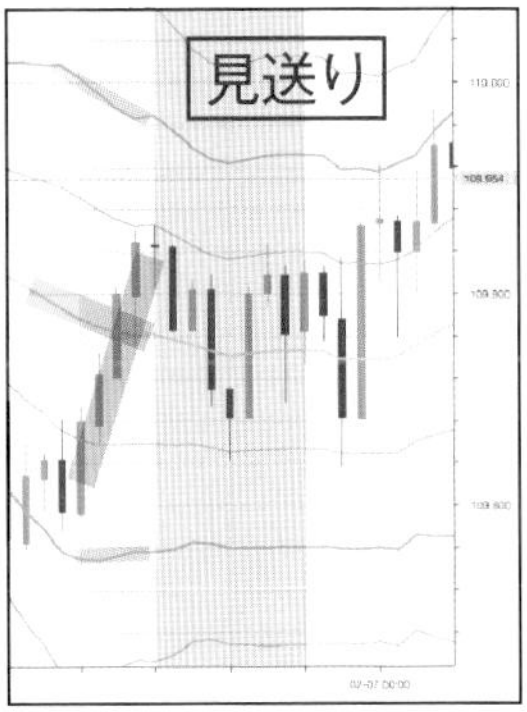

2月6日

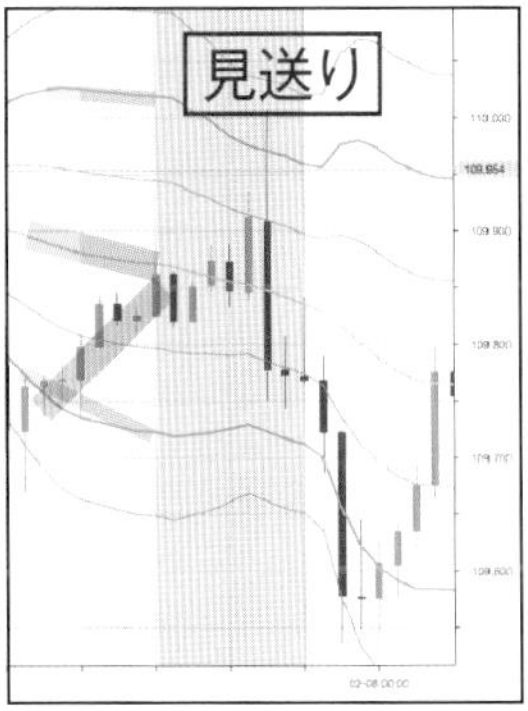

2月7日

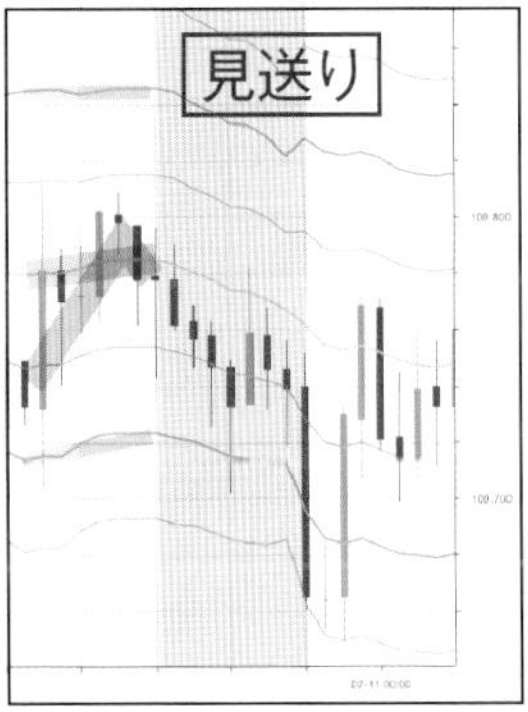

2月10日

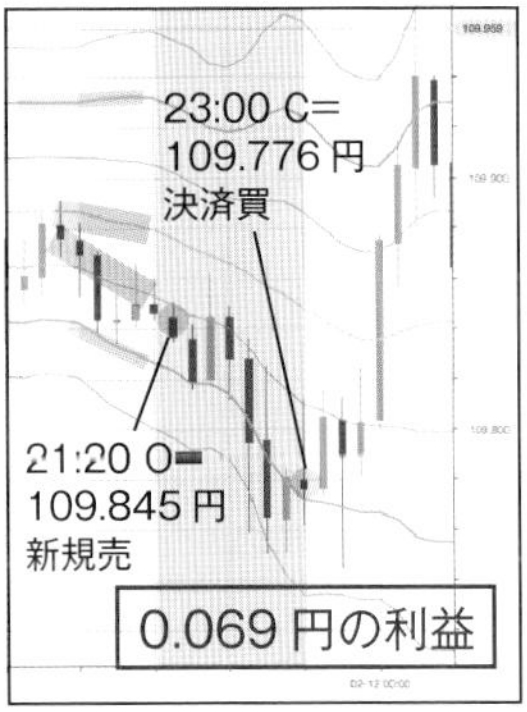

2月11日

チャート設定：　・ドル／円 15 分足　・ボリンジャーバンド=SMA※-1、期間 25

エントリー条件：　毎日 20 時~21 時の 3 時間の間に 15 分足とボリンジャーバンドを使ってトレードする。
※ボリンジャーバンドの詳しい使い方は第 3 章で説明します。
●21 時までにエントリー判断をし、最初の足の始値（O）でエントリーする。
●23 時には損益に関わらず、終値（C) で決済注文を出す。

売買判断：　**買いの条件**：●ボリンジャーバンドのミッドラインが上昇。　●15 分足がミッドラインよりも上にあり、上昇している。　●ボリンジャーバンドの ±2σ※-2 の両方もしくは片方が上昇。
売りの条件：ボリンジャーバンドのミッドラインが下降。　●15 分足がミッドラインよりも下にあり、下降している。　●ボリンジャーバンドの ±2σの両方もしくは片方が下降

見送りの条件：　①ボリンジャーバンドのミッドラインの方向と 15 分足の方向が逆になっている

※-1　SMA は Simple Mooving Average の略で、単純移動平均線のこと
※-2　± 2 σはボリンジャーバンドのバンドの一つで最も有効とされる。詳しくは 84 ページ参照

それでもＦＸで利益を上げるには

ＦＸで利益を上げることの難しさを挙げればきりがありません。実際に一般投資家の方で利益を上げているのは全体の10％とも5％とも言われています。ところが最近7割から8割近い方が利益を上げているＦＸの手法が話題になっています。それがリピート系と言われる自動売買です。自動売買というと後ほど触れるＥＡと呼ばれるトレード方法が知られていますが、それとは全く違った方法です。仕組みを簡単にいってしまえば**ＩＦＤ（イフダン）注文※を自動で繰り返してくれる**手法です。

本書のテーマでもあるその仕組みについては後ほど詳しく説明するとして、どのくらいの利益が狙えるのか？　そして手間はどのくらい掛かるのか？　簡単に見てみましょう。左の上のチャートが実際に２０２０年2月4日から2月11日までドル／円の買いで運用した結果です。設定は通貨ペアを決めて、想定変動幅を決め、売りか買いを決め、ポジション間隔を設定するだけです。実は前のページで紹介したのは同じ通貨ペア、同じ2月4日～11日の期間、裁量でトレードした結果です。作業時間は3時間が2日、見送りは4日で、それぞれ1時間なので4時間。合計10時間になります。これら2つを比べればリピート系がいかに有利かがよくわかります。しかし、このリピート系も１００％利益が出ることが保証されているわけではありません。7～8割の方が利益を出しているということは、見方を変えれば2～3割の方は損しているとも言えます。簡単なリピート系といえども利益を出すためにはそれなりの方法があるのです。次の第1章からその方法を詳しく見ていきましょう。

※ IFD（イフダン）注文については 33 ページを参照

裁量トレードとリピート注文の比較

■リピート系注文（トラッキングトレード）で運用

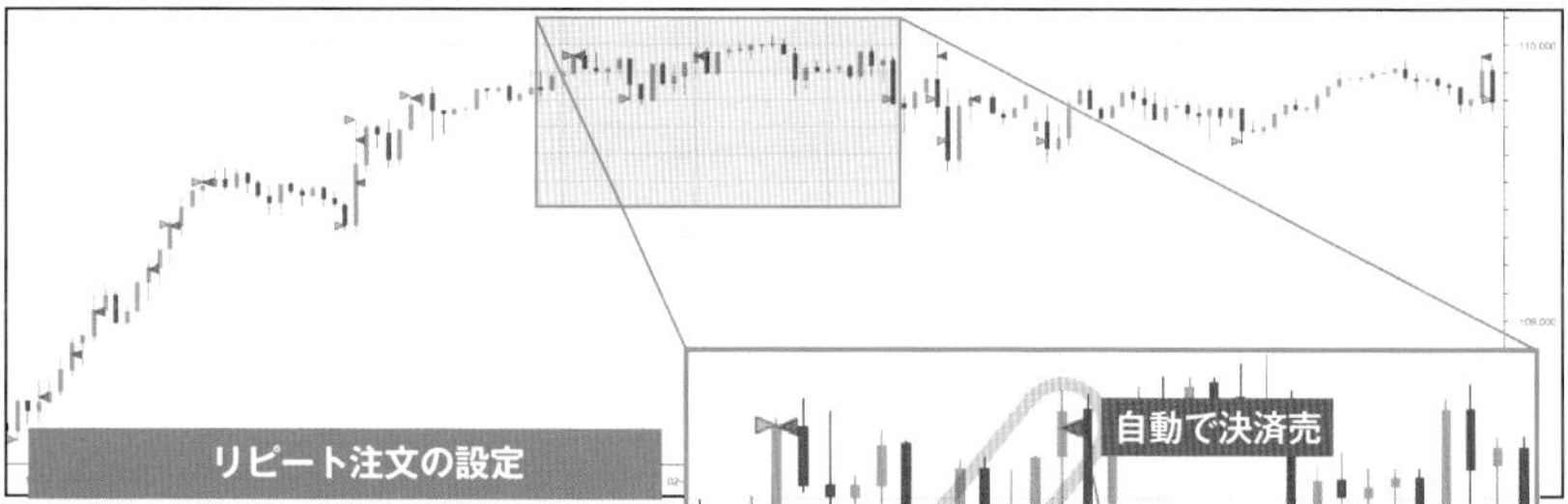

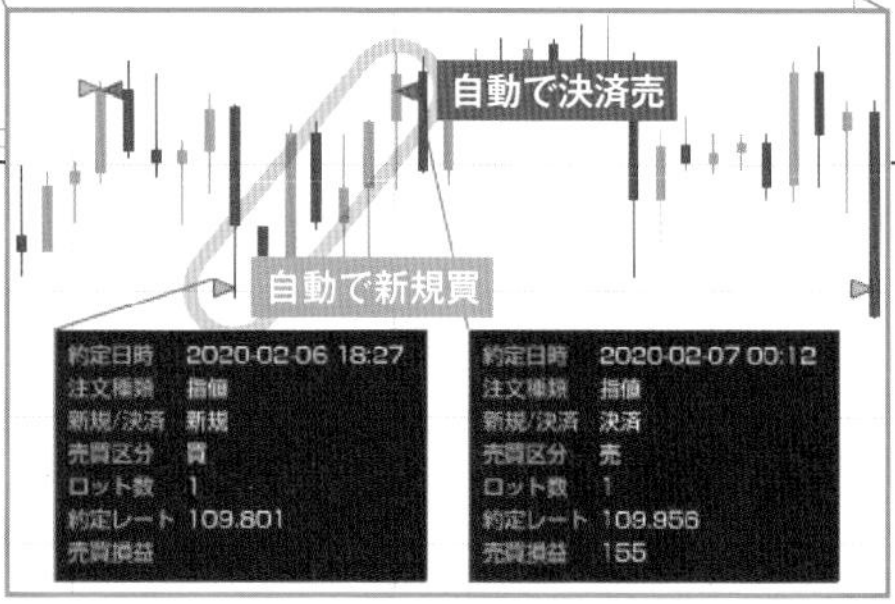

約定日時	2020-02-06 18:27
注文種類	指値
新規/決済	新規
売買区分	買
ロット数	1
約定レート	109.801
売買損益	

約定日時	2020-02-07 00:12
注文種類	指値
新規/決済	決済
売買区分	売
ロット数	1
約定レート	109.956
売買損益	155

リピート注文の設定

通貨ペア：ドル円
想定変動幅：450pip
ポジション方向：買
対象資産：200,000 円
注文ロット数：1（1000 通貨）
ポジション間隔（利食い幅）：15.5pip
（0.155 円）

ドル／円　2020 年 2 月 4 日～2 月 11 日
リピート注文（トラッキングトレード）運用結果

●新規買い＝13 回　●決済売り＝12 回
●損益＝1,835 円　●損切り＝0 回

リピート注文　作業時間（設定に要する時間）＝約 **30 秒**　損益 **1,835** 円

■裁量でデイトレード

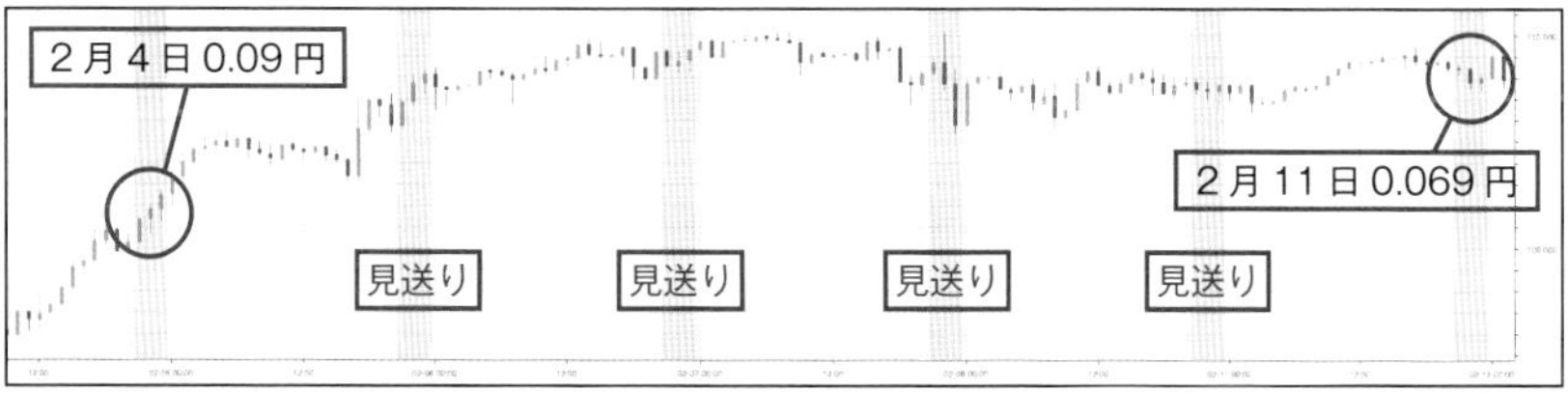

USD ／ JPY　1 時間足（2020 年 2 月 4 日 11:00～2 月 11 日 14:00）

ドル／円　2020 年 2 月 4 日～2 月 11 日
裁量トレードによる運用結果

0.09 円+0.069 円=0.159 円
1000 通貨単位換算で 159 円

裁量トレード　作業時間（トレード時間）＝約 **10 時間**　損益 **159** 円

現実的な利益目標こそが着実な利益確保への王道

もし私が投資経験1年未満の投資家だったとしたら、どのくらいの利益目標が理想的かといえば、3年間で月平均3％ではどうでしょうか？　仮に30万円の元手で始めたとして、複利で計算してみると12カ月で42万7728円、36カ月ではなんと86万9483円です。3年で約2・5倍になります。

そして慣れてきたところで、5％ぐらいにレベルアップしてみてはいかがでしょうか？　あるいは慣れない投資に最初から30万円も出せないという方もいるでしょう。その場合元手10万円で始めてみましょう。月平均5％の場合、左の表のように、4年で10倍以上になることがわかります。

さて、ここまで読んで**たったこれだけしか儲からないのなら面白くない**と思ったら、これ以上先を読んでも、ご期待に添うようなことは書いてありません。FXで無理なく継続的に出せる利益はこのぐらいのものです。もちろんかける時間や努力によっては短時間で技術を習得し、大きな利益を上げる方もいらっしゃるでしょう。また元手が多ければ利益も大きくなるかもしれませんし、一時的に大きな利益を上げられた方がいらっしゃることも事実です。しかしその一方で間違った考えでトレードした結果、大きな損失を抱えてしまった方もそれ以上に多く見てきました。本書では、ごく普通の方が、ごく普通の生活をしながら、それでも銀行に預けておくよりは遥かにリターンが得られるトレード方法をお伝えするのが目的です。**大事なことは「無理をしないこと」**です。ゆっくり、時間をかければ間違いなくその目標に確実に近づけるはずです。一緒にがんばっていきましょう。

3%から5%のリターンはいくらになる？

投資資金	月間利回り	投資期間	利益
10万円	3%	1年	142,576円
		3年	289,828円
		4年	413,225円
	5%	1年	170,586円
		3年	579,182円
		4年	1,040,127円
30万円	3%	1年	427,728円
		3年	869,483円
		4年	1,239,676円
	5%	1年	538,757円
		3年	1,737,545円
		4年	3,120,381円
50万円	3%	1年	712,880円
		3年	1,449,139円
		4年	2,066,126円
	5%	1年	897,928円
		3年	2,895,908円
		4年	5,200,635円

大きな利益目標 を持つよりも

現実的な利益目標 を持ちましょう

月間利回り 5%でも、4 年運用すれば

資産は 10 倍を超えるのです！

※上の表の月間利回りは複利で計算しています。複利とは元金に付いた収益も翌月の利回り計算に含める計算方式です。

コラム1

大学OBの為替ディーラーに刺激を受け バンク・オブ・アメリカに就職

私が為替の世界に入ったのは、就活の会社訪問で為替ディーラーに会ったのがきっかけです。当時は大学4年生の5月くらいになると、OB訪問を始めます。私も商社に行ったり、金融機関に行ったり、さまざまな企業のOBを訪問していました。その中でバンク・オブ・アメリカを訪問したときに出てきたOBが為替ディーラーをしていたのです。為替ディーラーの仕事がどんなものかは知りませんでしたが、OBの話を聞き、いろいろ調べてみると「とても面白い世界だ」と感じました。そこで候補を東京銀行（現・三菱UFJ銀行）とバンク・オブ・アメリカに絞りました。当時、国内の銀行で為替の取引をしているのは東京銀行だけでしたが、為替ディーラーになれるかどうかは就職してみないとわからないとのことでした。一方でバンク・オブ・アメリカは何でも好きなことをさせてくれると言います。結果、バンク・オブ・アメリカを選び就職したのが1982年です。

いまでは海外の銀行とも直接、為替の取引が可能ですが、当時は規制されていてできません。海外の銀行と取引をするには海外ブローカーを通さなければならなかったのです。仲介を頼むには手数料がかかります。100万ドルに対して6000円だったと記憶しています。為替の取引では1億ドルの取引などごく普通ですから、その度に60万円の手数料がかかるわけです。そんな状況ですから、為替ディーラー対するブローカーの接待は相当なものでした。食事に誘われれば1人10万円くらいの店でしたし、週末ともなれば自宅の前にハイヤーが迎えに来てゴルフ場まで送迎してくれます。いま考えれば異常でした。

また、当時は金融機関以外の企業が為替予約できるのは、「輸出入などの実需がある場合に限られる」との実需原則がありました。しかし84年4月には撤廃され、投機的な取引ができるようになったのです。東京市場の為替取引が一気に盛り上がりました。一部の生命保険会社や商社がマネーゲームに走り、取引量が爆発的に増えたのです。いま考えれば、激動の時代に為替の世界に飛び込んだことになります。

第1章

進化し続けるFX注文方法

注文方法が変えた
新しいＦＸトレードの世界
利益が得られる仕組を
やさしく解説

注文予約で忙しいサラリーマンにもチャンス

株式市場は開いている時間が限られるため、仕事をしているサラリーマンは、リアルタイムでの取引が難しい面があります。なかには、「会社のトイレにこもって株価をチェックしている」というトレーダーもいますが、それでは本業でもトレードでもいい成果が出せないでしょう。その点、為替相場は24時間開いているので、いつでもリアルタイムの取引が可能です。日中忙しい人でも、家に帰ってからゆっくり戦略を練って参加できるのです。もっとも取引が活発になるのはニューヨーク市場ですが、日本時間では21時～翌6時ですから日中忙しいサラリーマンには逆にチャンスと言えるでしょう。ただ、じっくりトレードをしようと思うと、睡眠時間が削られてしまいます。朝まで市場に張り付いていれば、本業に支障がでてしまうでしょう。そこでＦＸには、さまざまな予約注文が用意されています。**設定さえしておけば、眠っていても自動で新規注文や利益確定をしてくれます。**

指値注文は、希望のレートを決めておくと、その金額に達すれば注文が成立します。ＩＦＤ（イフダン）注文は、新規注文と同時に利益確定などの決済注文を出す方法。新規注文が成立した時点で利益確定の決済注文を有効にしたい場合などに便利です。トレール注文は利益の最大化に役立つ注文方法。新規注文が成立した後、レートが予想と同じ方向に動くと、含み益が拡大していく。しかし、いつ反転してしまうかわかりません。トレール注文を設定しておけば、レートとともに利益確定のラインも移動するので、大きな利益を狙えます。

FXではさまざまな注文方法が利用できる

■指値注文

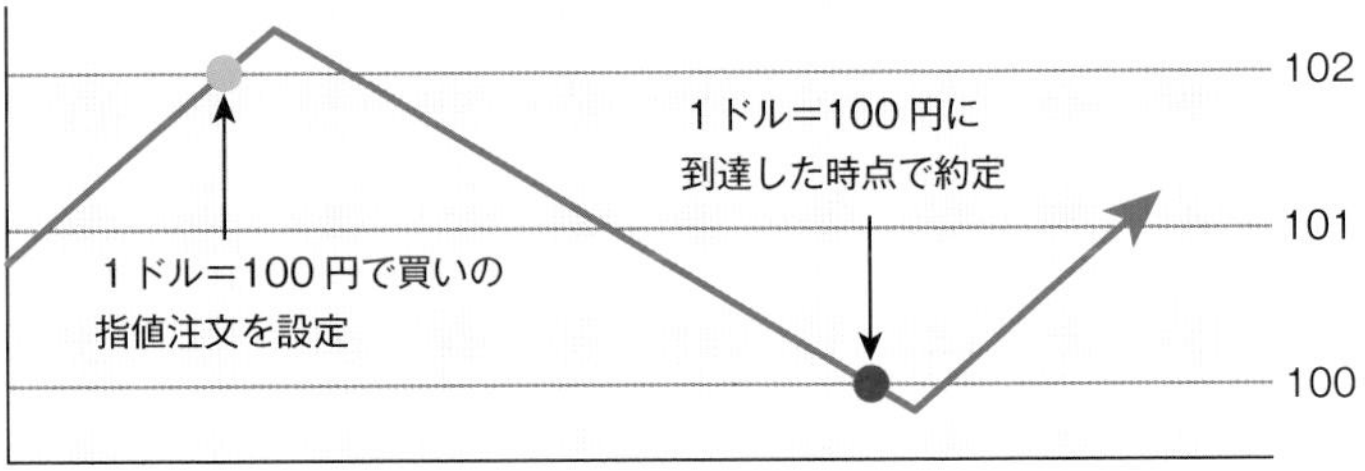
102
1ドル＝100円に
到達した時点で約定
101
1ドル＝100円で買いの
指値注文を設定
100

●1ドル＝109円に到達したら「買い」という指値注文

■IFD注文

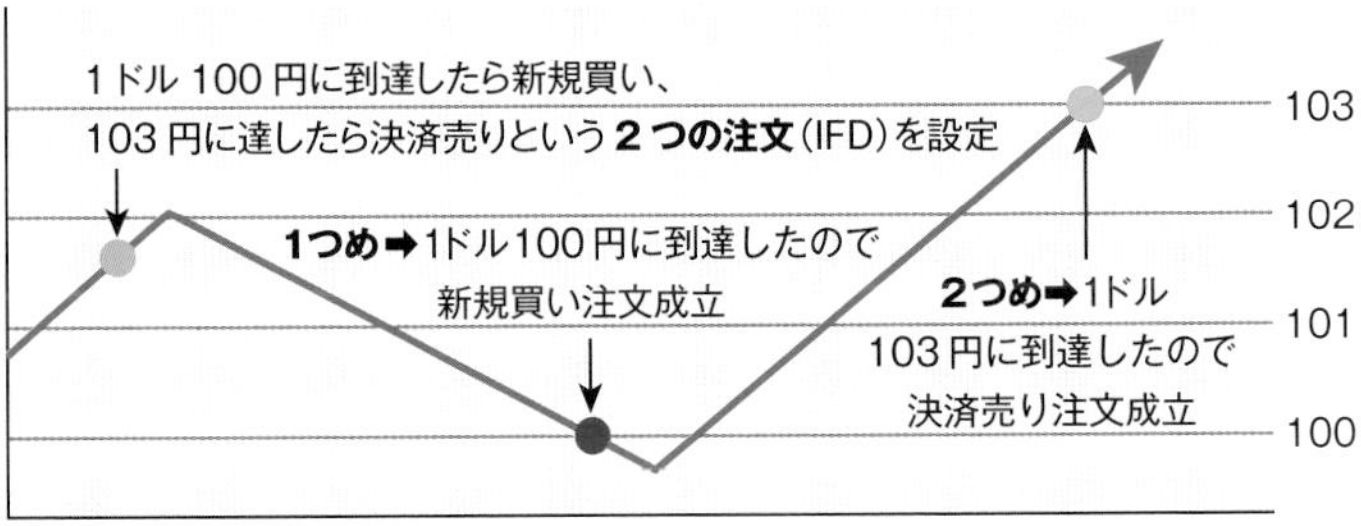
1ドル100円に到達したら新規買い、
103円に達したら決済売りという**2つの注文**(IFD)を設定
103
102
1つめ➡1ドル100円に到達したので
新規買い注文成立
2つめ➡1ドル
101
103円に到達したので
決済売り注文成立
100

●1ドル＝100円に到達したら新規の「買い」、その後1ドル＝103円に達したら利益確定の「売り」という注文

■トレール注文

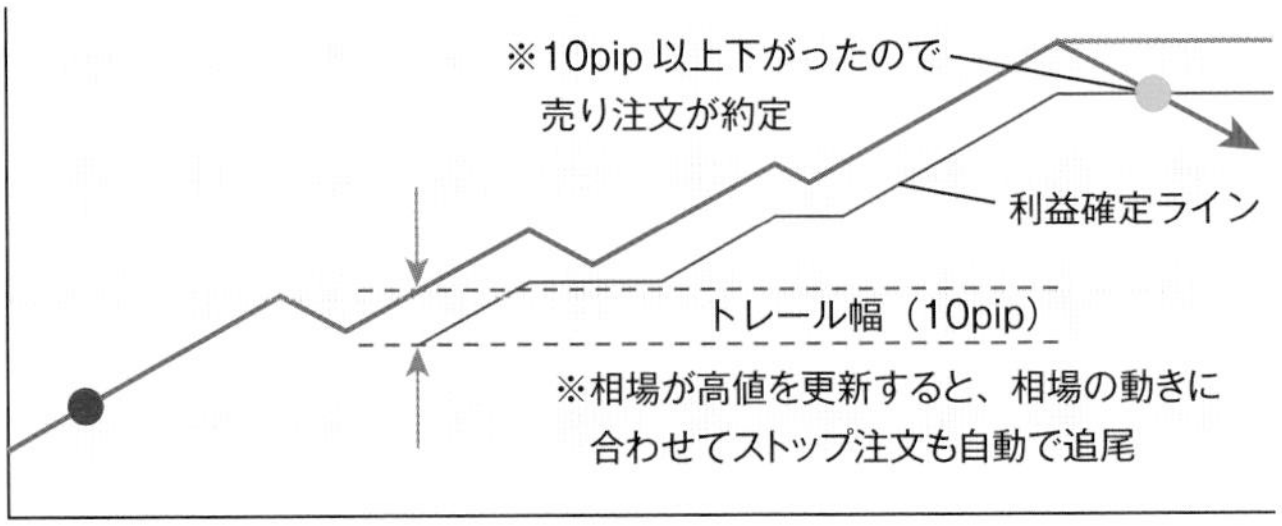
※10pip以上下がったので
売り注文が約定
利益確定ライン
トレール幅（10pip）
※相場が高値を更新すると、相場の動きに
合わせてストップ注文も自動で追尾

●トレール幅（10pip）で「売り」のトレール注文

自動売買も手軽になったが中身はブラックボックス

ＦＸは自動売買が簡単にできるのも魅力。パソコンを普通に利用できる人なら、少しプログラミングを勉強するだけで、思い通りに売買を自動化できます。たとえば、チャートにテクニカル指標を表示させて「上限に達したら売り」「下限に達したら買い」といったルールを設定して、あとはパソコン任せで利益を積み上げていくことも夢ではないのです。

プログラミングが難しいという人なら、ＥＡ（自動売買ソフト）を購入して利用することも可能です。ＥＡを利用すれば、プロが作成したルールでトレードができます。初心者でも、中・上級者の設定した売買ルールでトレードできるのが、大きなメリットです。もちろん、優秀なＥＡを見極めるための〝目〟は必要になりますが、過去のレートでシミュレーションをしたバックテストの結果などを参考にすれば、難しくないでしょう。

ただし、ＥＡの場合には売買ルールが公表されていないケースがほとんどです。オープンになっていたとしても、簡単な説明しかありません。中身がブラックボックスでどんな場面で新規注文が出されて、どのタイミングで利益確定や損切りが行われるのか、利用者が確認するのは難しいのです。それでも利益が出せればいいのかもしれませんが、一つのＥＡが永遠に利益を出し続けることは不可能であるのも現実です。相場の流れが変われば、大きな損失を出してしまうこともあります。中身がブラックボックスでは、その時期を判断するのも難しいでしょう。

自動売買（EA）の中身はブラックボックス

■自動売買（EA）で利益が出たケース

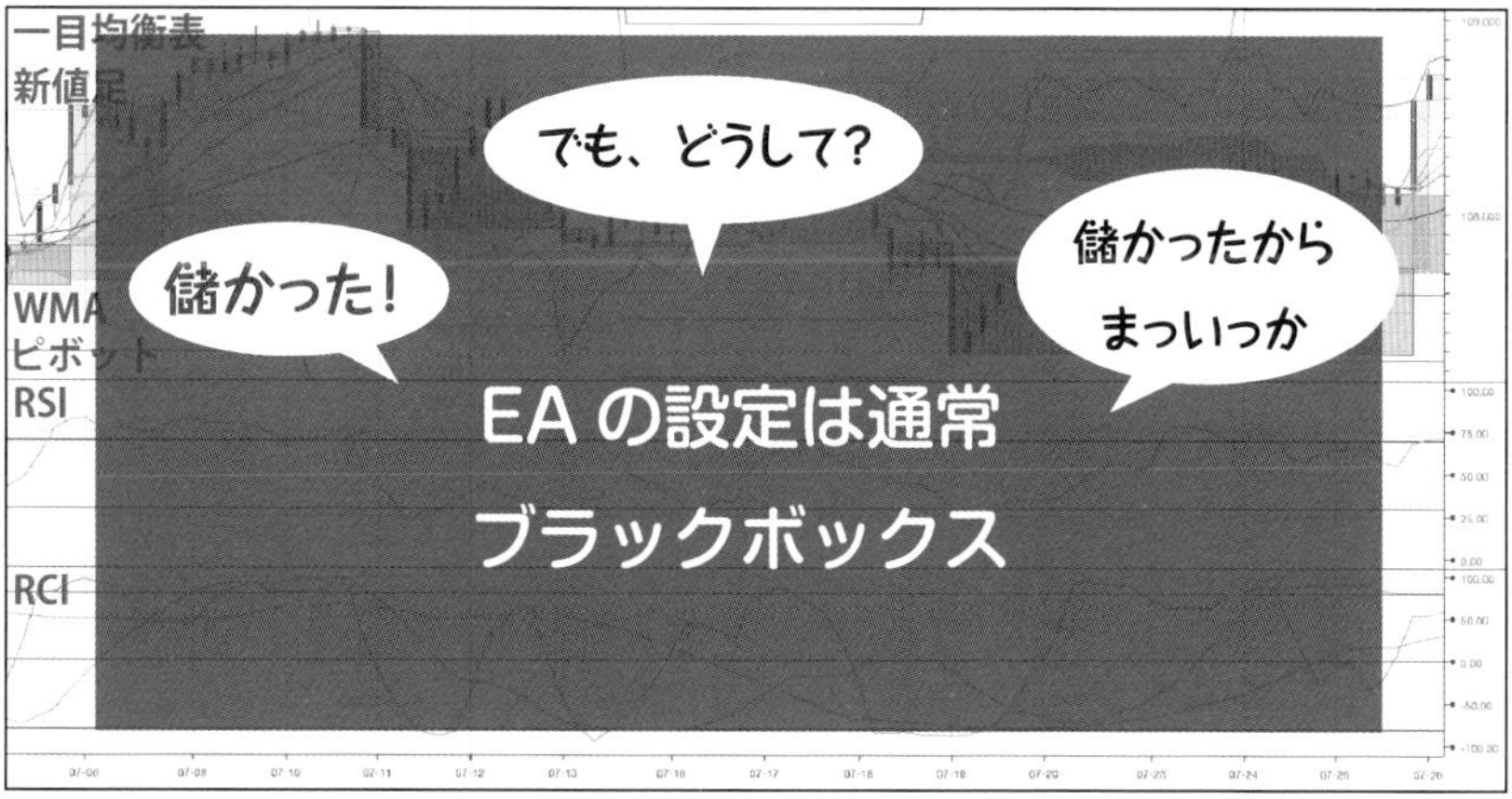

画面はイメージです（USD ／ JPY　4 時間足）

■自動売買（EA）で損したケース

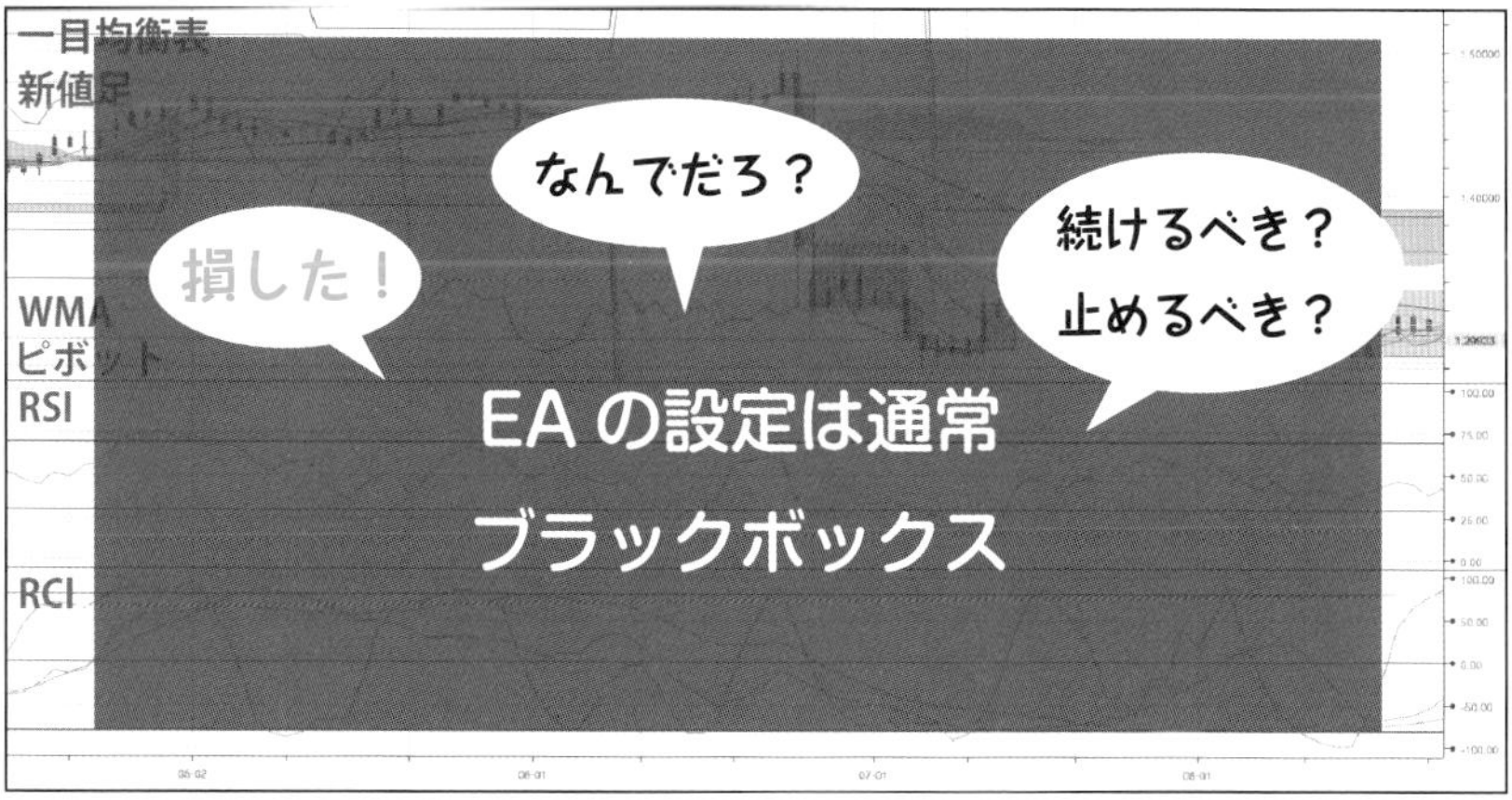

イメージ画面（GBP ／ USD　日足）

リピート注文のカンタンな仕組み

リピート系注文は、新規注文から利益確定までを自動で行ってくれますがＥＡとは異なり、売買ルールが非常にシンプルです。予め設定した間隔で新規注文と利益確定を繰り返します。たとえば、「買い」のリピート注文で新規注文を０・５円間隔、利益確定幅を０・５円としましょう。１ドル＝１００円で開始すると、リピート注文で新規注文を行い、１ドル＝１００・５０円になった時点で利益確定します。それと同時に１ドル＝１００円で新規で買い注文を行い、１ドル＝１００・５０円で再度、新規の買い注文を行ない、１ドル＝１０１円で利益確定……と繰り返していきます。これなら「小刻みに利益確定をせずにずっと保有を続けても同じではないか」と思うかもしれませんが、違います。**相場は一本調子で上がったり、下がったりしない**からです。先の例でいったん１ドル＝１００・５０円まで上昇しても、１ドル＝１００円に戻るかもしれません。保有を続けた場合には、この時点でプラスマイナスゼロになってしまいますが、リピート注文では０・５円分の利益が確定しています。また１ドル＝１００円に戻れば、再度新規の買い注文を行ないますので、その後１ドル＝１００・５０円になれば利益が得られます。このようにリピート注文は、相場が上がったり下がったりを繰り返すたびに利益を積み重ねていくのです。

左ページ下段の図は、１ドル＝１００円から１００・８０円まで上昇した際に、０・１円間隔で新規の買い注文、０・１円幅で利益確定を設定したケースです。保有を続けた場合は０・８円の利益ですが、リピート注文では2倍の１・６円が得られています。

リピート注文は相場の上げ下げで利益を積み上げる

■リピート系注文でポジションが建ち、決済される仕組み（買い）

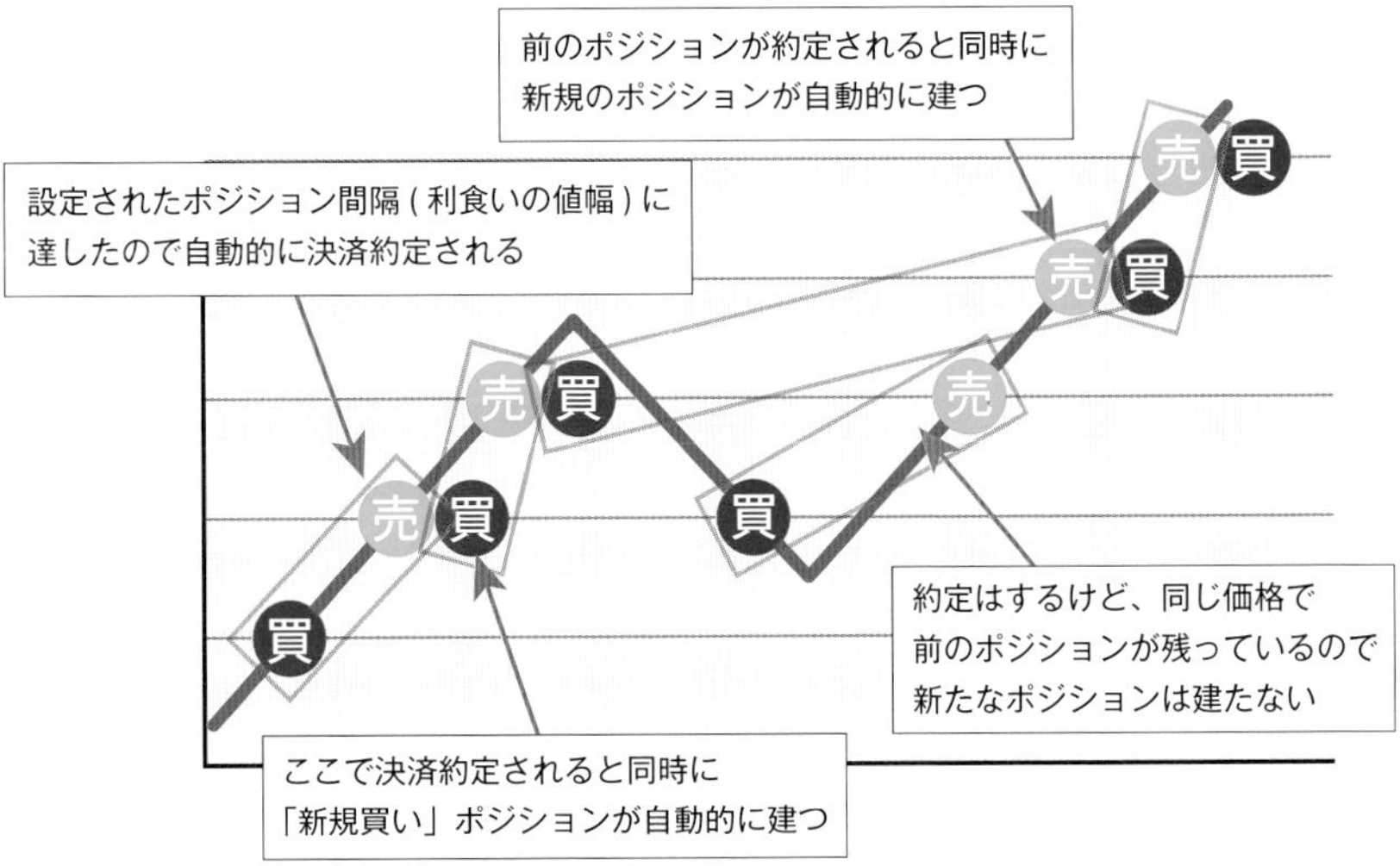
前のポジションが約定されると同時に
新規のポジションが自動的に建つ
設定されたポジション間隔 (利食いの値幅) に
達したので自動的に決済約定される
売
買
約定はするけど、同じ価格で
前のポジションが残っているので
新たなポジションは建たない
ここで決済約定されると同時に
「新規買い」ポジションが自動的に建つ

■リピート系注文の運用イメージ

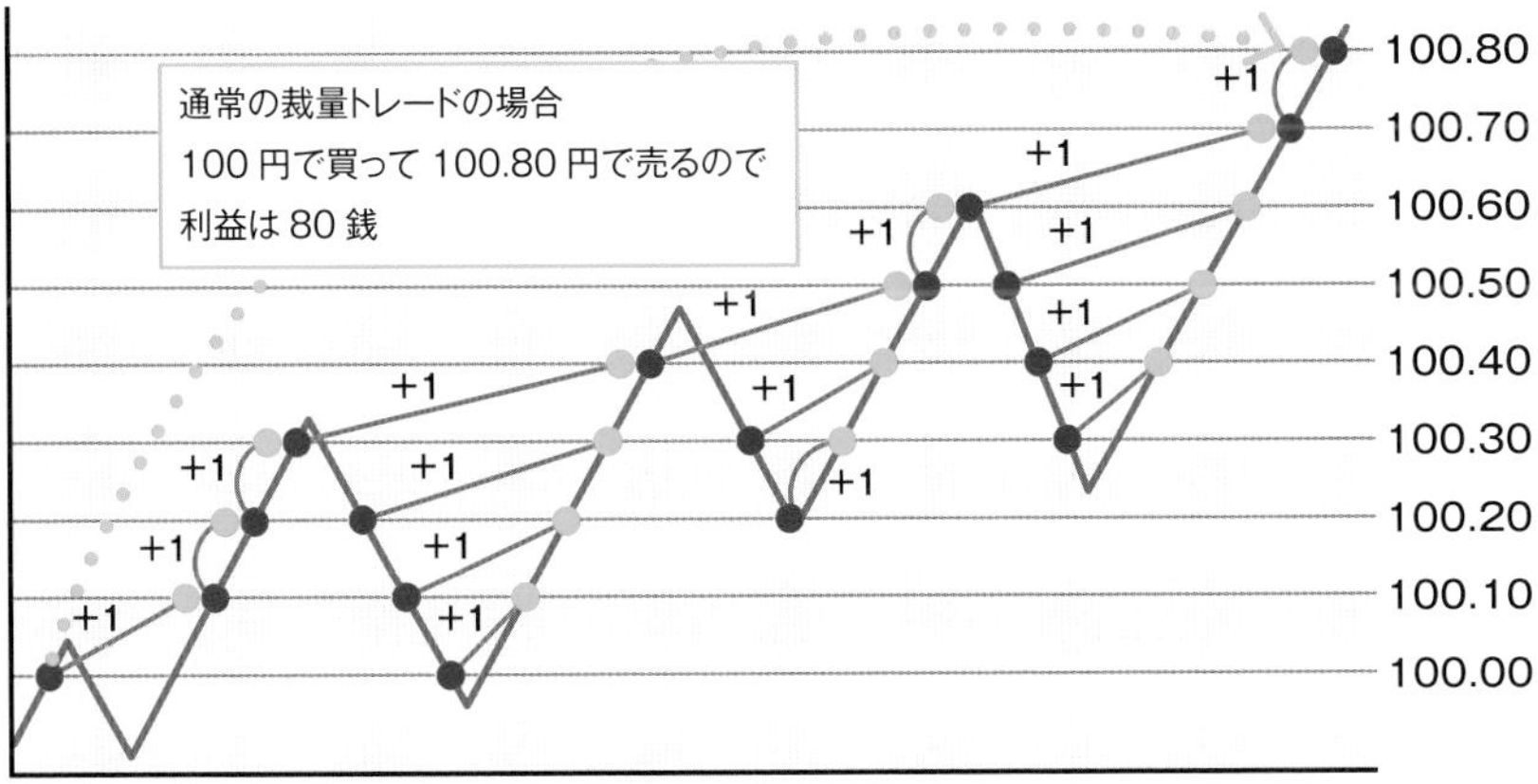
通常の裁量トレードの場合
100 円で買って 100.80 円で売るので
利益は 80 銭
+1
100.80
100.70
100.60
100.50
100.40
100.30
100.20
100.10
100.00

100 円から 100.80 円に上昇したので普通の注文なら 80 銭の利益になるところ
トラッキングトレードなら 2 倍の 1 円 60 銭の利益

リピート注文ならシンプルでリスク管理も簡単

ＥＡは手軽に利益が狙える一方で中身がブラックボックスであることやほとんどのＥＡが有料であることから、手を出しにくい面があります。そこで登場したのがリピート注文。リピート注文も一度設定すれば、新規注文から利益確定までを自動化できるので、自動売買の一種と言えます。しかし、仕組みは非常にシンプル。基本的にはイフダン注文を自動で繰り返しているだけです。そういう意味では、手動で注文を設定する裁量取引とも、自動売買とも違う、まったく新しい注文方法と言った方がいいでしょう。

リピート注文が出始めたのは10年ほど前ですが、それ以前からその手法の有効性に気づいていたトレーダーは、手動で同じような注文を設定して、利益を積み重ねていました。しかし、手動での設定は時間がかかるため、利用しているのは一部の専業トレーダーなどに限られていたのです。それを仕組み化して手軽に利用できるようにしたのがリピート注文なのです。

また、手動設定では、新規注文を入れた時点で証拠金をカウントされてしまうため、多くの注文を設定するには莫大な投資資金が必要でした。一方、リピート注文では、実際にポジションを保有した時点で証拠金がカウントされます。仮に20本のリピート注文を設定していても、保有しているポジションが2本だけであれば、証拠金も2本分でいいのです。また、リピート注文で利益が積み上がっていけば、資金も増えていくので証拠金に余裕が生まれます。

リピート注文を手動でセットした場合と自動でセットした場合

■手動でリピート注文を実現するには手間と資金がかかる

例えば、1ドル=100円から120円まで1円間隔で「買い」の IFD 注文を仕掛ける場合
(取引数量=1000 通貨、利益確定幅=1 円)

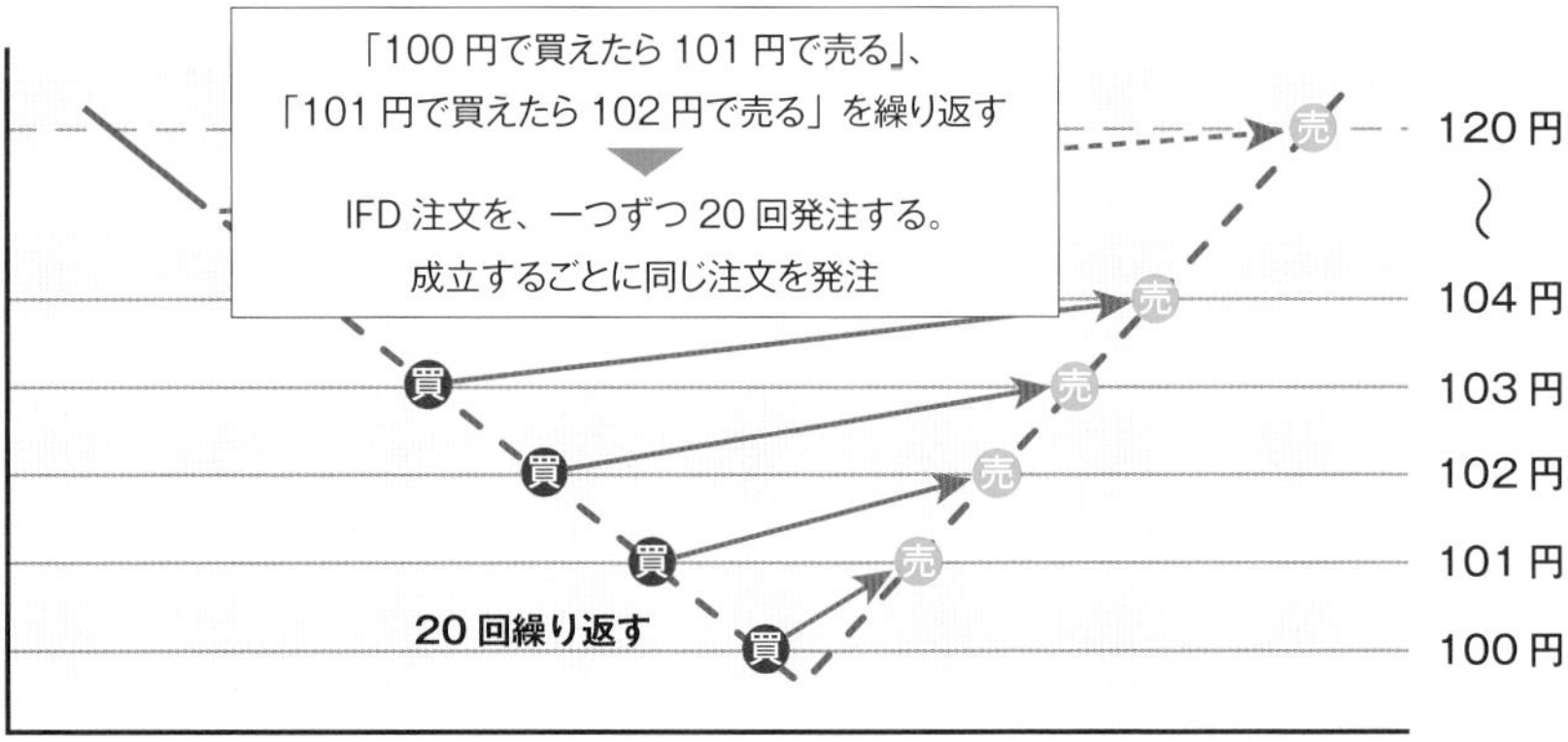
「100 円で買えたら 101 円で売る」、
「101 円で買えたら 102 円で売る」を繰り返す
IFD 注文を、一つずつ 20 回発注する。
成立するごとに同じ注文を発注
120 円
104 円
103 円
102 円
101 円
100 円
買
売
20 回繰り返す

必要な証拠金は……　1000 通貨 ×20 本=2万通貨分

■リピート注文の場合

例えば、1ドル=100円から120円まで1円間隔で「買い」のリピート注文を仕掛ける場合
(取引数量=1000 通貨、利益確定幅=1 円)

1回の設定のみでOK

想定変動幅　2000pip
ポジション方向　買
対象資産　20 万円
ロット数(1 回の注文数)　1
ポジション間隔(利食い幅)　100pip
最大ポジション数　20

必要な証拠金は……　実際に注文が成立した分のみ

リピート注文は為替相場の特性を利用した合理的な手法

リピート注文が有効なのは、ＦＸの相場の特性も関係しています。株式市場にしても、商品市場にしても相場の動きには主に3つしかありません。価格が上昇していく「上昇トレンド」、価格が下がっていく「下降トレンド」、価格が一定の範囲内で上下を繰り返す「レンジ相場」です。ＦＸが投資対象としている為替の相場は、３つのうち「レンジ相場」の期間が多くなっています。実際に7～8割程度の期間がレンジ相場だといわれるほどです。レートが一定の範囲の中で上がったり、下がったりするからこそ、リピート注文が有効になるのです。

では、実際のチャートで確認してみましょう。左ページの上はドル／円の週足チャートです。大きな流れで見ると、１ドル＝１０４・６５円から１１４・３７円の範囲で動くレンジ相場だったことがわかります。この期間は２０１７年５月から続いているので、約3年間のレンジ相場と言えます。さらに細部で見ると、17年5月から18年2月までの約9カ月は1ドル＝１０７・８０円から１１４・３７円の範囲のレンジ相場だったとも言えます。

下はユーロ／ドルの日足チャートです。これを見ると、18年1月15日から4月26日、そして5月29日から10月3日までレンジの範囲内で動いています。この期間だけを見ればトレンドの発生している期間がいかに短く、トレンドの継続している期間がいかに限られているかがわかります。レンジ相場をうまくとらえることができればコツコツと利益を積み重ねることができたことになります。

相場の７～８割がレンジ相場

■ドル／円週足に見るレンジ相場

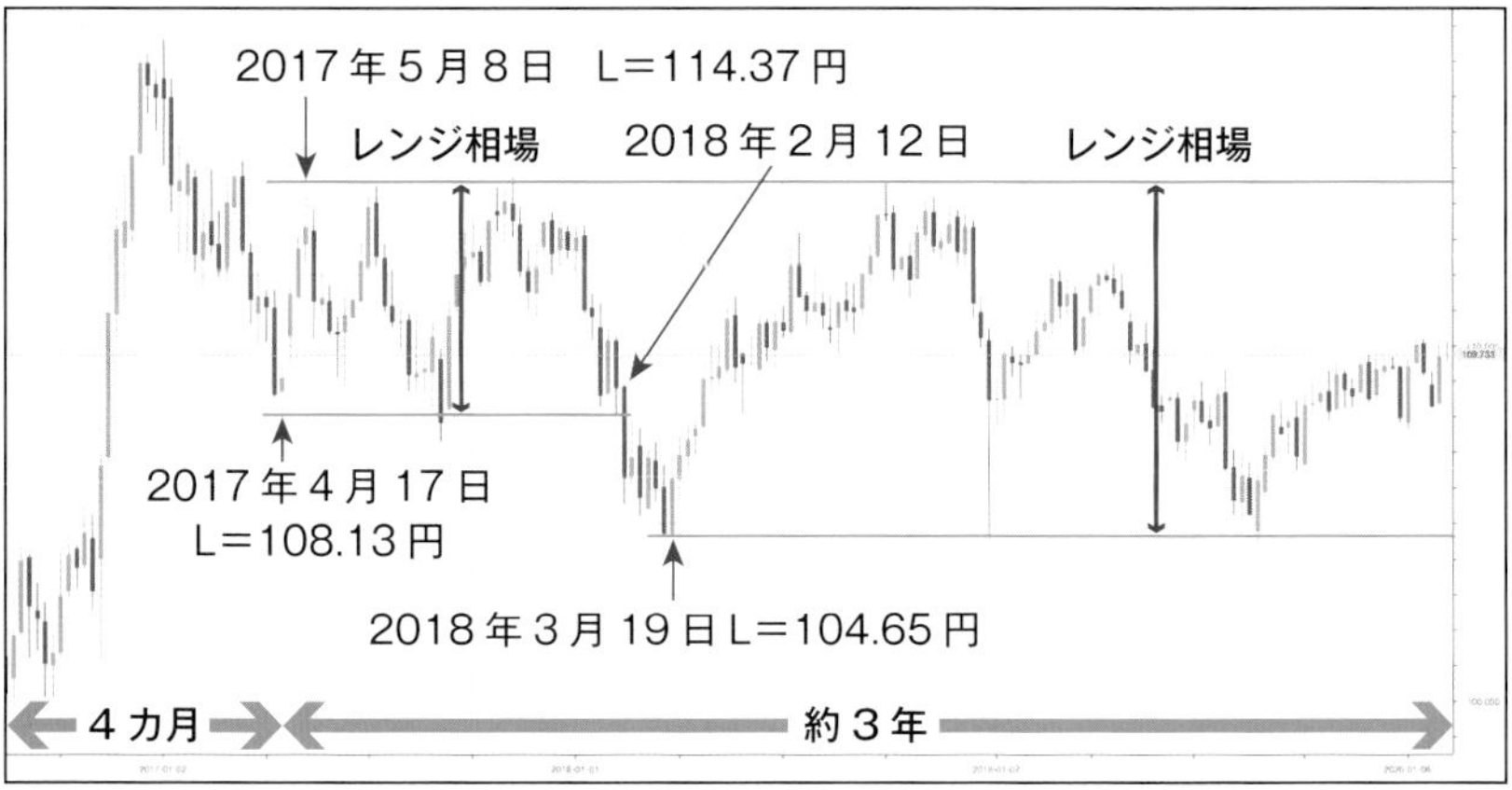

USD／JPY　週足　2016年8月22日～2020年2月10日

■ユーロ／ドル日足に見るレンジ相場

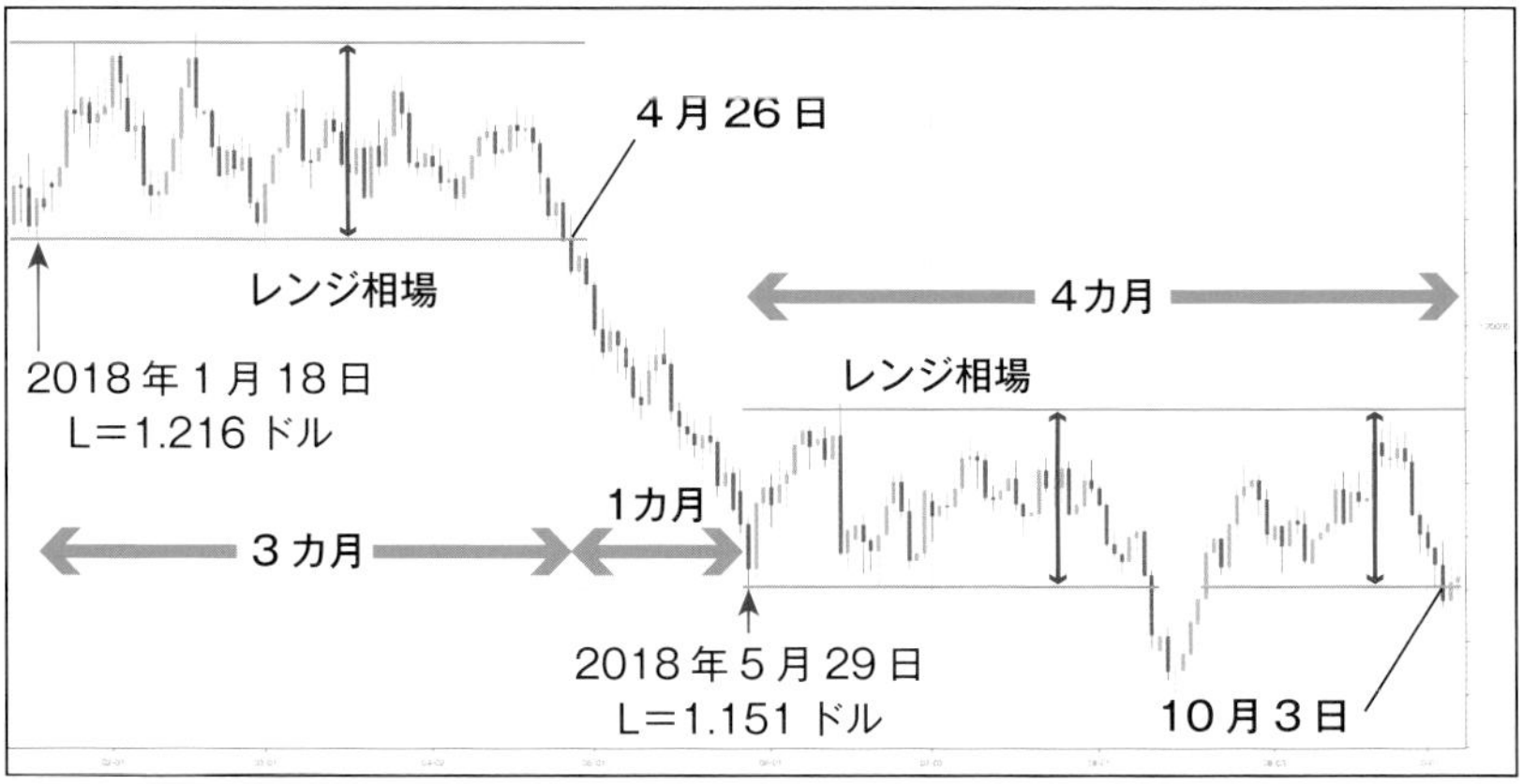

EUR／USD　日足　2018年1月15日～2018年10月5日

いくつものリピート注文、どこがどう違う？

リピート注文が手軽に利用できるようになってから10年強が経過しましたが、ＦＸ各社ではさまざまなサービスを開始しています。今では一つのＦＸ会社がいくつものリピート注文を提供しているので、単純にＦＸ会社で選ぶことはできません。そこで何を基準に選べばいいのか、主なリピート注文の特徴を左ページにまとめました。

例えば「選べる通貨ペア」はＦＸ会社によって扱い数に違いがあります。選択肢が多いことは悪いことではありませんが、使う可能性がほとんどない通貨ペアがいくらたくさんあってもあまり意味がありません。それよりも手数料が安いことの方が優先度が高いと考える方もいるでしょう。あるいは取引通貨単位が１０００通貨であることが絶対条件という方もいると思います。このようにトレーダーの経験や求めるものによって、どのシステムがいいかは変わってきます。

これらの項目のうち、特に注意する必要があるのは手数料とスプレッド※です。手数料が安くてもスプレッドが広かったり、手数料が高くてもスプレッドが狭かったりというケースがありますので比較する場合は、手数料をｐｉｐ換算するか、スプレッドを円換算し、単位をそろえた上で合計して比較するといいでしょう。もう一つが「変動幅の自動追尾」機能のあるなしです。この機能は様々なリピート注文の中でも、より利益を上げやすいとして注目されています。本書で取り上げる「トラッキングトレード」がその一例です。この比較的新しいシステムについて次項で詳しくに説明しましょう。

※スプレッドとはFX会社が提示する、通貨の売り値（Bid）と買い値（Ask）の価格差

リピート注文の主な基本機能

■リピート系注文は何を基準に選ぶ?

選べる通貨ペア	選択肢は多いに越したことはないが、新興国通貨などでリピート注文に適さない通貨ペアは除いて選ぶ
通貨単位	通常は 10,000 通貨の取引が基本だが、1000 通貨単位の取引が選べればローリスク運用も可能
手数料	安ければ安いほどいい
スプレッド	狭ければ狭いほどいい
設定項目の数	自分のトレードに必要な設定項目があることが重要 トレード経験が少ない場合、複雑なシステムはかえって混乱を招くことにもなるので注意が必要
変動幅の自動追尾	設定した変動幅が相場の動きに合わせて自動的に動く機能があった方がいい
売買設定の自動転換	売りと買いが設定した条件に従って自動的に転換する機能は不要
選択型注文の設定	FX会社が設定したお勧めの注文が選択できる機能はあった方がいい
損切り設定	損切りの設定ができる方がいい

■初心者からベテランまで、ニーズに合わせた選択

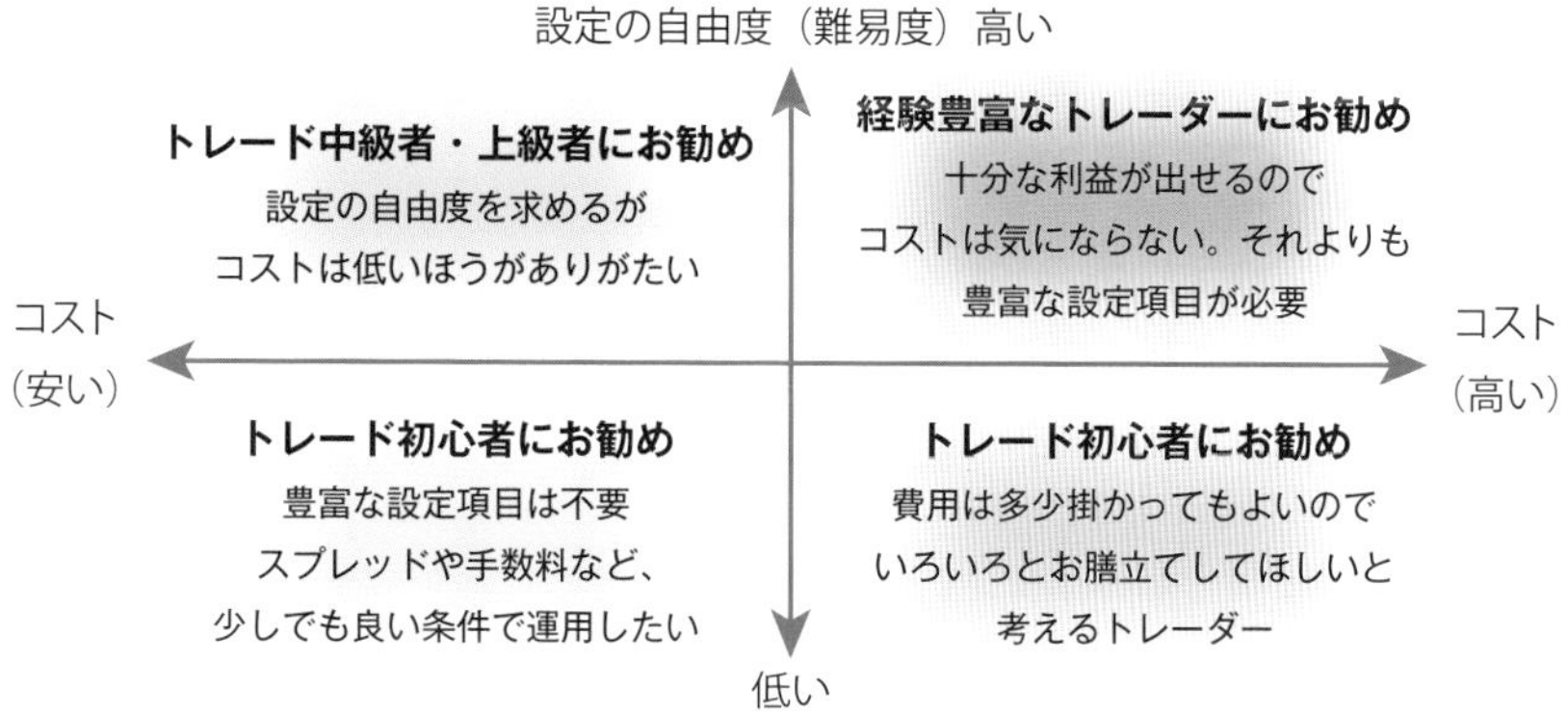

設定の自由度（難易度）高い
低い
コスト（安い）
コスト（高い）
トレード中級者・上級者にお勧め
設定の自由度を求めるがコストは低いほうがありがたい
経験豊富なトレーダーにお勧め
十分な利益が出せるのでコストは気にならない。それよりも豊富な設定項目が必要
トレード初心者にお勧め
豊富な設定項目は不要
スプレッドや手数料など、少しでも良い条件で運用したい
トレード初心者にお勧め
費用は多少掛かってもよいのでいろいろとお膳立てしてほしいと考えるトレーダー

リピート注文の弱点を補うトラッキングトレード

変動幅が自動的に移動するシステムもいくつかのＦＸ会社から提供されていますが、進化版とも言えるのがＦＸブロードネットの「トラッキングトレード」です。

一般的なリピート注文では、一定の値幅に複数の新規注文と決済注文を設定して、為替が同じレートに達すれば何度でも売買を繰り返します。しかし、どの値幅に注文を仕掛けるかを判断するのは難しいものです。せっかく注文を仕掛けても、取引が発生せず、利益を狙える売買チャンスが無駄になってしまうことも少なくないからです。

その点、トラッキングトレードは、一定の値幅に注文をしかけて、取引が成立するのを待つのではなく、取引を開始する時点の相場に合わせて価格帯を設定してリピート注文を連続して仕掛けます。これまでのリピート注文は自分の設定した値幅から相場が外れてしまうと、注文が成立しなくなってしまいましたが、トラッキングトレードであれば、相場の変化に自動的に追随してリピート注文が設定されるので、チャンスを逃すことがないのです。ただし、相場の状況によって「買い」と「売り」を使い分ける必要があります。レンジ相場であれば「買い」でも「売り」でもリピート注文で利益を確保できますが、上昇トレンドの際には「買い」で下降トレンドのときには「売り」のリピート注文を利用しなければ、利益が得られません。つまり、トレンドを見極める必要があるわけです。チャートを見ただけで簡単にトレンドを判断する方法については第３章で詳しく紹介しましょう。

一般的なリピート注文とトラッキングトレードの違い

■一般的なリピート注文

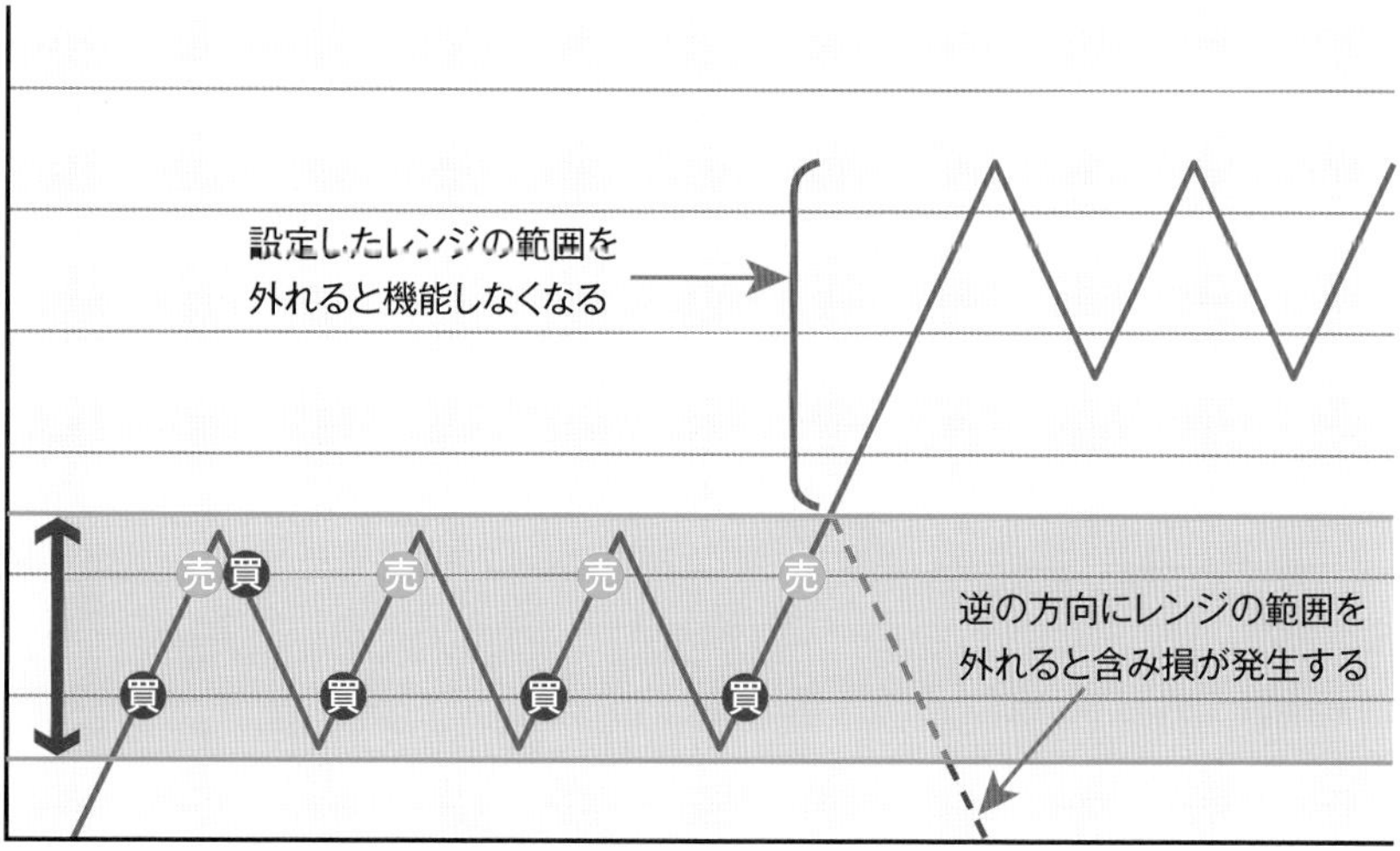
設定したレンジの範囲を
外れると機能しなくなる
逆の方向にレンジの範囲を
外れると含み損が発生する
売
買

■トラッキングトレードの場合

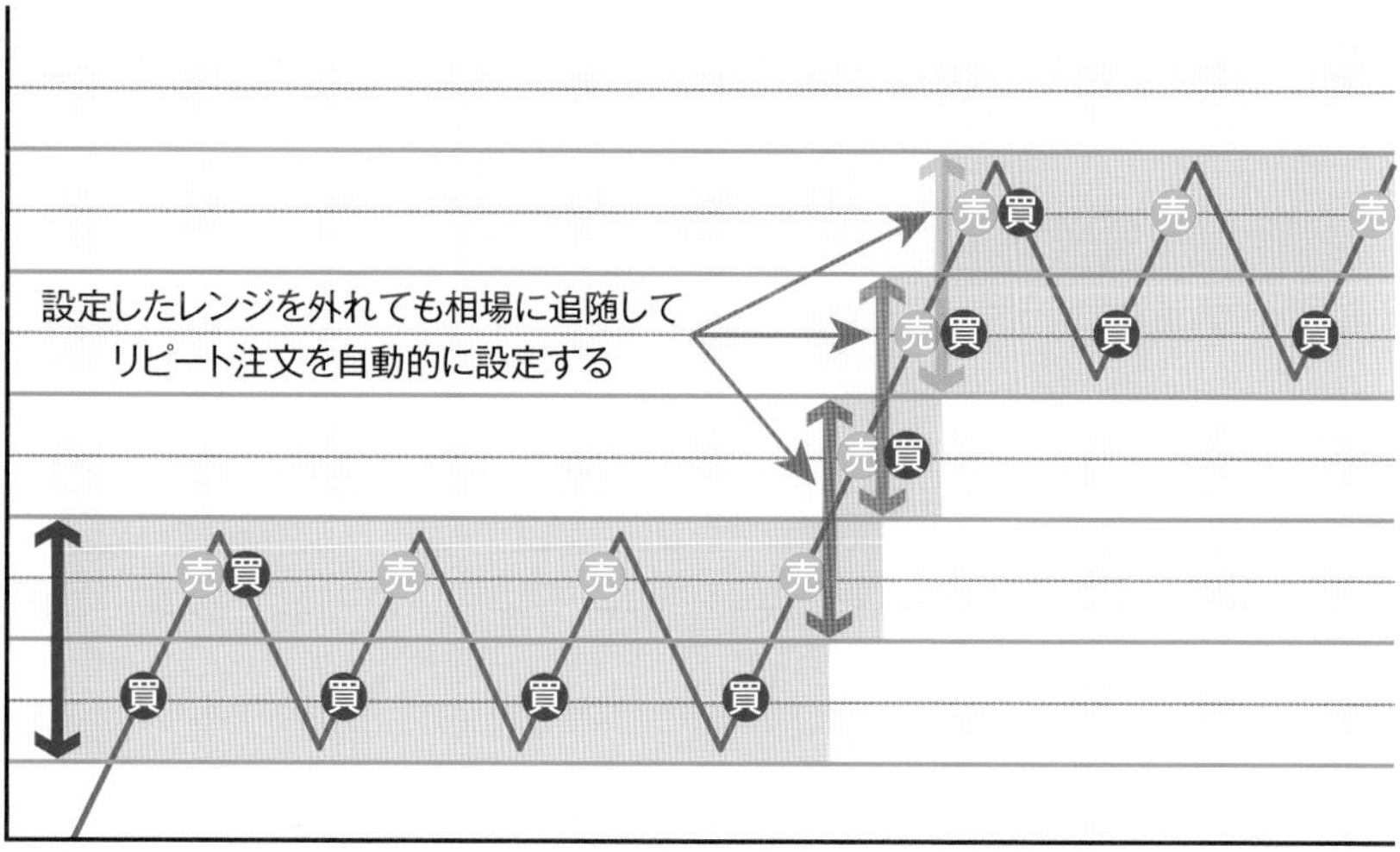
設定したレンジを外れても相場に追随して
リピート注文を自動的に設定する
売
買

第1章
リピート注文でやってはいけないこと

リピート注文は初心者でも簡単に利益を確保できるトレード手法と言えます。序章でもお伝えした通り、リピート注文では約7割のトレーダーが利益を出していると言われています。相場の状況によっては8割を超えるトレーダーが利益を獲得しているのです。これは、リピート注文がいかに利益を出しやすいかを示すデータですが、逆に考えるとリピート注文を利用しても2～3割のトレーダーは利益が得られていないことになります。なぜでしょうか。そこには共通点がありそうです。リピート注文を利用するなら、利益が出せない共通点を理解して、それを避けるのが得策でしょう。

リピート注文で利益が出せない理由の一つ目は、途中で不安になってシステムを停止させてしまうこと。リピート注文を利用していると一時的に含み損を抱えることになります。その時点で怖くなって停止してしまえば、利益は得られません。二つ目は「売り」と「買い」の判断を誤ってしまうことです。短期的なレンジ相場であれば「売り」を選んでも「買い」を選んでもどちらでも構わないのですが、トレンドが出ている場合には、上昇トレンドなのか、下降トレンドなのか、あるいは長期的なレンジ相場であれば、レンジの上にあるのか下にあるのかを見極めた上で、リピート注文を仕掛ける必要があります。三つ目は資金管理です。投資資金は余裕資金の範囲でなければなりません。トラッキングトレードの場合は、資金量に応じて仕掛ける注文数が自動で設定されるので大きなリスクを抱える心配はありません。

リピート系で利益が出せない人の共通点

■途中で不安になって停止してしまう

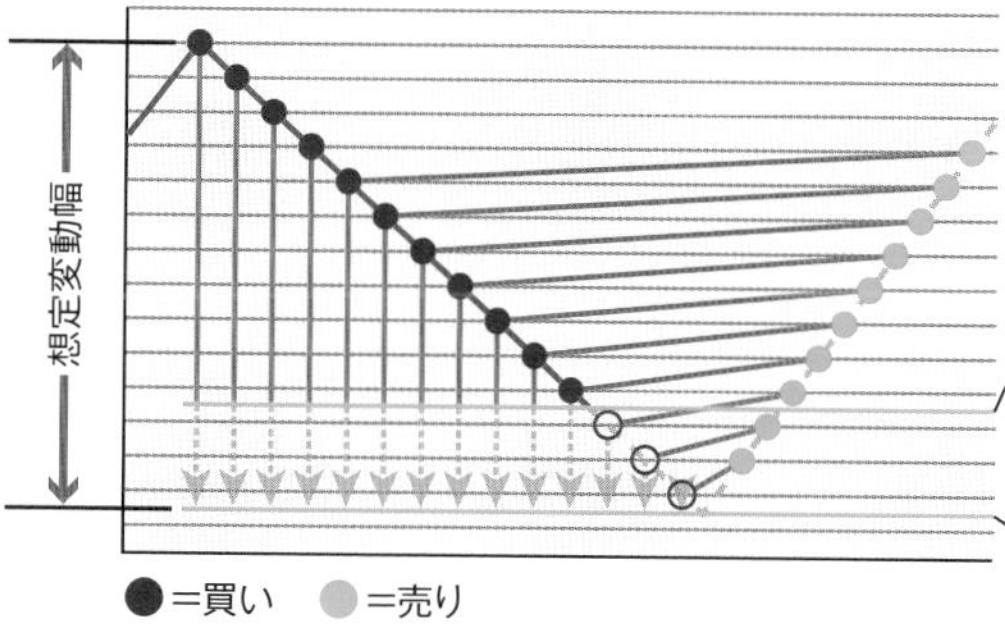

含み損の大きさに不安になり、運用を停止し、すべてのポジションを損切りしてしまう

本来はこのラインが想定変動幅なので、ここまで待ってその後相場転換すればそれぞれのポジションが順番に約定される

■「売り」と「買い」を間違える

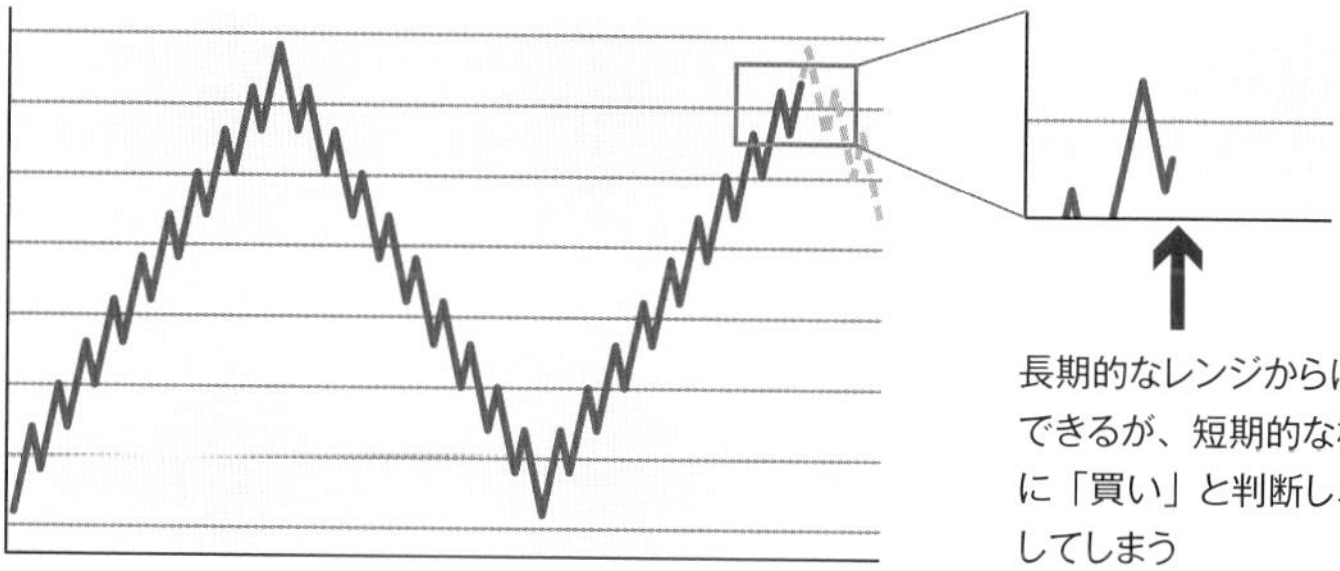

長期的なレンジからは「売り」と判断できるが、短期的な相場しか確認せずに「買い」と判断し、投資効率を悪くしてしまう

■資金管理を怠り、大きなリスクをとってしまう

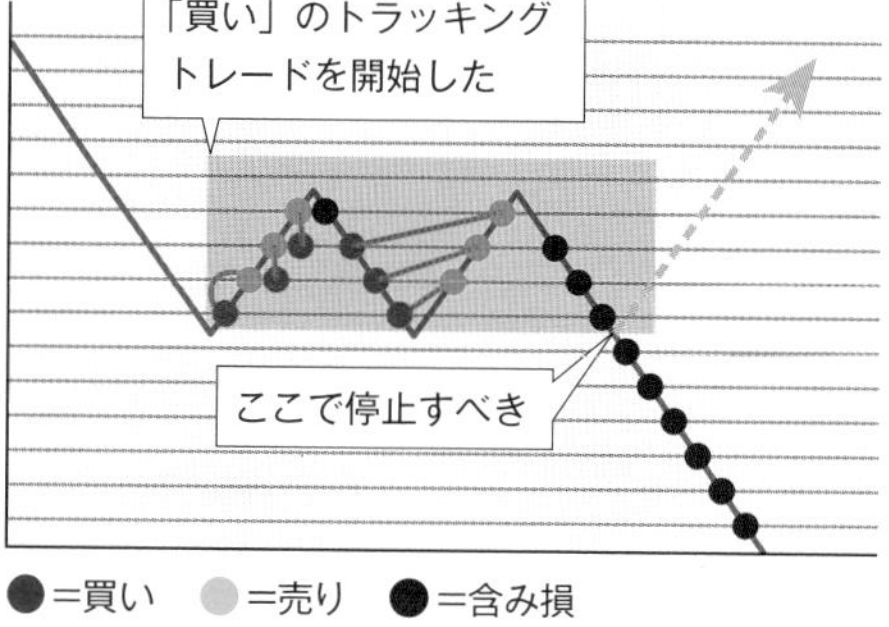

レンジ相場から逆方向のトレンドが発生したのにトラッキングトレードを停止したり、逆のトラッキングトレードを開始させるなどの対応を怠ってしまう

アジア各国の新米ディーラーが
シンガポールのホテルでトレーニング

就職した翌年の83年、ディーラーになるトレーニングを受けるため、シンガポールに行きました。シドニー、香港、韓国などアジア・太平洋地域のバンク・オブ・アメリカのディーラー見習いが集まって研修を受けるのです。実際のトレーニングでは、まず金融理論や金融市場の仕組みなどを2週間、徹底的に学びます。朝から晩まで休む間もなく知識を詰め込まれました。もちろん授業は英語ですが、金融分野は専門用語が多いので、それを覚えてしまえば、それほど難しくはありません。それが終わると、いよいよ実践です。ホテルのフロアの2分の1ほどを貸切って、それぞれの部屋を1つの銀行に見立てます。A銀行、B銀行、C銀行……という具合です。指導担当は中央銀行役になって、研修生はそれぞれの銀行の為替ディーラー役になります。そして、実際のマーケットのように相場を変動させ、ニュースを流したりして、その中で私たちが取引をするのです。終わると取引のどこが良かったのか、悪かったのか、指導役から評価をしてもらいます。そんなトレーニングが2週間ほど続きました。

それが終わると、再び勉強です。為替以外の分野にもディーラーとして仕事をする上で必要なことがあります。当時で言えば、先物やオプションの知識、あるいはリスク管理の方法などを学びました。1週間ほどの期間です。

結果的に勉強3週間、模擬トレーニング2週間の計5週間の研修になったわけですが、これはディーラーになった人が全員受ける研修でした。それぞれ各国の支店に配属されたディーラーは、職場で学ぶこともできます。しかし、支店によって教育内容が異なると、何か欠けている知識があるかもしれません。それを防ぐためにバンク・オブ・アメリカでは統一した研修を受けさせていたのです。

こうした研修プログラムは、ディーラー養成講座だけではなく、たくさんの種類がありました。そのプログラムは外部にも提供されていました。バンク・オブ・アメリカが研修自体をビジネスにしていたのです。たとえば、商社の社員向けに為替のヘッジの方法の講座などがあったと記憶しています。

この研修でディーラーになるための基礎知識と技術が身に付きました。

第2章

トラッキングトレードの基本戦略

自動売買とは？
そしてリピート注文の中でも
人気のトラッキングトレード
その基本戦略とは？

第２章

トラッキングトレードで守るべき3つのルール

この章ではトラッキングトレードを利用して賢く利益を確保する方法を紹介していきます。そのためには、３つのルールを知っておく必要があります。一つ目のルールは、開始と停止のルールを明確にしておくことです。為替相場は周期を持って動いていますから、その波に乗ることで堅実に利益が確保できます。ただし、周期には長いものもあれば、短いものもあります。トラッキングトレードを有効に活用するには、周期に合わせて戦略を決める必要があります。そして一度決めた戦略は、周期が変わるまで継続します。途中で戦略を変えてしまえば、自分の選んだ戦略が有効だったのか、間違っていたかが判断できません。周期が変わった時点でこれまでの戦略を停止して、新たな戦略を開始することが重要です。

二つ目のルールは資金管理です。トラッキングトレードなどのリピート注文では、設定と反対方向のトレンドが発生すると、大きな含み損を抱えてしまうことがあります。場合によっては強制決済になり、投資資金の多くを失ってしまうかもしれません。それでは再チャレンジができなくなってしまいます。そうならないように損切りを設定して、１回の失敗は小さく抑える必要があります。

三つ目は、「売り」「買い」のどちらの戦略を選ぶか、どこで転換するか、明確なルールを決めて守り、途中でルールを変更しないことです。相場が変化するたびに感情に左右されてしまうと、トレードはうまくいきません。

トラッキングトレードで守るべき３つのルール

■開始と停止のルール

●リピート系注文では含み損を抱えることを前提としている。その含み損がレンジを外れない、想定の範囲内であれば運用は継続する

●レンジブレイクした方向が予想と反対方向であれば躊躇なく停止する。ポジション方向にブレイクしたら、そのまま継続する

■資金管理のルール

●初期段階で利益が出た場合は損失が出た場合のことも考え、安易に新たなポジションを増やすことなく、残しておく。

●損失が出た場合は投資金額に対する限界損失割合を決めておき、その額に達したときには、躊躇せず損切りする

■売りと買いの判断ルール

●相場を長期的（1年～3年）に見て、レンジ相場なのか、トレンド相場なのか確認

●レンジ相場の場合レンジの中心よりも上の位置にあれば売り、下の位置にあれば買いを選ぶのが基本

●トレンド相場の場合、下落トレンドであれば売りを選び、上昇トレンドであれば買いを選ぶ

これらのルールの判断基準を極力明確にし、その運用結果がどうであったかを記録に残し、問題があれば次回修正し、自分自身のトレード手法としてカスタマイズすることが大事

トラッキングトレードの資金管理は裁量取引とは異なる

裁量トレードにしても、リピート注文にしても資金管理が重要であることは変わりませんが、その方法は異なります。たとえば、裁量トレードでは、「含み損が投資資金（証拠金）の5％に達したら、決済して損切りする」といったルールが考えられます。投資資金が30万円であれば、含み損が口座資金のマイナス5％（マイナス1万5000円）に達したところで損切りをするのです。これなら、5回連続で繰り返し失敗しても約23万2133円の投資資金が手元に残ります。

一方でリピート注文の場合、含み損が出ていても設定した価格に達すれば、新規注文が成立され、ポジションがどんどん増えてしまうので、加速度的に含み損が増えていきます。ただ、相場が戻れば、コツコツと利益を積み重ねることができるので、裁量トレードよりも早めの段階で損失をカバーすることが可能です。つまり、リピート注文では、早めの損切りは逆にチャンスを失うことになりかねないのです。一般的には、**想定変動幅を超えた段階で、トレンドが想定した方向と違っていたか、またはトレンド転換したか、あるいはレンジブレイクした方向が想定と逆だったかによって停止を検討する**ことが望ましいでしょう。また、トラッキングトレードでは投資資金の額と、設定した値幅の設定によって自動的に損切り注文が設定されます。保有ポジション数が最大に達したら、含み損の最も大きいポジションを損切りして、また新たなポジションを保有する枠を広げるのです。これによって、相場が戻ったときに利益確定できるチャンスを増やしてくれるのです。

裁量トレードとトラッキングトレードの資金管理の違い

裁量トレードの資金管理の一例

運用設定

口座資金：300,000 円
注文設定　通貨ペア：ドル／円（買い）
運用資金：1 本（1 万通貨）
投資資金の−5%で損切り

損切り	投資資金（円）	損失 %（円）	投資資金残高（円）
1 回目	300,000	−5%（−15,000）	285,000
2 回目	285,000	−5%（−14,250）	270,750
3 回目	270,750	−5%（−13,538）	257,212
4 回目	257,212	−5%（−12,861）	244,351
5 回目	244,351	−5%（−12,218）	**232,133**

※小数点は四捨五入

含み損が口座資金の -5%（-15,000 円）に達したところで損切りするのも一つの考え方。5%のロスなら連続して 5 回失敗しても 232,133 円は口座に残る

トラッキングトレードの資金管理の一例

運用設定

口座資産：300,000 円
対象資産：150,000 円
注文設定　通貨ペア：ドル／円（買い）
想定変動幅：1700pip
ポジション間隔：170pip
最大ポジション数：10 本
運用資金：0.1 本（1000 通貨）

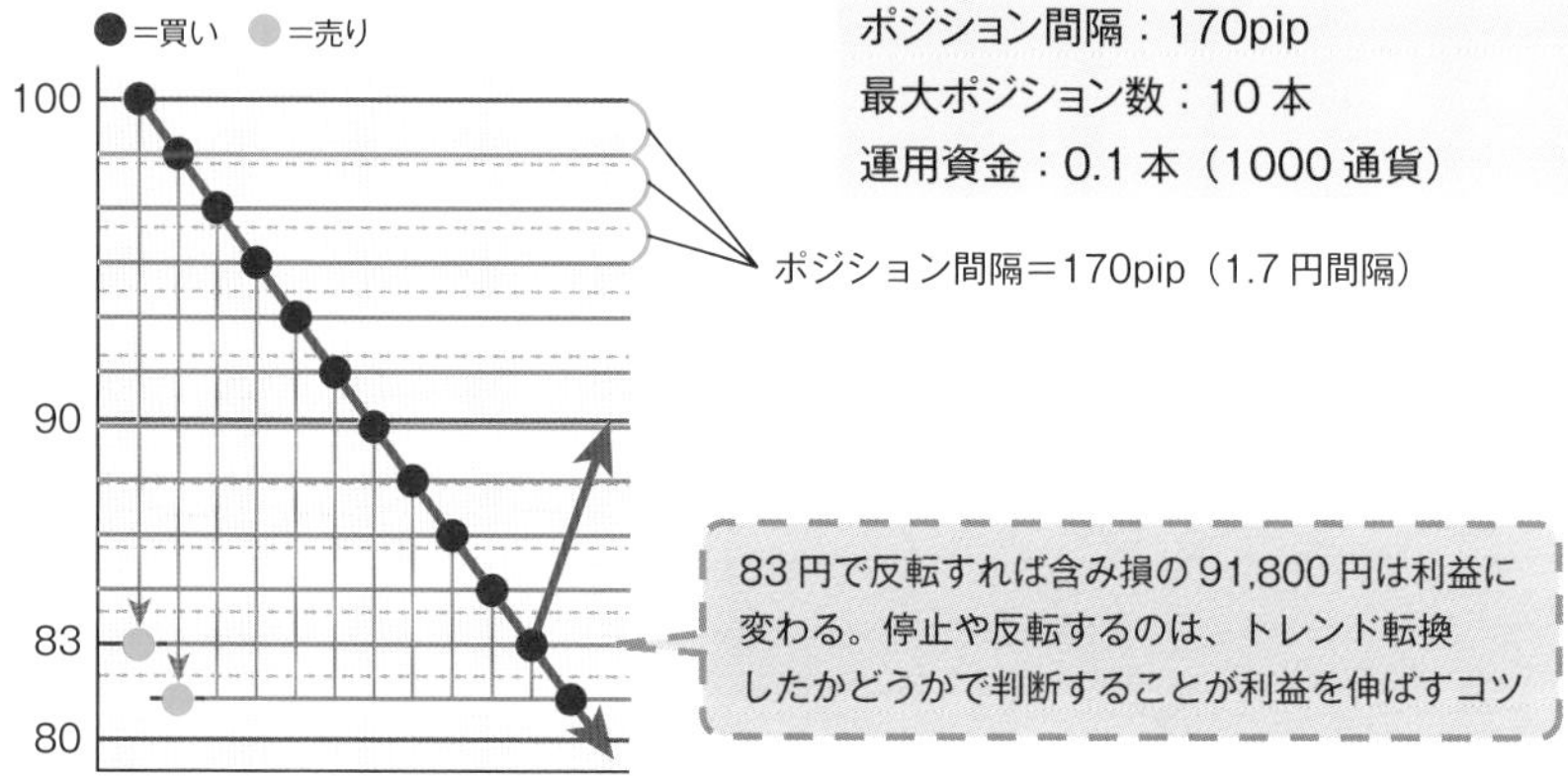
●=買い　●=売り
100
90
83
80
ポジション間隔＝170pip（1.7 円間隔）
83 円で反転すれば含み損の 91,800 円は利益に変わる。停止や反転するのは、トレンド転換したかどうかで判断することが利益を伸ばすコツ

トラッキングトレードを始める具体的ステップ

ここからは、実際にトラッキングトレードを運用開始するまでのステップを紹介していきましょう。具体例は56ページ以降詳しく解説していきます。

トラッキングトレードをはじめとするリピート注文では、レンジ相場が最も利益を出しやすくなります。そこでいくつかの通貨ペアのチャートを見て、現在レンジ相場を形成していたり、長期トレンドが続いている通貨ペアを探します。その際は、サポートラインとレジスタンスライン（57ページ参照）を引いてみると判断しやすいでしょう。具体例は56～59ページをご覧ください。

次に、現在の相場がレンジのどの位置にあるかを確認します。その場合、どんな時間足のチャートで、どのくらいの期間を見ればよいのかがカギになります。そして、このレンジのどこに位置するかによって、「売り」戦略と「買い」戦略のどちらを選ぶかが決まってきます。レジスタンスラインに跳ね返されて下がっている途中であれば「売り」で開始します。逆にサポートラインから反発して、上がっていく途中にある場合は「買い」で開始します。詳しくは60ページで説明します。

そして、どんなリピート注文でも、何年もほったらかしで儲かるというわけではありません。相場状況が変わったり、開始する時に売り買いの判断が誤っていたりすれば、運用を停止しなくてはなりません。そして、大事なことは運用を開始する前に「どうなったら、停止する」という戦略を決めておくことです。62ページで詳しくご説明します。

トラッキングトレードを始める４つのステップ（概要）

■リピート系で運用しやすい通貨ペアを選ぶ——p56

あまり多くの通貨ペアを見ても迷ってしまうので、まずは主要５通貨ペアを見比べてリピート系の運用がしやすそうな、レンジ相場や長期トレンド相場が続いている通貨ペアを選ぶ

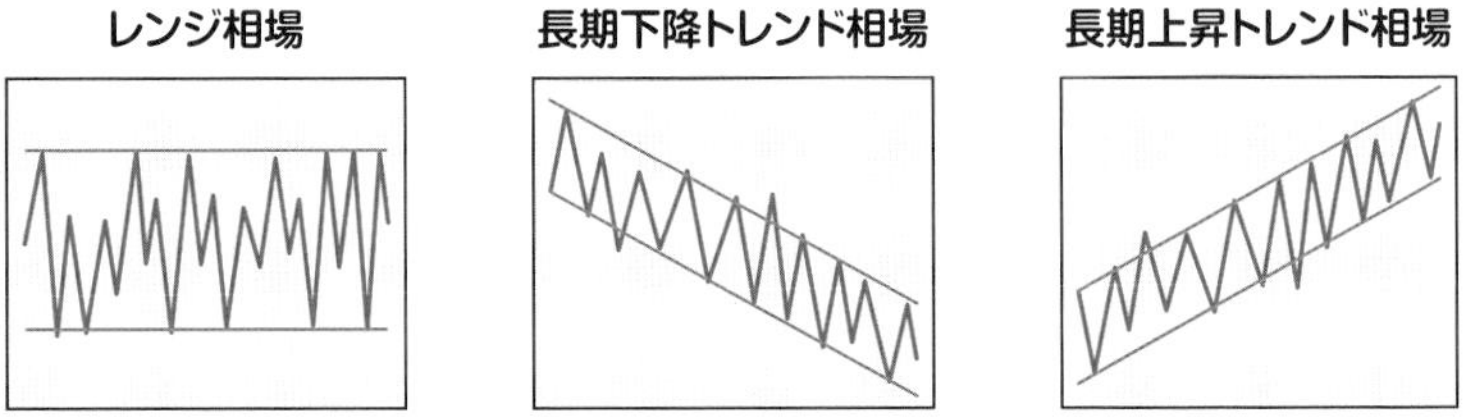

■レンジ相場のどこに位置するのかを見極める——p60

今レンジのどのあたりにいるのかを見極める

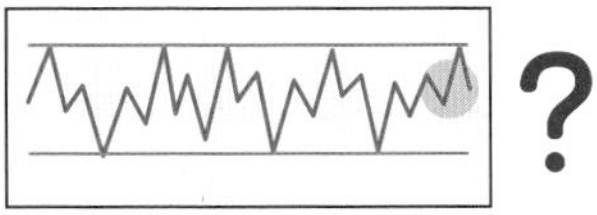

■売り買いどちらで開始するか決める——p60

レジスタンス付近から下降している場合は売り、
サポート付近から上昇している場合は買いで開始

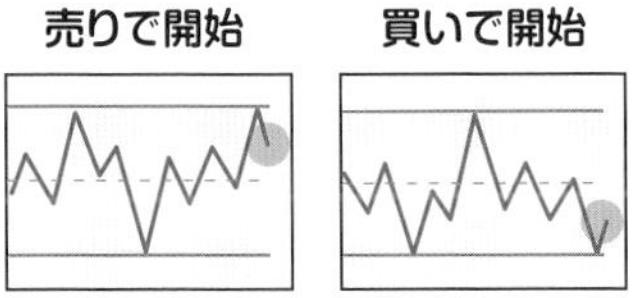

■停止する条件を決める——p62

売り注文なのに上方向にブレイクしたり、
買い注文なのに下方向にブレイクしたら停止

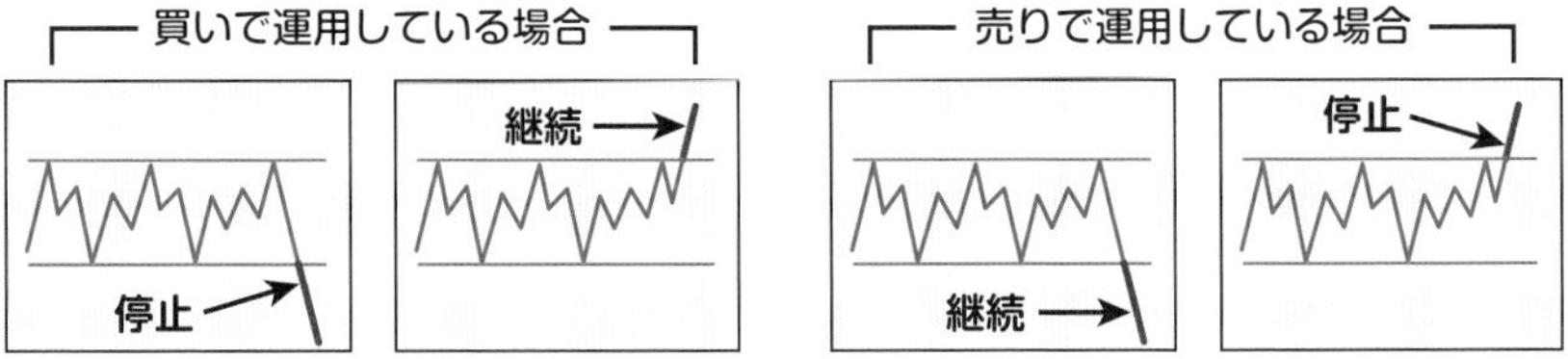

トラッキングトレード向き通貨ペアの選び方

トラッキングトレードを始めるに当たってどの通貨ペアをどう選べばよいのか、ここからは主要5通貨ペアを例に具体的に見てみましょう。左ページの上段はドル／円の週足チャートです。サポートラインとレジスタンスラインを引いてみると、長期的には大きく2つのレンジ相場が確認できます。①のサポートラインは２０１７年4月17日から約10カ月継続したことになります。そして２０１８年2月12日にレンジブレイクし、翌月19日に下げ止まり、新たなサポートラインを形成しました。②では２０１９年2月25日に上げ止まり、２０２０年2月17日にはこのラインに跳ね返されており、**約1年間に渡るレンジ相場が形成されていることから、トラッキングトレード向きの相場と言えます。**

下段はユーロ／円の週足チャートです。２０１８年1月29日ピークを付けたあとは下降トレンドに入っています。しかし、細かく見ていくと③、④、⑤の部分で短期のレンジ相場が形成されています。「レンジ相場→サポートラインを割り込む→新たなレンジ相場の形成」を繰り返しています。こんなときはボラティリティが大きくなる傾向があるので利益確定幅は広めに取ってリスクを低減する必要はありますが、**「売り」のトラッキングトレードで利益の狙いやすい相場展開**と言えます。ただ、直近の⑤の部分ではレンジ内の上昇トレンドが発生しているので注意が必要な場面でした。結果的には２０２０年1月13日に上値をつけると、その後は値を下げ、レジスタンスラインが形成される目安となりました。この後はこの上値が意識される相場展開が続くでしょう。

通貨ペアの選び方（具体例：ドル／円、ユーロ／円）

レンジ相場を見極めるのに、最も一般的な方法はサポートライン（下値支持線）とレジスタンスライン（上値抵抗線）をチャートに引いてみることです。レジスタンスラインはローソク足の高値と高値を結んだ線です。サポートラインはローソク足の安値と安値を結んだ線になります。どちらのラインもローソク足が超えることをレンジブレイク（ブレイク）と言いますが、一端ブレイクするとサポートライン（A）はレジスタンスライン（B）となり、レジスタンスライン（B）はサポートライン（C）となります。それぞれのラインは跳ね返される回数が多ければ多いほど反発力の強い抵抗線になるのが特徴です。

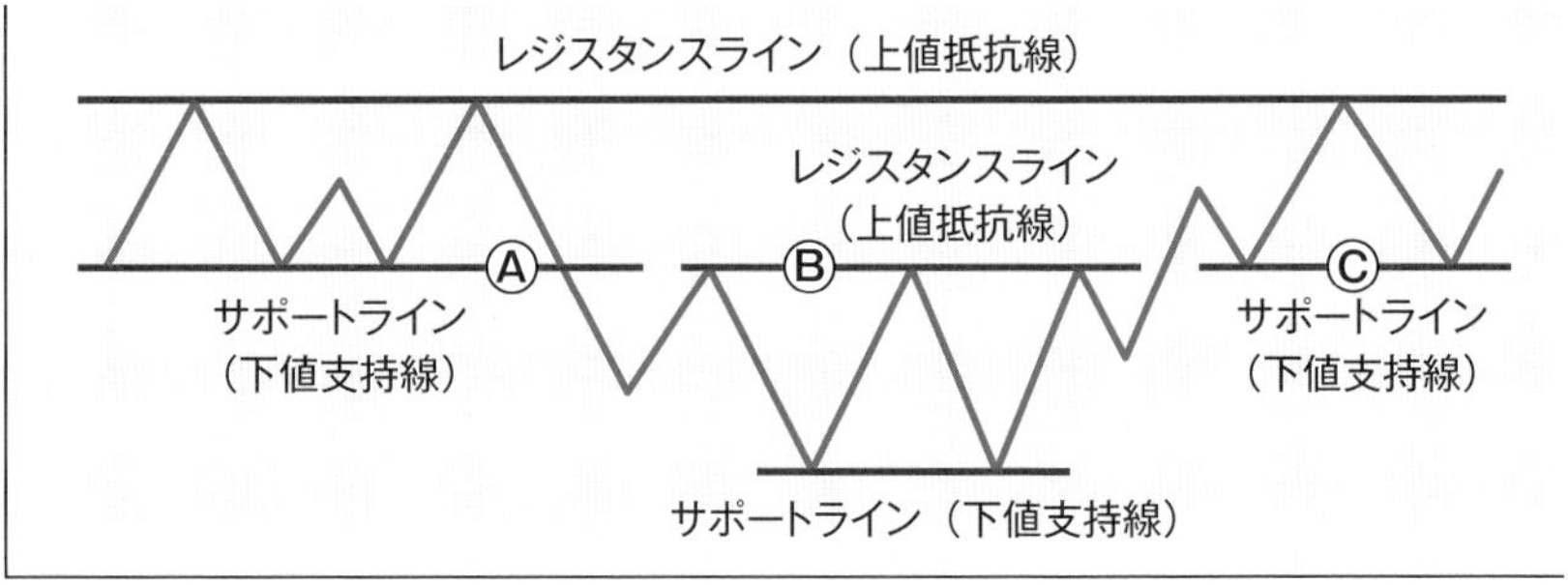

USD/JPY　週足（2016年10月～2020年1月）

EUR/JPY　週足（2016年10月～2020年1月）

左ページの上段のチャートはポンド／円の週足です。前ページの通貨ペアと比較すると、全体に長いローソク足が唐突に出現する場面が多く、不規則な相場の動きが目立ちます。一方で長期的に見ると１４７円～１５０円近辺にはレジスタンスゾーン[※-1]が形成され「節目[※-2]」となっています。２０１８年1月29日をピークとして、レジスタンスゾーンを上抜いた場面があるものの、すぐに戻りその後も何度かこのゾーンで跳ね返されているので、大きな反発力のあるゾーンと判断できます。一方サポートラインを見ると、長期的には①のラインと②のラインが存在しますが、価格にあまり差がないことを考えれば、２つの価格を含むサポートゾーンととらえることができます。ただし、レジスタンスゾーンと①、②を含むサポートゾーンからなるレンジ相場をトレード対象にするには値幅（３１・７７３円）が広くなりますし、期間も長期（2年10カ月）になり膨大な資金が必要です。**トラッキングトレードには難しい相場展開と言えます。**

中段は豪ドル／円の週足です。２０１８年の9月18日をピークに③から⑤まで、幅の狭いレンジ相場が短期間形成されながらも緩やかな下落が続きました。**トラッキングトレードを利用すれば、ローリスクでコツコツと利益を重ねる絶好の相場状況と言えます。**ただし、レンジの値幅が約４円から６・３１円と狭いため、収益性を上げるためには設定に工夫が必要です。下段のユーロ／ドルも豪ドル／円同様に２０１８年の1月29日をピークにゆるやかな下降トレンドを形成しています。**こちらもトラッキングトレードには扱いやすい相場展開です。**こちらも⑥から⑨までレンジの値幅が０・０３１ドルから０・０３６ドルと狭いため、設定には工夫が必要になります。詳しくは第４章で紹介します。

※-1 レジスタンスゾーンとはレジスタンスラインよりも値幅のある価格帯でレジスタンスラインのように反発するエリア
※-2 節目とは多くのトレーダーが意識する価格

通貨ペアの選び方（具体例：ポンド／円、豪ドル／円、ユーロ／ドル）

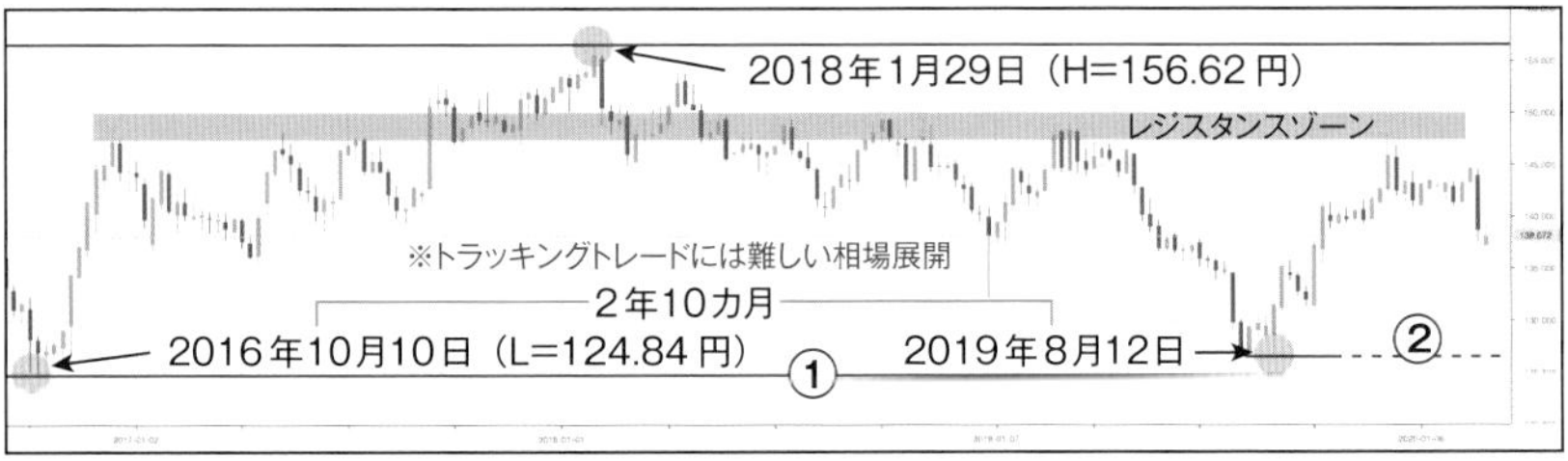

GBP/JPY　週足（2016 年 10 月～2020 年 1 月）

※上のチャートより 2016 年 10 月 10 日の安値 124.84 円と
2018 年 1 月 29 日の高値 156.62 円の価格差 31.78 円

AUD/JPY　週足（2016 年 10 月～2020 年 1 月）

※上のチャートより、③のレンジ値幅=4.04 円、④のレンジ値幅=3.28 円、⑤のレンジ値幅–6.31 円

EUR/USD　週足　(2016 年 10 月～2020 年 1 月)

※上のチャートより、⑥のレンジ値幅=0.035 ドル、⑦のレンジ値幅=0.036
⑧のレンジ値幅=0.031 ドル、⑨のレンジ値幅=0.036 ドル

リピート系の開始はレンジの位置で決まる

主要5通貨ペアをチェックして、リピート系の運用がしやすい通貨ペアを選んだら、次は現在の相場がどの位置にあるかを確認します。左ページのチャートはユーロ／円の週足です。長期で大きなレンジ相場に加えて、直近では短期で小さなレンジ相場が形成されています。また、小さなレンジ相場は大きなレンジの中で中心よりも下に位置します。

このようなケースでは、今後の値動きに3つのシナリオが考えられます。第1シナリオは小さなレンジ相場のレジスタンスラインAで跳ね返された後、大きなレンジ相場のサポートラインCまで下落し反発する。第2シナリオは、Aで跳ね返された後、小さなレンジ相場のサポートラインBで反発する。第3シナリオはAをブレイクします。このケースでは、現在のレンジ相場が大きなレンジの中では中心よりも下にあり、2016年10月17日のサポートラインが意識されるので、第1シナリオになる確率が高いと考えます。とすれば、トラッキングトレードは「売り」で開始し、Cで反発したら「売り」を停止して、「買い」を開始する戦略が有効だと考えられます。しかし、**第2、第3のシナリオになるパターンも十分に考えられます。重要なのはどのシナリオの確率が高いかを決めることではなく、あらゆる可能性を想定して準備しておくことです。**例えば第2シナリオであれば、Bで反発した時点で「売り」から「買い」に転換、第3シナリオならAをブレイクした時点で「売り」から「買い」に転換するなど。開始する段階で、停止のことも考えておく必要があるのです。

今がレンジのどの位置にあるのか見極める（具体例）

主要通貨ペアを見てリピート系の運用がしやすそうな、レンジ相場が続いている通貨ペアを選ぶ。ポイントは「節目※」を探すこと。そして今後の相場がどう動くか、考えられるいくつかの可能性に備えて準備をしておくことが重要

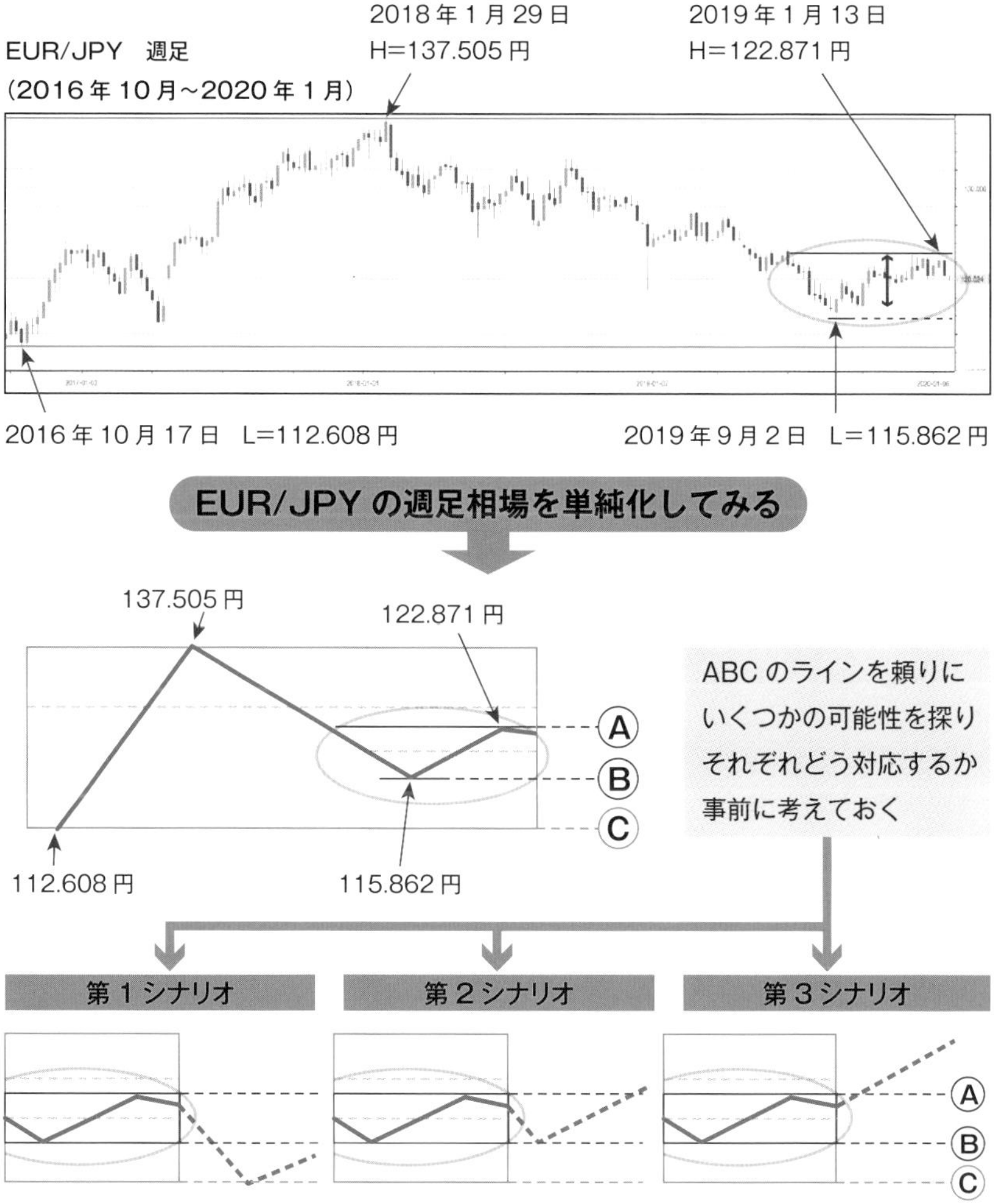

※節目とは、多くの投資家が意識する共通の価格ポイント。100円や110円などの切りの良い価格と、過去に何度も反発して跳ね返されたポイントで、サポートラインやレジスタンスラインが引かれる価格。

トラッキングトレードを停止する条件とは

トラッキングトレードはレンジ相場が続いている限り、利益を積み重ねていくことができますが、レンジを外れたときには、このまま続けるのか、停止するのかを判断しなければなりません。その理由は70ページ以降で解説しますが、ここでは停止する条件を見ておきましょう。

例えば、左ページの上段のようなユーロ/円の相場でトラッキングトレードを「売り」で開始した場合、第1シナリオでAを割り込んでも含み損は膨らみませんのでトラッキングトレードを継続します。逆に第2シナリオでBをブレイクした場合には、含み損が膨らんでいきますので停止して保有しているポジションはすべて損切りします。「買い」で開始した場合には、この逆になります。第2シナリオなら継続、第1シナリオでは停止して損切りになります。

下段の豪ドル/円の週足のパターンでも基本は同じです。「買い」で開始した場合には、第1シナリオでレジスタンスラインAをブレイクしたときには継続、第2シナリオのBを割り込んだときには停止します。「売り」で開始した場合には、第1シナリオのレジスタンスラインAをブレイクした時点で停止、第2シナリオのサポートラインBを割り込んだときには、継続します。ここではサポレジラインを使って「売り」と「買い」の停止・継続の判断基準を簡単に紹介しましたが、ボリンジャーバンドを併用するとさらに明確な判断が可能になります。具体的な方法は4章と5章で解説します。

停止する条件を決める（具体例）

売り注文なのに上方向にブレイクしたり、
買い注文なのに下方向にブレイクしたら停止

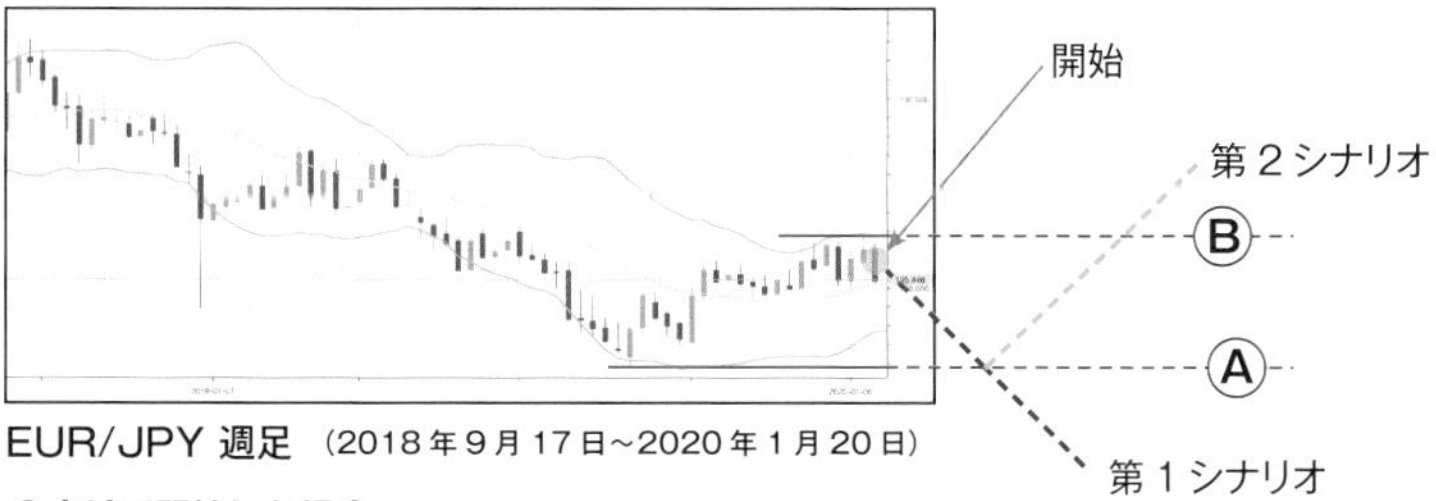

EUR/JPY 週足（2018年９月17日～2020年１月20日）

●売りで開始した場合

第１シナリオならＡを割り込んでも継続

第２シナリオならＢの高値で反発せず、ブレイクした時点で停止

●買いで開始した場合

第１シナリオならＡの安値を割り込んだ時点で停止

第２シナリオならＢの高値をブレイクしても継続

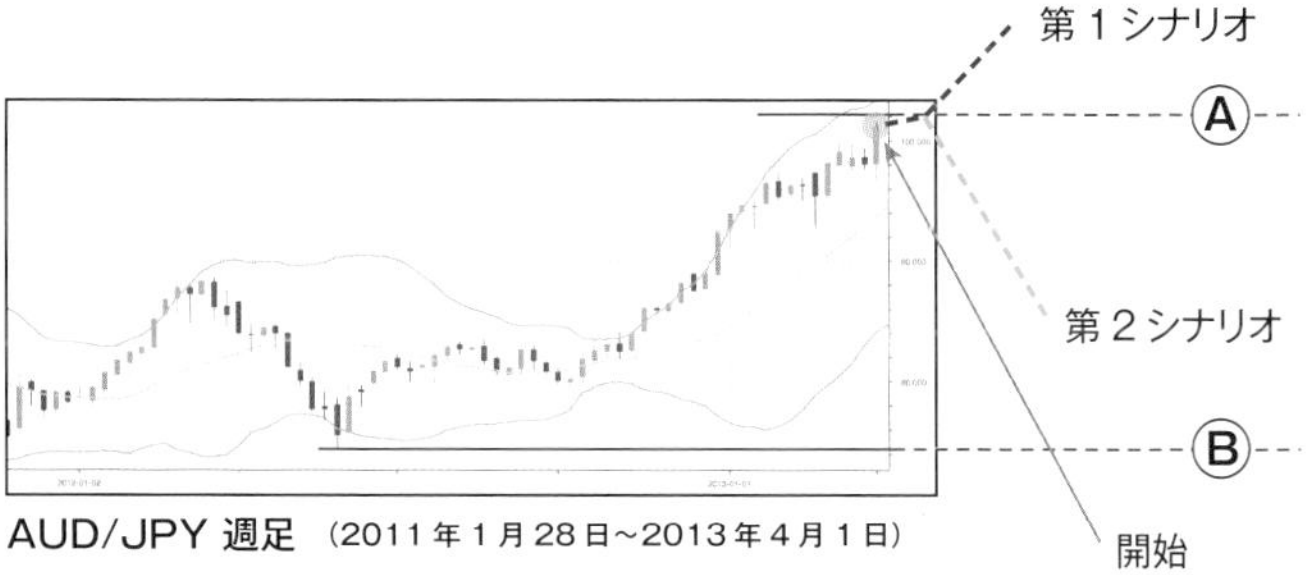

AUD/JPY 週足（2011年１月28日～2013年４月１日）

●買いで開始した場合

第１シナリオならＡの高値をブレイクしても継続

第２シナリオならＢの安値で反発せずに割り込んだ時点で停止

●売りで開始した場合

第１シナリオならＡの高値をブレイクした時点で停止

第２シナリオならＢの安値を割り込んでも継続

ファンダメンタルズのここをチェックしておこう

トレンドを判断するツールとしてテクニカル指標は有効ですが、あくまでも過去のデータを元にしていますので、サインが遅れることもありますし、ダマシが発生することもあります。判断を誤らないようにするには、相場に影響を与える要素、ファンダメンタルズも理解しておく必要があります。為替レートは、二国間の通貨の交換条件ですから、国と国の力関係によって左右されます。強い国の通貨は高くなり、弱い国の通貨は安くなります。どちらが強いかを決める大きな要素が金利です。金利の高い国では、預金をしたり、債券を買うことでお金を安全に増やせます。預金や債券を買うには、その国の通貨を買わなければなりませんから、人気が高くなった通貨は価格が上昇します。逆に金利の低い国からはお金が逃げ出しますので、通貨が売られて安くなります。では、金利は何によって決まるか。大きく影響するのは経済状況です。景気が良いときには、消費も増えて物価も上昇しがちなので、インフレを抑えるために金利を引き上げてお金の流通を抑えようとします。逆に景気が悪いときには、金利を引き下げてお金の流通を増やし、企業の設備投資や消費を増やそうとします。つまり、景気の良い国の通貨は上昇し、景気の悪い国の通貨は下落するのが一般的です。

一方で米大統領選やブレグジットなどのイベントによって相場の流れが大きく変わることもあります。これらは、事前にわかっていますから、相場にかかわる大きなイベントがある時期はトラッキングトレードを止めて落ち着くまで様子を見ることも重要です。

※ダマシとはテクニカルチャートの売買サインが実際の相場の動きとは逆方向に現れる現象

ファンダメンタルズのチェックポイント

■景気循環の要素

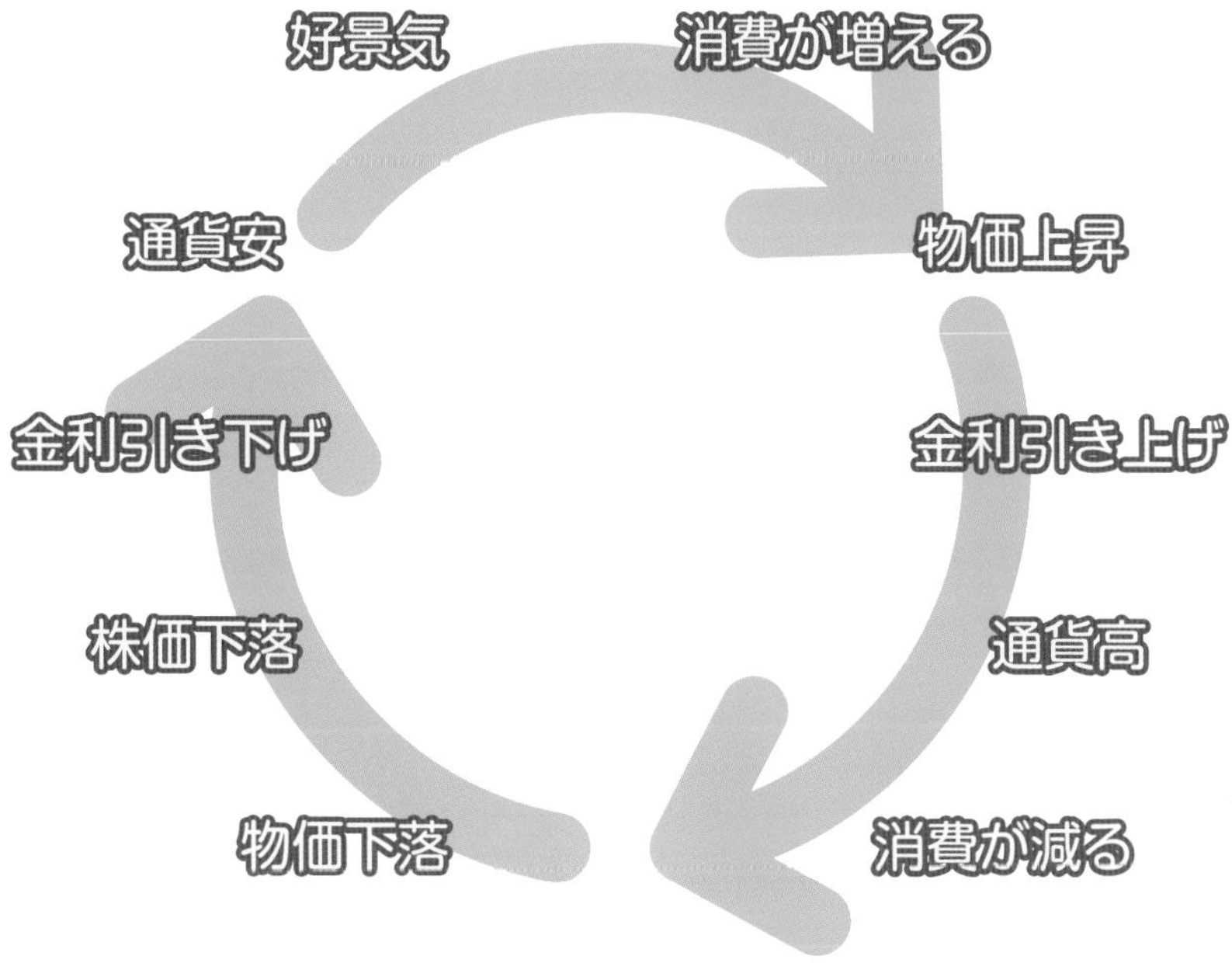

※これらのキーワードを気にして情報をチェックしよう

■ファンダメンタルズの確認方法

経済指標をチェック

発表された数値そのものよりも、事前の予測とどれほど差があるかに注目する。差が大きいとサプライズとなり相場が大きく動く要因となる。相場が想定と逆に動きそうなときはトレードを止める判断も。

プロのブログをチェック

元為替ディーラーなどがファンダメンタルズをベースにした相場の見通しをブログで公表しているケースが少なくありません。気に入ったブログを見つけて定期的にチェックするのもいいでしょう。

トラッキングトレードで扱いやすい通貨ペアとは

裁量トレードにしてもリピート注文にしても、トレードを始めるには通貨ペアを選ばなければなりません。ＦＸ会社ではさまざまな通貨ペアを取引することができます。例えば、トラッキングトレードでは24種類の通貨ペアを利用できます。その中にはドル／円やユーロ／円など日本人になじみのある通貨ペアもあれば、英ポンド／ＮＺドルなどレートの動きが読みにくい通貨ペアもあります。

通貨ペアを選ぶ際には、どのような点に注意すればいいでしょうか。1つ目のポイントは、情報量が豊富であることです。前述のように為替レートは、経済状況に左右されます。入手できる情報量が少なければ、景気が良いのか、悪いのかを判断できません。その点、日本で暮らしている私たちは、円の含まれる通貨ペアが有利と言えます。日本以外で情報量が多いのは米国やユーロ圏です。テレビや新聞などでも大きな動きを把握できます。スイスフランや南アフリカランドなどを含む通貨ペアもありますが、日本ではなかなか情報を入手できませんから、判断が難しくなります。2つ目は世界の取引量です。取引量の多い通貨は多くの投資家が参加しているので、価格が安定しやすくなります。逆に取引量の少ない通貨は、まとまった資金が流入すると価格の変動が大きくなります。一般的に通貨の取引量は米ドル、ユーロ、円、ポンドという順になっています。この4つの通貨の組み合わせであれば、想定外の変動をする可能性は低くなると言えるでしょう。3つ目は政治的に安定していることです。紛争リスクを抱えた国の通貨は変動が大きくなる可能性があります。

2つの観点からみた各国通貨の比較

■通貨別の取引高

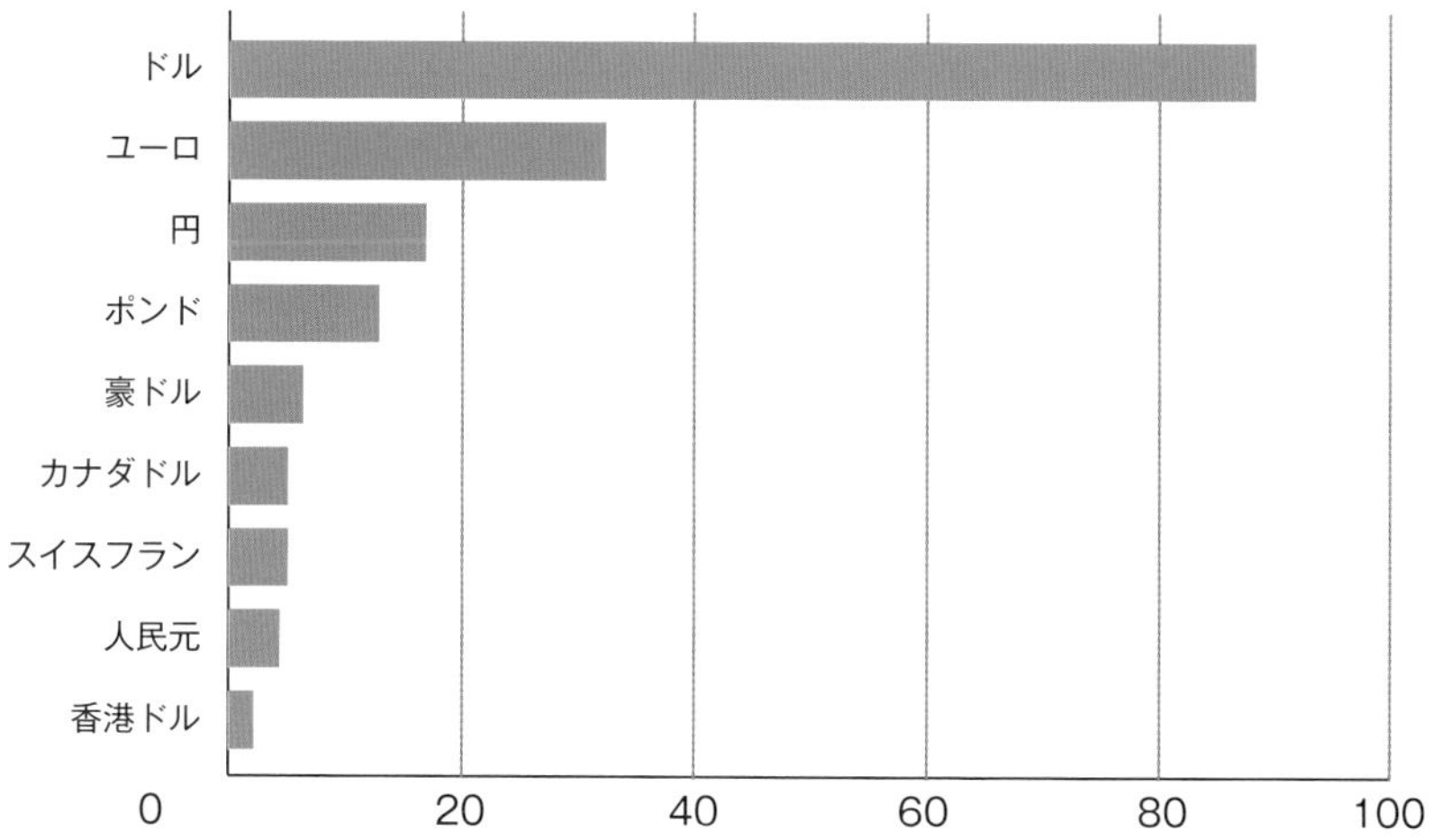

出所：BIS（国際決済銀行）2019年4月

■通貨ペア別取引高

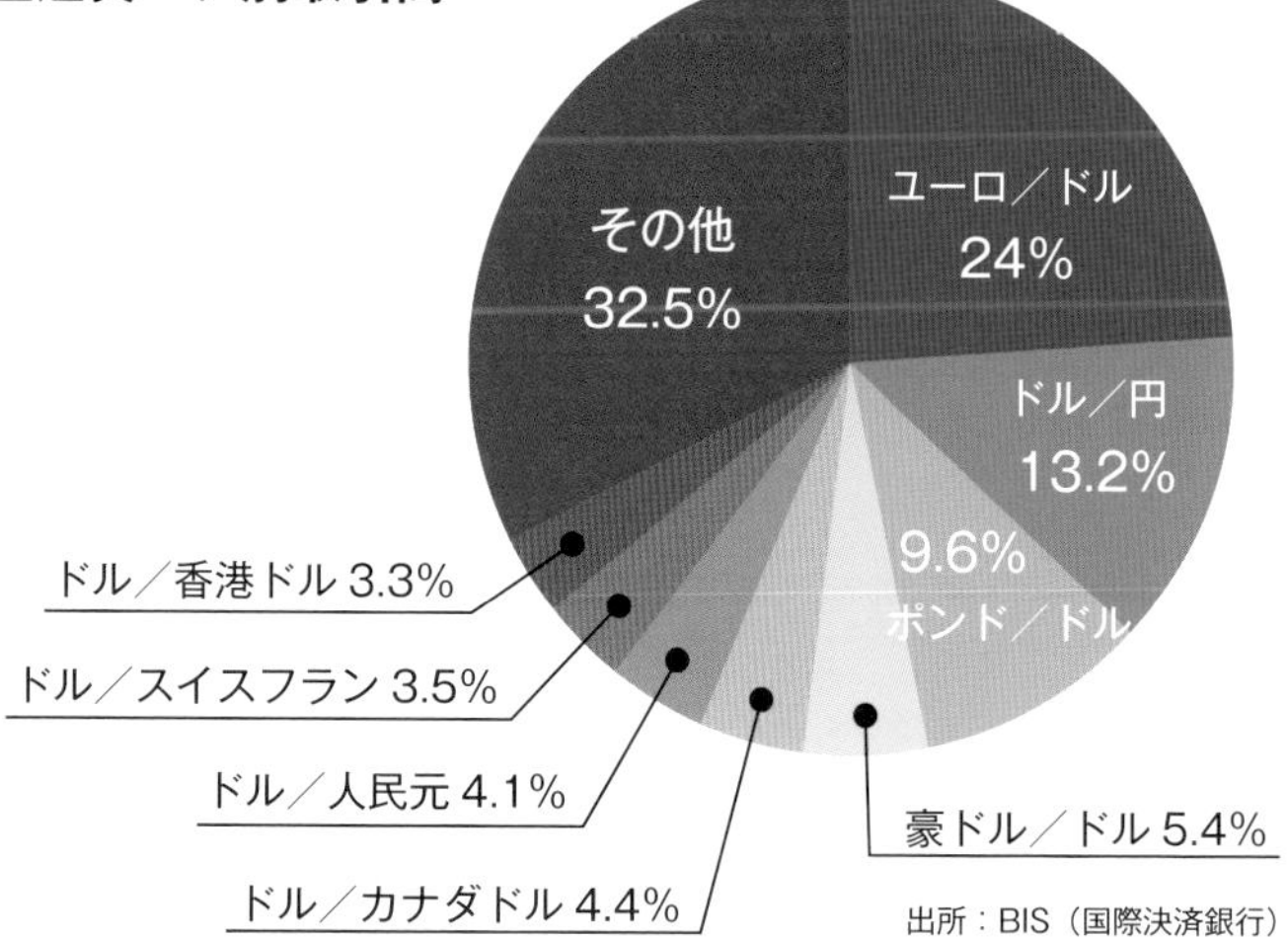

出所：BIS（国際決済銀行）2019年4月

どの戦略を選ぶか。最初は人任せという選択肢もあり？

トラッキングトレードではダウンロード版のほか、ブラウザ版やスマホ版、タブレット版、ガラケー版など、さまざまな取引ツールが用意されています。開始するにはどうすればいいか、具体的に紹介していきましょう。ここではダウンロード版の取引ツールをもとに設定の方法を紹介していきましょう。ダウンロード版の取引ツールを起動させ画面上部のメニューバー［トラッキングトレード］をクリックします。すると、別ウインドウで選択ボタンが表示されますので、［トラッキングトレードを始める］をクリックします。トラッキングトレードのワンタッチ設定の画面が表示されます。これは、4人のトレーダーがトラッキングトレードの成績を競う「ガチンコバトル」の結果をランキングしています。詳しい内容はFXブロードネットのサイト（https://www.fxbroadnet.com/automatic_trade/battle/）で確認できます。ここでは、さまざまな設定で運用されているトラッキングトレードの成績をチェックできます。この中から、成績の良いものを選んでそのままトラッキングトレードを開始することもできます。

自分で設定する場合には、［注文設定］をクリックすると、設定画面が表示されます。通貨ペア、ボラティリティ参考期間、設定変動幅、ポジション方向、対象資産を設定して［テンプレート表示］をクリックすると、設定完了です。ただし、慣れていないと、ボラティリティ参考期間の設定などで迷うこともあるでしょう。次項で詳しく紹介しましょう。

システムを覚えるためにも最初は独自に設定してみよう

①ホーム画面から
「トラッキングトレード」を選択

②「トラッキングトレードを
始める」を選択

■運用成績の良い設定を選ぶ場合

「ガチンコバトル」で設定されている
内容と同じ設定がワンクリックで選べる
https://www.fxbroadnet.com/
automatic_trade/battle/

様々な設定で運用されている
トラッキングトレードの中でも
現在成績の良いものを選べる

③「注文設定」を選択

■独自に設定する場合

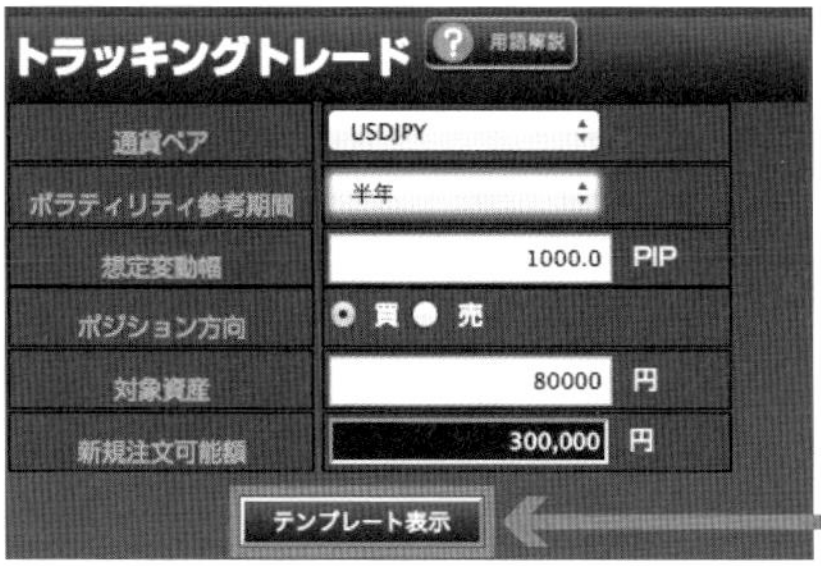

④具体的にそれぞれの項目を設定
・通貨ペア
・ボラティリティ参考期間
・想定変動幅
・ポジション方向
・対象資産

⑤最後に「テンプレート表示」
をクリック

「ボラティリティ参考期間」は、過去の価格の動きを参考に想定変動幅を決めるためのものです。例えば、3カ月を選択すれば「過去3カ月にどの程度の値動きをしたか」のデータをもとに想定変動幅が自動で設定されます。この項目は、空欄でも構いません。その場合には「想定変動幅」を自分で設定します。「想定変動幅」はpip単位で設定します。ドル／円など円が含まれる通貨ペアの場合、1pipは0・01円（1銭）です。100pipで1円になります。リピート注文を仕掛ける範囲を5円にしたい場合には「想定変動幅」を500pipに設定します。ポジション方向はトレンドによって選択します。上昇トレンドなら「買」、下降トレンドなら「売」を選択します。レンジ相場ならいずれでもOKです。対象資産では、口座に入金されている金額のうち、トラッキングトレードにどのくらい使うかを設定します。以上を設定すると、どのくらいの間隔でリピート注文を設定するか、最大のポジション数はどうするか、などが自動計算されます。例えば、左ページの設定のようにドル／円の「買」でポジション間隔が「142・8pip」で最大ポジション数が「7」の場合、現在のレートから約1・4円間隔で買い注文が設定され、最大の保有ポジションは7になることを意味します。設定を確認したら［登録］をクリックすると、トラッキングトレードが開始します。［戻る］をクリックすれば、設定をしなおすことができますから、慣れないうちは設定を変えてみて、ポジション間隔や最大ポジション数がどう変化するかを見てみるといいでしょう。

設定内容は自動で計算され、変更も自由

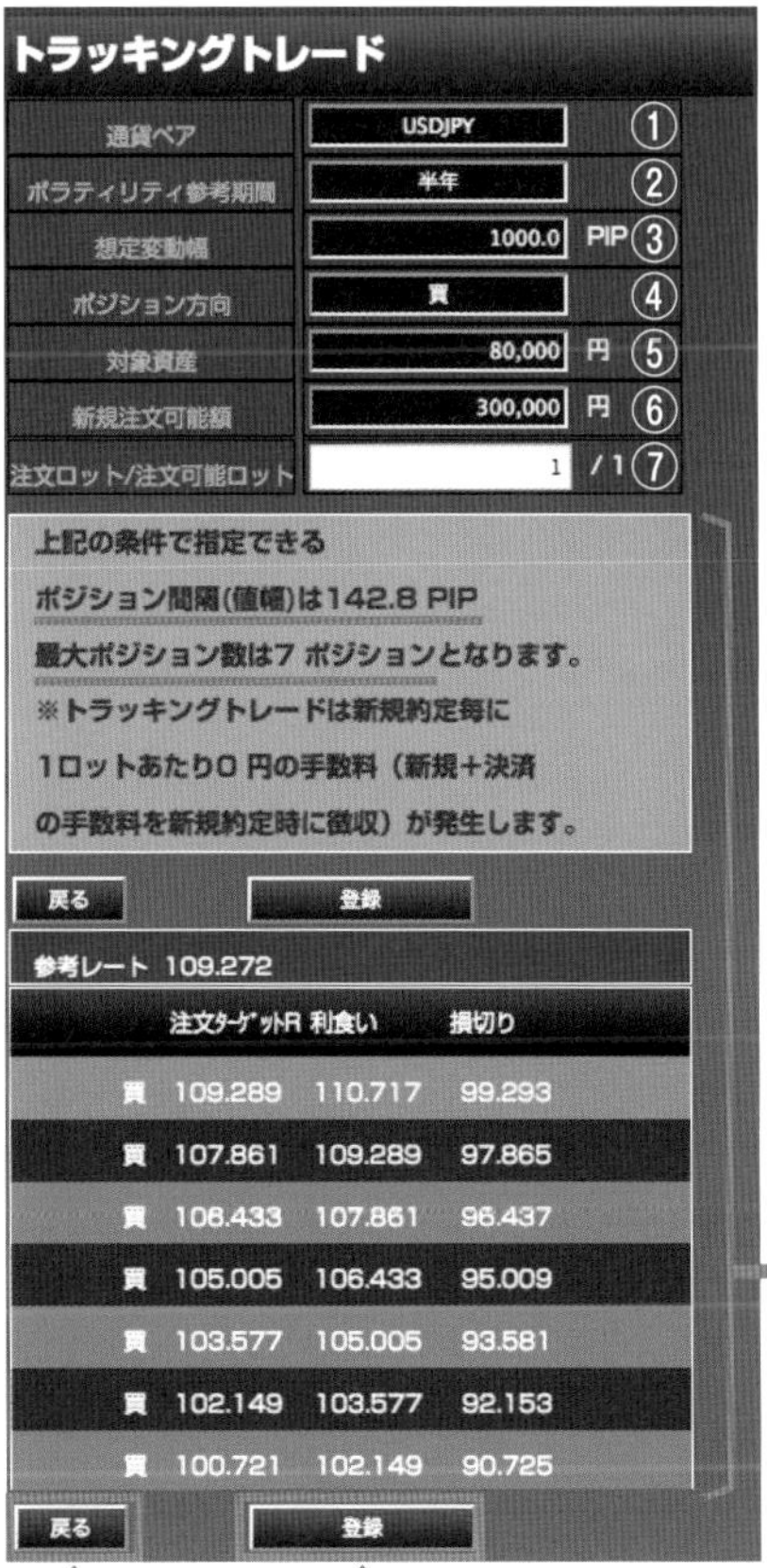

提示された内容で
よければ「登録」

別の設定にする場合は「戻る」

希望の設定を入力すると自動計算してくれる。
もし変更したければ「戻る」ボタンを押せば、何度でも設定しなおせる

① 注文可能な通貨ペア	
USD/JPY	② ボラティリティ参考期間 1カ月
EUR/JPY	2カ月
GBP/JPY	3カ月
AUD/JPY	半年 1年
CAD/JPY	③
CHF/JPY	想定変動幅
ZAR/JPY	5000.0pip 以下
EUR/USD	
AUD/USD	④
NZD/USD	ポジション方向
USD/CAD	「売り」か「買い」かを決める
USD/CHF	⑤
EUR/GBP	対象資産
EUR/AUD	口座資金の内、いくらまで
EUR/NZD	投資するかを決める
EUR/CAD	⑥
EUR/CHF	新規注文可能額
GBP/AUD	口座資金
GBP/NZD	
GBP/CHF	⑦
AUD/NZD	注文ロット
AUD/CHF	1オーダーあたりの注文本数

トレンド方向の選択を間違えないことが重要

トラッキングトレードの特徴は、相場に追随してリピート注文を設定できることです。一般的なリピート注文では、開始当初に設定した相場の変動幅を価格が外れてしまうと、まったく機能しなくなります。その点、トラッキングトレードは、相場の変動に合わせてリピート注文の設定範囲も移動していくので、ほったらかしにしておいてもチャンスを逃さないのです。とはいえ、弱点がないわけではありません。それは、トレンドの方向を間違えると、損失が拡大する可能性がある点です。例えば、ポジション方向で「買い」を選んだ場合、上昇トレンドであれば相場に追随して利益を積み重ねてくれます。しかし、下降トレンドに変わってしまうと、含み損が拡大してしまいます。トラッキングトレードの場合、自動で損切りする機能があります。想定変動幅は損切りの水準とも考えることができます。

例えば、想定変動幅を6円に設定して、1ドル＝100円でポジションを保有した場合、1ドル＝94円になった時点で損切りが行われます。また、1ドル＝99円で保有したポジションは1ドル＝93円になった時点で損切りが行われます。ポジション間隔が1円で左ページ下図のような値動きをした場合、上昇方向では9円の値幅の利益が得られますが、下降方向では15円値幅の含み損を抱えます。途中で1円値幅の利益が得られているので、差し引き14円値幅の損失をとなります。このまま値下がりが続くと、①含み損が最も大きいポジションが損切りされ、②新たなポジションが設定されます。値下がりが続く限り、①と②が繰り返されるので、損失が拡大していきます。

弱点が分かれば、後はそれを克服するのみ

注文画面で設定した項目のうちポジション間隔と想定変動幅は
この図のような関係にある

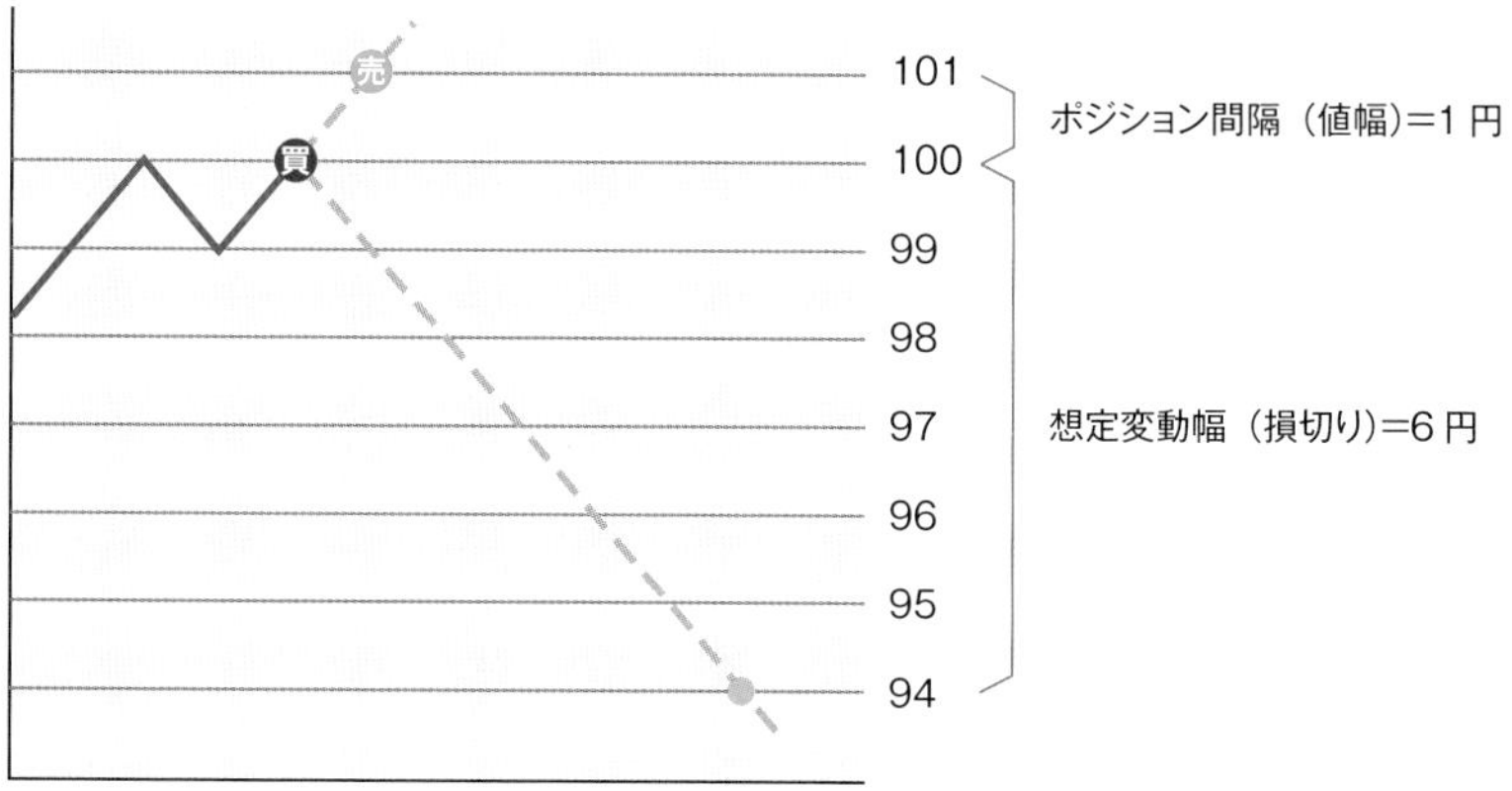

トラッキングトレードの特性として「買い」か「売り」の方向が
合っていれば利益はどこまでも伸びる。
逆に予想の逆に進んだ場合「含み損」も停止しない限り増え続ける

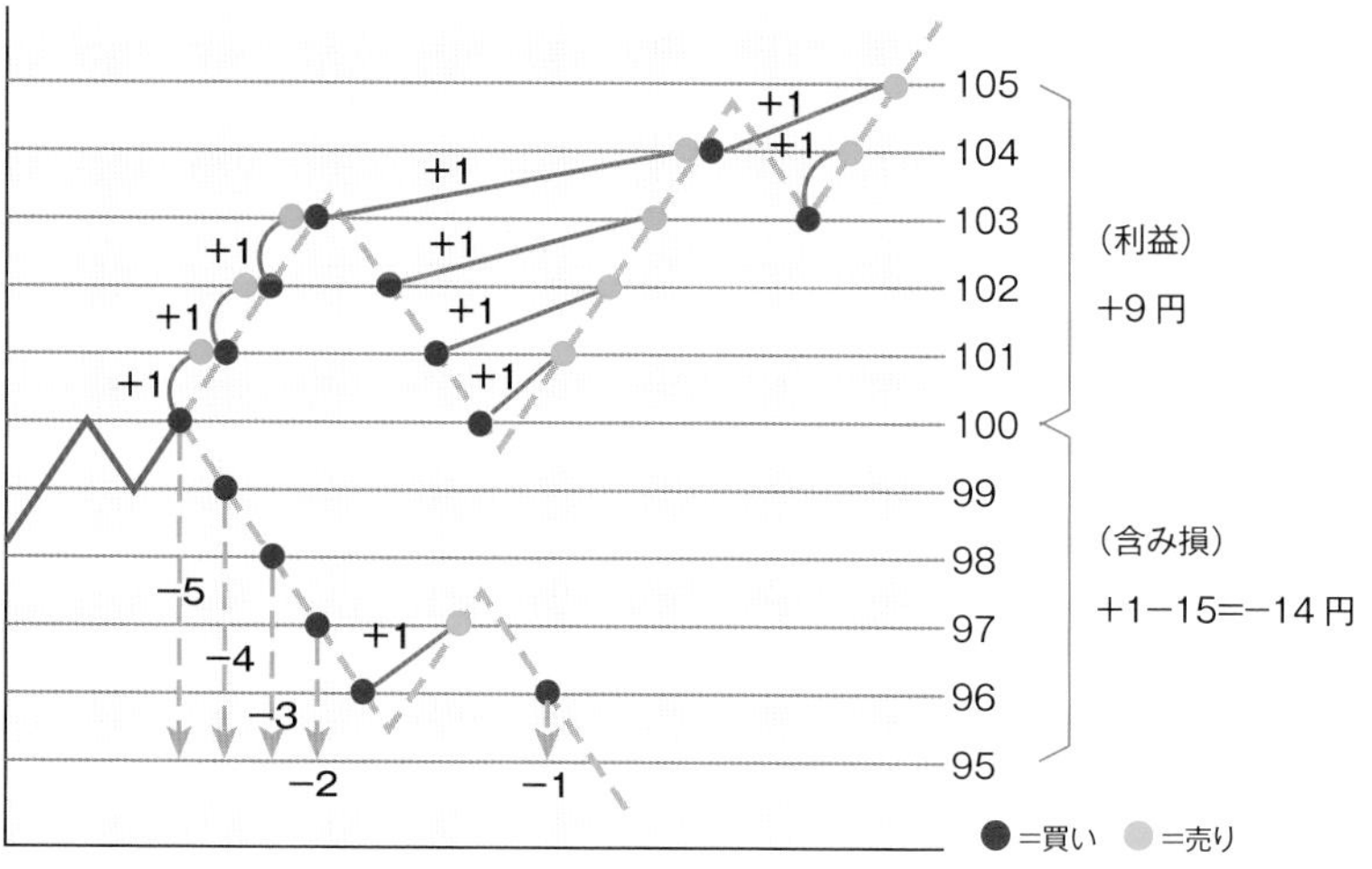

トラッキングトレードでは、想定変動幅と対象資産の設定で最大ポジション数が決まりますから、2つの設定を調整することでリスクをコントロールできます。例えば、想定変動幅を６００ｐｉｐ（6円）で対象資産を5万円に設定した場合、最大ポジション数は6本に自動設定されます。ポジション方向「買い」で1ドル＝１００円のときに開始して相場が下落すると、1ドル＝１００円から1円間隔で1ドル＝95円まで6本のポジションを保有することになります。1ドル＝94円の時点での含み損は１０００通貨単位で、2万１０００円です。同じ設定で対象資産を12万円にすると、ポジション間隔は40ｐｉｐとなり、最大ポジション数は15本となります。1ドル＝94円まで下がると含み損は4万８０００円となります。逆に対象資産を3万円に減らした場合では、最大ポジション数は3本になり、1ドル＝94円になった時点での含み損は1万２０００円です。このように想定変動幅が同じであれば、対象資産が多いほど最大ポジション数が多く設定されるので、想定と反対方向に相場が動いた場合の含み損も大きくなります。対象資産を少なくすれば、最大ポジション数が少なく設定されるので、含み損の金額も小さくすることができるのです。問題は利益を得るチャンスと含み損のリスクは連動していることです。含み損を抑えようとすれば、利益を得るチャンスは減り、利益を得るチャンスを増やせば含み損のリスクが大きくなる関係にあるのです。判断基準は「対象資産を考慮し、自分がどの程度の含み損に耐えられるか」になります。

ポジション間隔とポジション数で最適化する

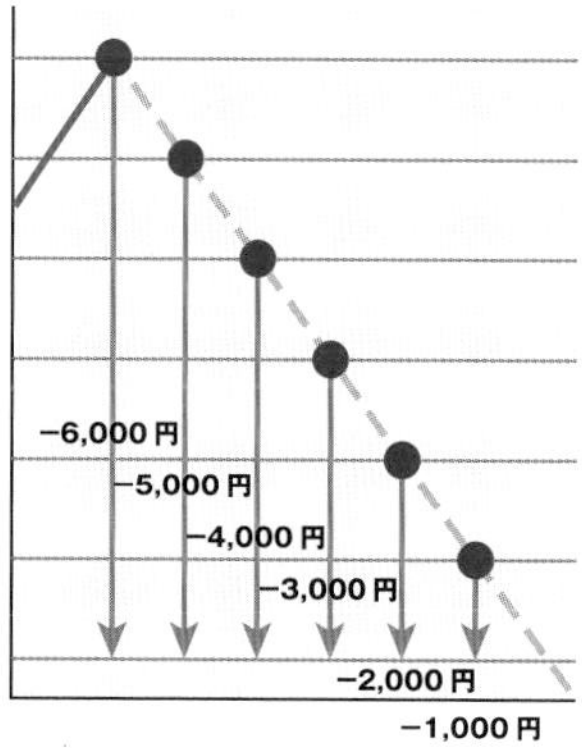

想定変動幅=600pips（6 円）対象資産=**5** 万円
ポジション間隔=100pips
最大ポジション数=6 本
通貨単位=1000
含み損（94 円の時）=21,000 円

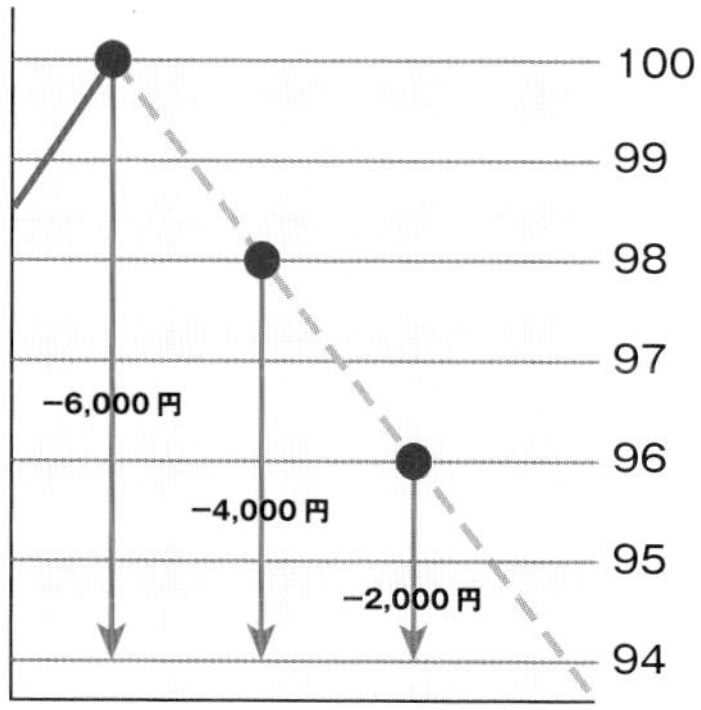

想定変動幅=600pips（6 円）
対象資産=**3** 万円
ポジション間隔=200pips
最大ポジション数=3 本　通貨単位=1000
含み損（94 円の時）=12,000 円

想定変動幅を変えずに対象資産を減らした場合

利益確定のチャンスは減る
予想が外れても損失は少ない

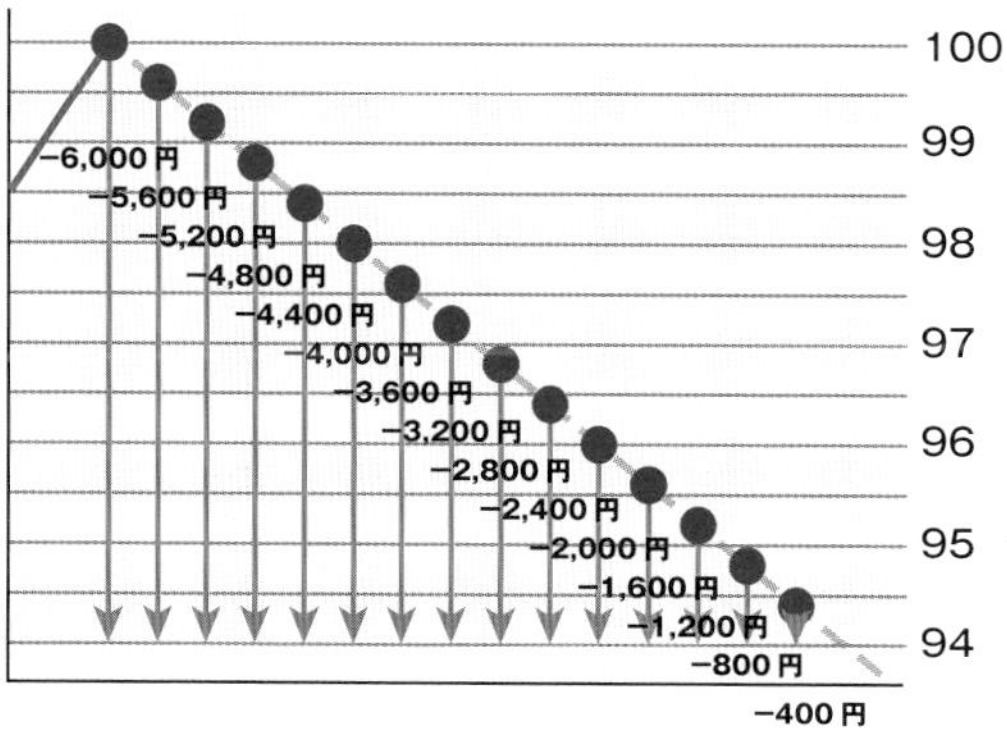

想定変動幅=600pips（6 円）　対象資産=**12** 万円
ポジション間隔=40pips
最大ポジション数=15 本
含み損（94 円の時）=48,000 円

想定変動幅を変えずに対象資産を増やした場合

利益確定のチャンスは増える
予想が外れると損失は大きい

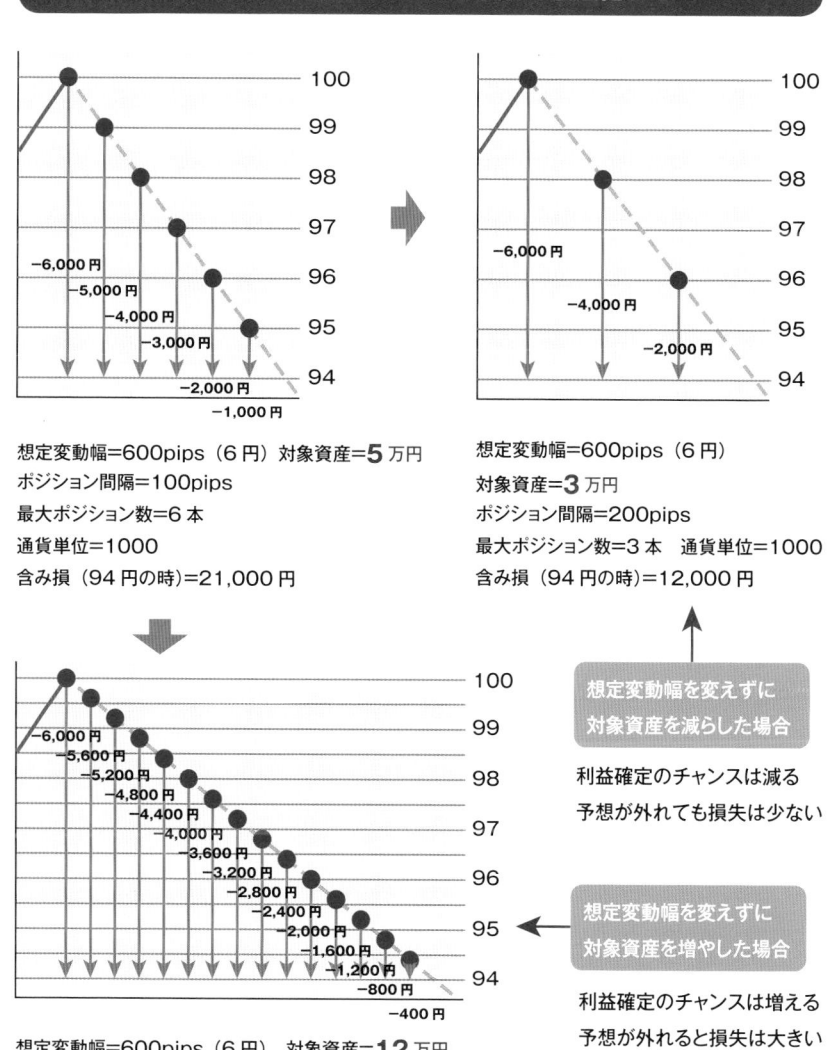

相場の動きで損益はどう変化する？

想定変動幅と対象資産、最大ポジション数の関係について、もう少し詳しく見ていきましょう。左ページの図は想定変動幅と対象資産の設定でポジション間隔と最大ポジション数がどう変化するかをまとめたものです。例えば、想定変動幅を６円（６００ｐｉｐ）に設定した場合に対象資産を25万円にすると、ポジション間隔は18・１ｐｉｐで最大ポジション数は33本になります。この場合の最大含み損は「最大含み損＝想定変動幅×（最大ポジション数＋１）÷２×１０００通貨」で計算できます。前述のケースを当てはめてみると「６円（６００ｐｉｐ）×（33＋１）÷２×１０００通貨」で１万２００円の含み損になり、１万通貨で取引した場合、円換算では10万２０００円の含み損になります。想定変動幅を６００ｐｉｐのままで対象資産を２万円にすると、ポジション間隔は３００ｐｉｐになり最大ポジション数は２本です。このときの最大含み損は「６円（６００ｐｉｐ）×（２＋１）÷２×１０００通貨」で９０００円となります。想定変動幅が同じでも含み損をこれだけ調整できることになります。では、対象資産を同じにして想定変動幅を変えるとどうでしょうか。対象資産を５万円にして想定変動幅を１２００ｐｉｐにした場合、ポジション間隔は３００ｐｉｐで最大ポジション数は４本。最大含み損は３０００ｐｉｐ、円換算３万円です。これは想定変動幅を変えてもあまり変わりません。想定変動幅が１８００ｐｉｐであれば最大含み損は３万６０００円、想定変動幅３０００ｐｉｐなら、最大含み損は３万円です。想定変動幅はリスクにあまり影響を与えないのです。

想定変動幅とポジション数・ポジション間隔の関係

■含み損の求め方

想定変動幅×（最大ポジション数＋1）÷2×1000通貨

■想定資産と想定変動幅によって変わるポジション間隔と最大ポジション数

想定変動幅（pip）	対象資産（円）	ポジション間隔（pip）	最大ポジション数（本）	最大含み損（円）
6円（600）	250,000	0.181円（18.1）	33	102,000
6円（600）	200,000	0.23円（23.0）	26	81,000
6円（600）	150,000	0.315円（31.5）	19	60,000
6円（600）	100,000	0.461円（46.1）	13	42,000
6円（600）	50,000	1円（100）	6	21,000
6円（600）	30,000	2円（200）	3	12,000
6円（600）	20,000	3円（300）	2	9,000
12円（1200）	50,000	3円（300）	4	30,000
18円（1800）	50,000	6円（600）	3	36,000
24円（2400）	50,000	12円（1200）	2	36,000
30円（3000）	50,000	30円（3000）	1	30,000

One Point! …… 対象資産は口座資産の50～70%以内に抑えることが安定した運用につながります

「売り戦略」と「買い戦略」はどう判断する?

トラッキングトレードで「買い」の戦略か、「売り」の戦略かを選ぶ場合、チャートを参考にすることなりますが、どの期間のチャートを利用するかは、トレードの期間によっても異なります。数週間から数カ月のトレードを想定するのであれば、日足のチャートでもいいでしょうが、数カ月以上の期間のトレードを想定するのであれば、週足チャートのチェックが欠かせません。左ページの図は、ドル/円の日足と週足のチャートを比較したものです。日足のチャートは、週足のチャートの右側の囲み部分を拡大したものです。日足チャートで確認すると、サポレジラインの間で相場が動いており、一番右側ではサポートラインで反発して上昇に向かっているように見えます。それを週足で確認するとどうでしょうか。サポレジラインを引いてみると、一番右側の時点では、上限に近いところに位置してサポートラインに向かって下降している途中に見えます。数週間程度のトレードであれば日足を参考に想定変動幅を狭くして「買い」の戦略で利益を確保して、レジスタンスラインに達した時点で「売り」の戦略に転換する方法もあります。一方で数カ月以上のトレードで、ある程度ほったらかしにするのであれば、週足を参考に想定変動幅を広くして「売り」の戦略で利益を狙う方法もあります。これには対象資産も関係します。対象資産の金額を抑えてトレードする場合、想定変動幅を広くするとポジション間隔が広くなり、多少の価格変動では利益が得られなくなります。対象資産と想定変動幅の組み合わせで短期か長期かを判断するといいでしょう。

「売り」か「買い」かは「長期的な視点」で判断する

週足で過去まで見れば「売り」と判断できる

USD／JPY　週足

日足でこの期間だけを見ると「買い」と判断できる

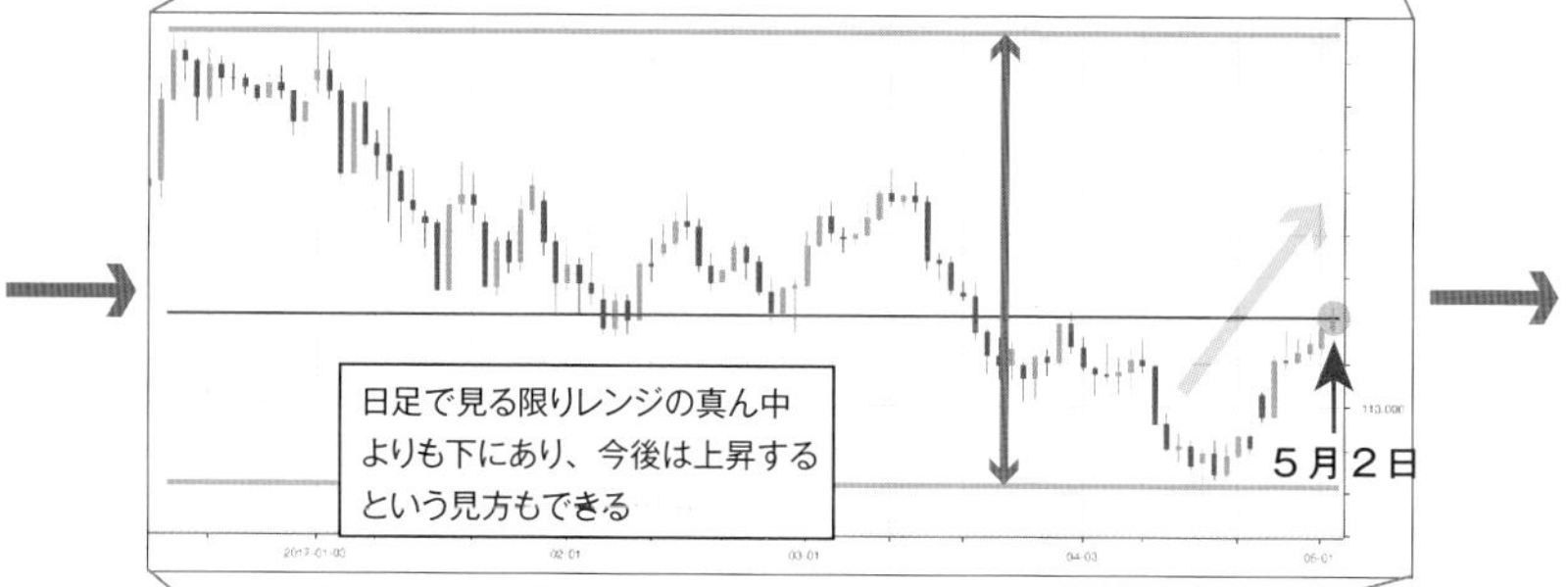

USD／JPY　日足

その後の相場展開を見ると「買い」という判断は間違っていたことがわかる

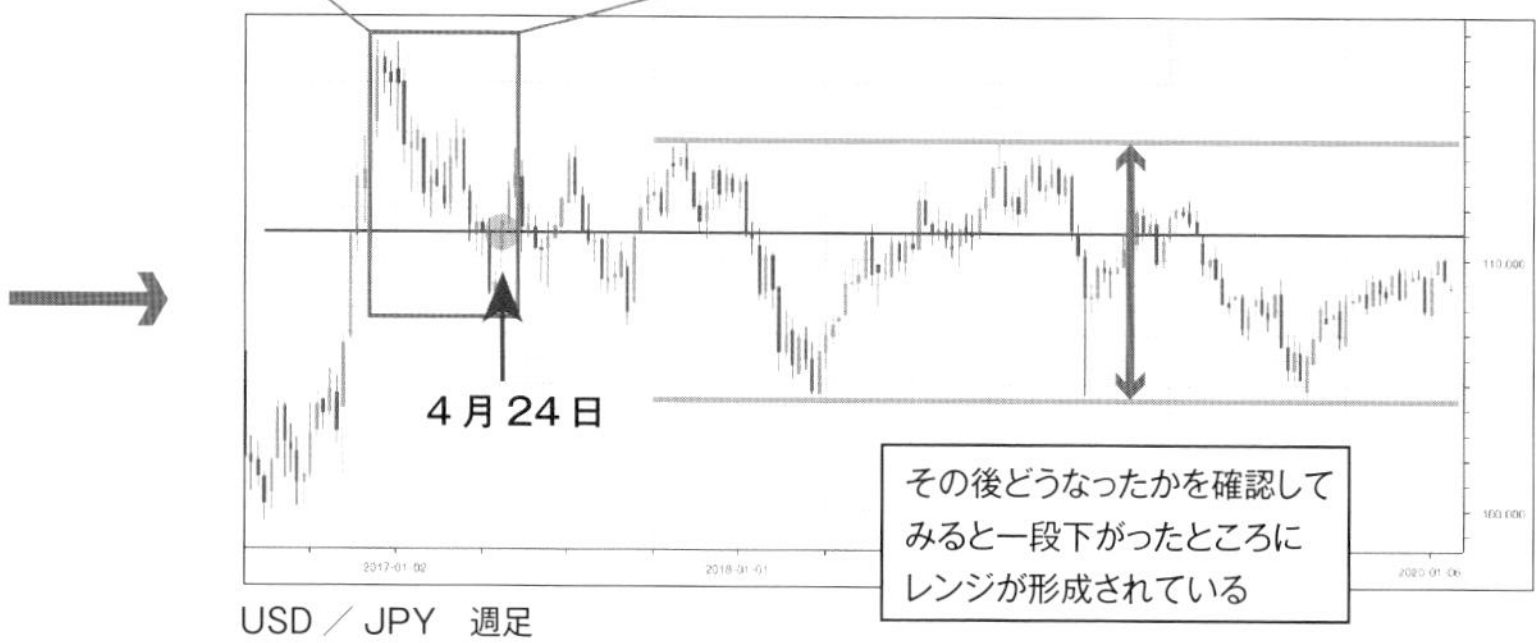

USD／JPY　週足

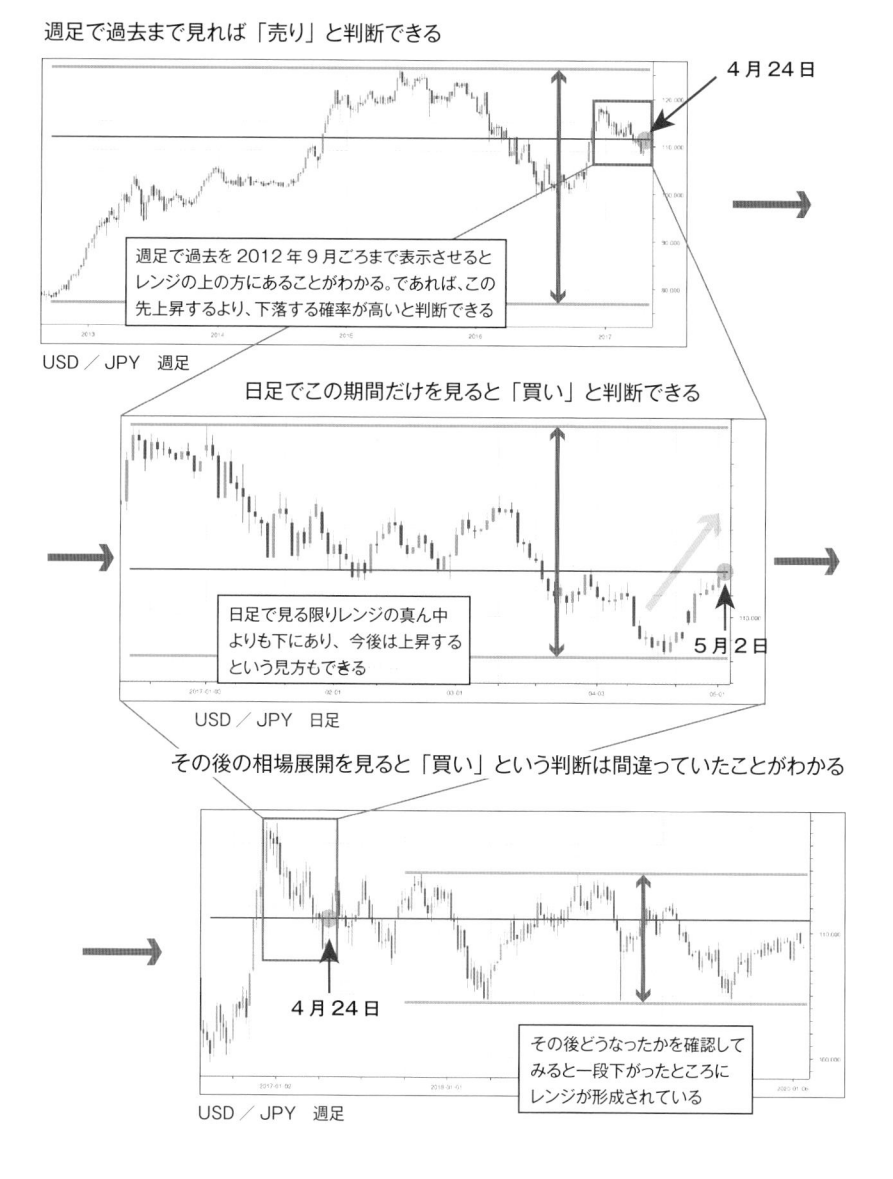

研修でニューヨークに行ったはずがいきなりドル／円の担当ディーラーに

バンク・オブ・アメリカに就職して2年目にはシンガポールで研修を受けましたが、3年目にはニューヨークで研修を受けることになりました。ニューヨーク支店に行ってみると、ちょうどドル／円の担当ディーラーが病気で入院してしまいました。すぐには退院できそうもありません。すると、ニューヨーク支店の上司から「君は東京から来たのだからちょうどいい。代わりにドル／円のディーラーをやりなさい」といわれたのです。

研修のはずがいきなりの実践になってしまったわけですが、その翌週、大変なことが起きました。プラザ合意です。米国の要請で先進5カ国（G5=日・米・英・独・仏）の蔵相と中央銀行総裁がニューヨークのプラザホテルに集まり会議が開かれたのです。米国はドル高を抑制して自国の輸出競争力を高め、貿易赤字を減らそうというのです。結果、この会議で決まったのは、参加各国が為替市場で協調介入を行ないドル安に誘導するというものでした。これがプラザ合意です。

これによりドル／円の相場は急激な円高になりました。毎日のようにニューヨーク連銀からドル売りの介入が入ります。ディーラーとしてもドルを売るしかありません。途中、東京勢がドルを買ってきたため、ドル高になって損切りせざるを得ない場面もありましたが、それは一時的なものでドルはドドーンと下がることになりました。私自身もディーラーとして相当な利益を稼いだのです。そんなこともあってニューヨーク支店の上司からは、病気になった担当を辞めさせるから「君がドル／円の担当になれ」とまで言われました。しかし、研修で出かけただけですから、日本へ帰らなければなりません。それでも引き留められて、担当者が復帰するまでの約4カ月間、ニューヨークで仕事をすることになりました。82 年にバンク・オブ・アメリカに就職して、シンガポールで研修、その後 85 年にはニューヨークで研修という名の本格的なデビューを果たし、私の人生の方向性が決まった感じがしました。

第3章

山中流
ボリンジャーバンド
活用術

自動売買にも裁量トレードにも使える
ボリンジャーバンドの様々な使い方を
覚えて実践で活用しよう

トレードスタイルはシンプルがベスト

トレードを実践する際にチャートで値動きを見ることは重要です。ＦＸ会社では、チャートを分析するためのテクニカル指標が数多く用意されていて、手軽に利用することができます。どれを利用するかも大切ですが、いずれにもメリット・デメリットがあるので、互いの弱点を補い合うことができるものを上手に組み合わせて利用するのがポイントとなります。とはいえ、利用するテクニカル指標が多ければいいというものではありません。指標によって導き出すサインは異なるので、多すぎると逆に判断に迷ってしまうでしょう。トレード手法が人によってさまざまであるように、使い勝手のよいテクニカル指標も人によって異なります。

通貨の種類も同じです。ＦＸ会社では数多くの通貨ペアを扱っていますが、それぞれの値動きにはクセのようなものがあります。例えばドル／円の通貨ペアは、取引するトレーダーが多いため、一方的に売られたり、一方的に買われたりすることが少なく、レンジ相場になりやすい特徴があります。あれこれと手を出すより、自分が得意な通貨ペアをつくって相場を見極めたほうが勝率は高まるでしょう。また、数多くの通貨ペアをトレードしていると、急いで発注をしたときなどに間違いが発生する可能性があります。ＦＸ会社によっては、通貨ペアを国旗で表示していることも多く、デザインの似ている「豪ドルとニュージーランドドルを間違えて注文した」などという声も聞きます。そんな単純ミスを防ぐためにも、できるだけシンプルなトレードを心掛けましょう。

自分のトレードスタイルに合ったチャートをシンプルに使おう

■テクニカル指標の組み合わせ方

トレンド系

相場の方向性を分析する指標

オシレーター系

売られすぎや買われすぎを分析する指標

組み合わせて利用する

■主なトレンド系指標（例=USD/JPY　日足）

移動平均線

ボリンジャーバンド

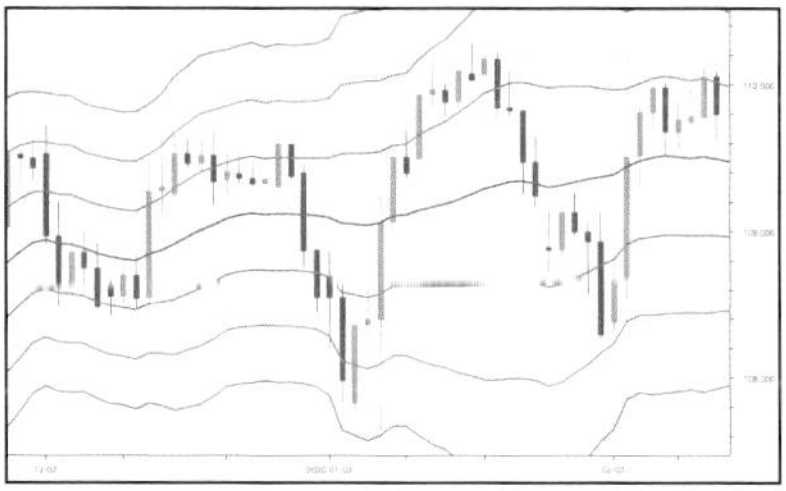

■主なオシレーター系指標（例=USD/JPY　日足）

MACD

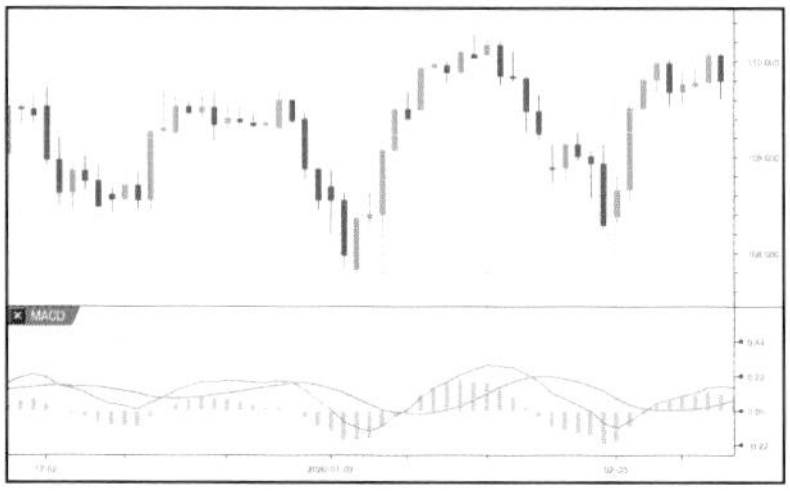

DMI

第３章

ボリンジャーバンドの2σには不思議な力が宿る

数多くあるテクニカル指標の中にあって、多くのトレーダーから圧倒的な支持を得ているのがボリンジャーバンドです。ボリンジャーバンドは、アメリカの投資家であるジョン・ボリンジャー（John A. Bollinger）氏が１９８０年代に開発しました。

ボリンジャーバンドは、中心線（移動平均線）と上下のバンド（標準偏差）から成り立っているテクニカル指標です。バンドには主に１σ（シグマ）、２σ、３σがあり、各σにはプラスとマイナスが存在します。中心線の上部には、３本のプラスσのラインが、下部には３本のマイナスσのラインが描かれることになります。ボリンジャーバンドからわかるのは①トレンド＝相場の方向性、②ボラティリティ＝価格変動率（値動きの振れ幅）の２つです。①は中心線の傾きによって判断します。右上がりであれば上昇トレンド、右下がりであれば下降トレンドと判断します。ボラティリティはバンドで判断します。バンドが示す標準偏差とは、データのばらつきを表す統計上の指標です。値動きが±１σのバンド内に収まる確率は68・２６％、±２σのバンド内に収まる確率は95・４４％、±３σのバンド内に収まる確率は99・７４％となります。３つのバンドの中で最も多く参考にされるのは±２σです。実際にボリンジャーバンドを描くと±３σに到達することはほとんどありませんし、±１σ内に収まらないことは多くあるからです。±２σが最も機能的に働くのです。ボリンジャー氏自身も±２σのバンドの活用を推奨しています。

ボリンジャーバンド、それぞれのバンドの意味

■数多くのトレーダーが利用するボリンジャーバンド

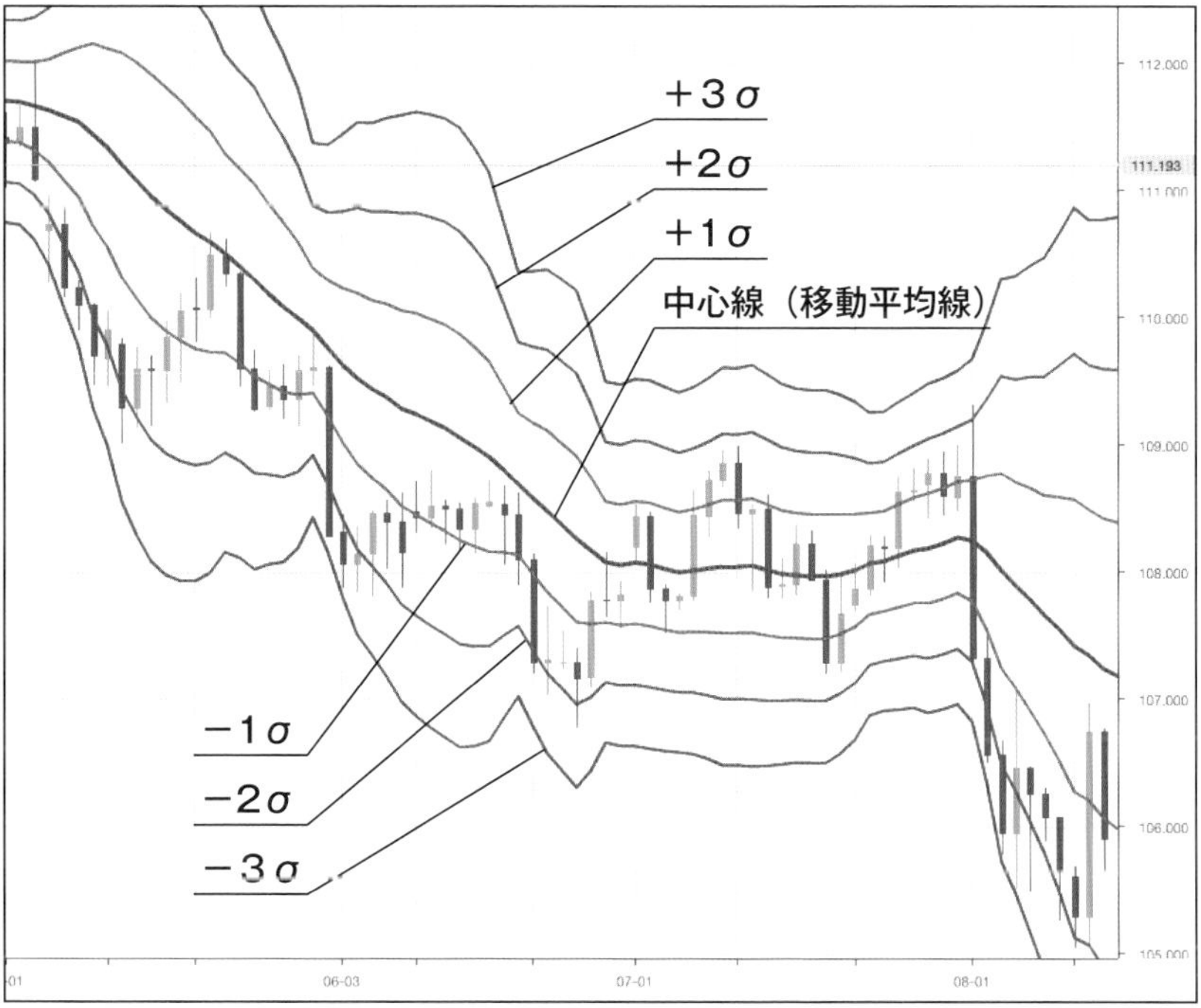

USD/JPY　日足（2019年5月2日～2019年8月14日）

■ボリンジャーバンド、それぞれのバンドの意味

±1σ = データの68.26%が収まる範囲

±2σ = データの95.44%が収まる範囲 ← 使い勝手がいいのは±2σ

±3σ = データの99.74%が収まる範囲

ボリンジャーバンドはバンドの形状にこそ注目すべき

ボリンジャーバンドはバンドとローソク足の位置関係を見て、相場を判断するのが基本です。±2σがローソク足を「超えているか・いないか」、「近いか・遠いか」、そして中心線を「超えているか・いないか」を見て、その意味を読み解いているのです。さらに、もう一つのチェックポイントとしてバンド幅があります。＋2σと－2σの幅を見て、判定する方法です。ボリンジャーバンドでバンド幅が拡大している状態を「エクスパンション」、逆に狭くなっている状態を「スクイーズ」と呼びます。例えば、チャートにボリンジャーバンドを表示してみると、バンドがいったんスクイーズしてから急激にエクスパンションするときがあります。

このようなときには、トレンド加速の前兆となることがあります。注目すべきはチャートに接しているバンドとは反対側のバンドです。例えば左ページの上のチャートでは①の部分でスクイーズして②の部分でエクスパンションしています。このケースでは③の－2σに着目し、下部に広がっている状態であれば、明らかなエクスパンションと判定します。＋2σがどんなに広がっていても、－2σが広がっていない場合にはエクスパンションではありません。

裁量トレードであれば、エクスパンションが発生し、チャートがバンドの外側でクローズしたらトレンドの加速の合図として順張りでトレードします。エクスパンション後にバンド幅が最大になったところをボージと呼びますが、この際に逆張りでトレードをする方法もあります。

ボリンジャーバンド特有の形状は３つ

■バンドの形状に着目

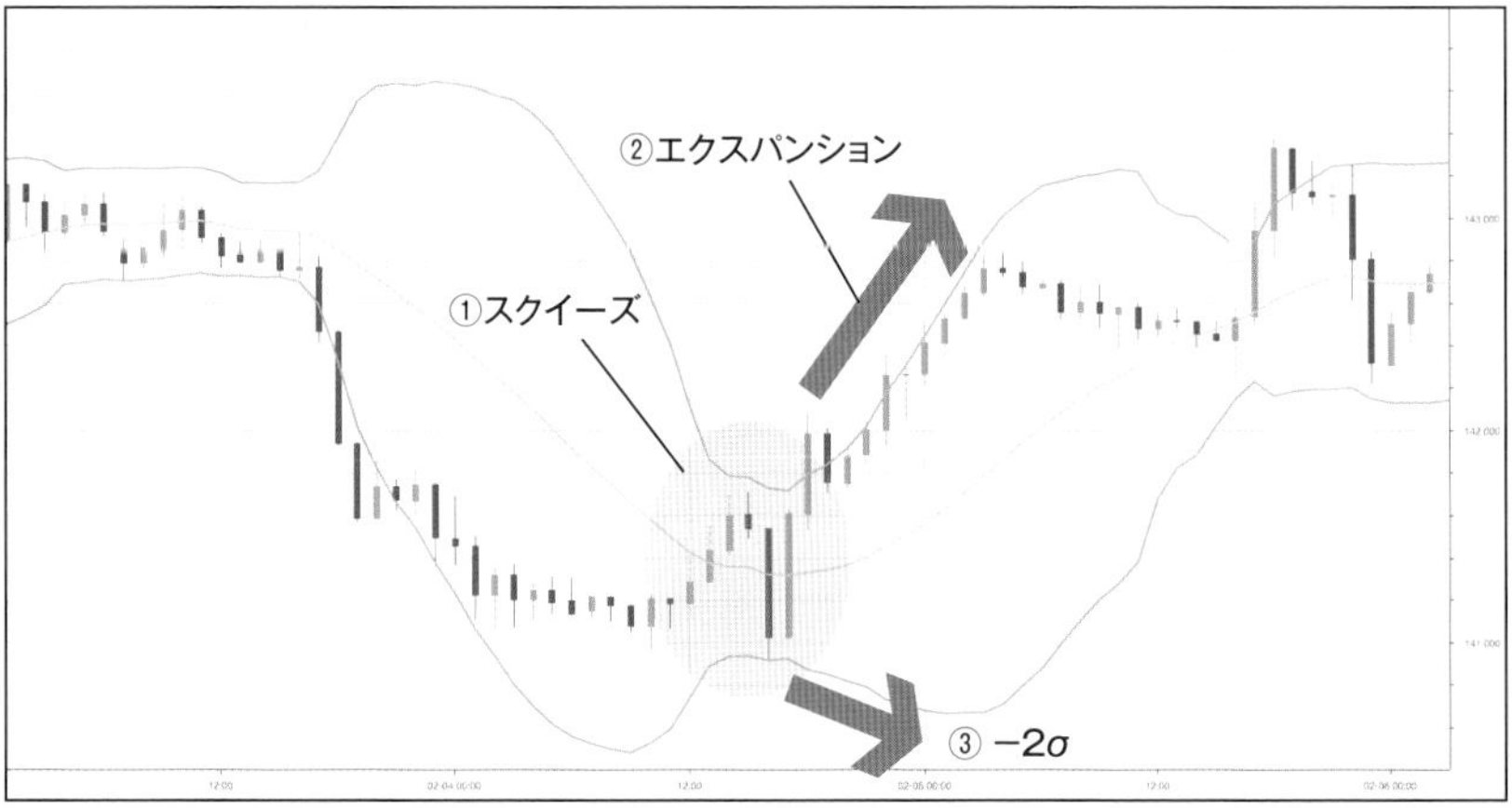

GBP/JPY　１時間足（2020年２月１日02：00～2020年２月６日02：00）

■ボージでトレードする

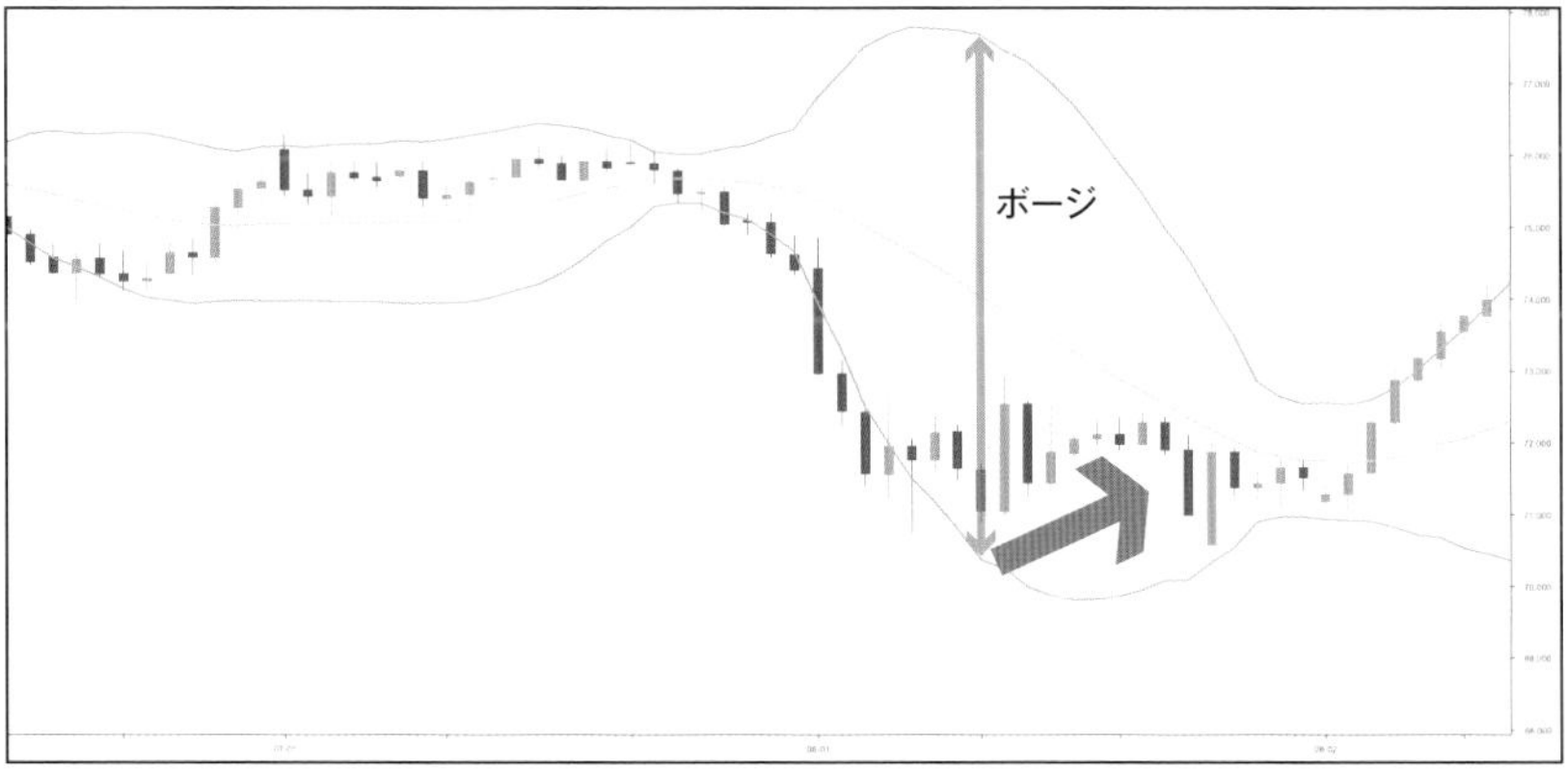

AUD/JPY　日足（2019年６月14日～2019年９月11日）

ボリンジャーバンドの移動平均線は20に設定すべし

ボリンジャーバンドの中心線は移動平均線であることは、すでに説明しました。この数値（パラメータ）は変更することができます。ボリンジャー氏はボリンジャーバンドの基本設定について、①移動平均線＝20、②バンド＝±2σを推奨しています。バンドについては前述の通り、3σにチャートが到達することはほとんどありませんし、1σを超えることは頻繁に発生します。2σが最も使い勝手がいいと言えます。移動平均線については、1カ月の外国為替市場の取引日数がベースになっています。休日を除いた切りの良い日数は、20日になりますから、移動平均線を20日に設定することは1カ月の平均値が移動平均に現れることを意味します。この移動平均線もトレードでは大きな役割を果たします。86ページでは、2σのボージを利用した逆張りのトレード手法を紹介しましたが、その際の利益確定に移動平均線を利用する方法があります。左ページの上の図はユーロ／ドルの日足です。①の部分でボージが発生したことを合図に②の部分で買いトレードを開始します。その後に③の部分で移動平均線に達していますので、この時点で利益確定をする方法です。利益確定に積極派と保守派があるとすれば、これは保守派の選択です。移動平均線を超えるとさらにトレンドが加速することも少なくありません。積極派であれば、＋2σのバンドに到達した時点での利益確定を考えてもいいでしょう。ただし、このケースのように、＋2σのバンドに到達せずに反転してしまうケースもありますので、保守派でいくか積極派でいくかはトレードスタイルによって決めておくといいでしょう。

山中式ボリンジャーバンドの設定

■ボリンジャーバンドの設定方法

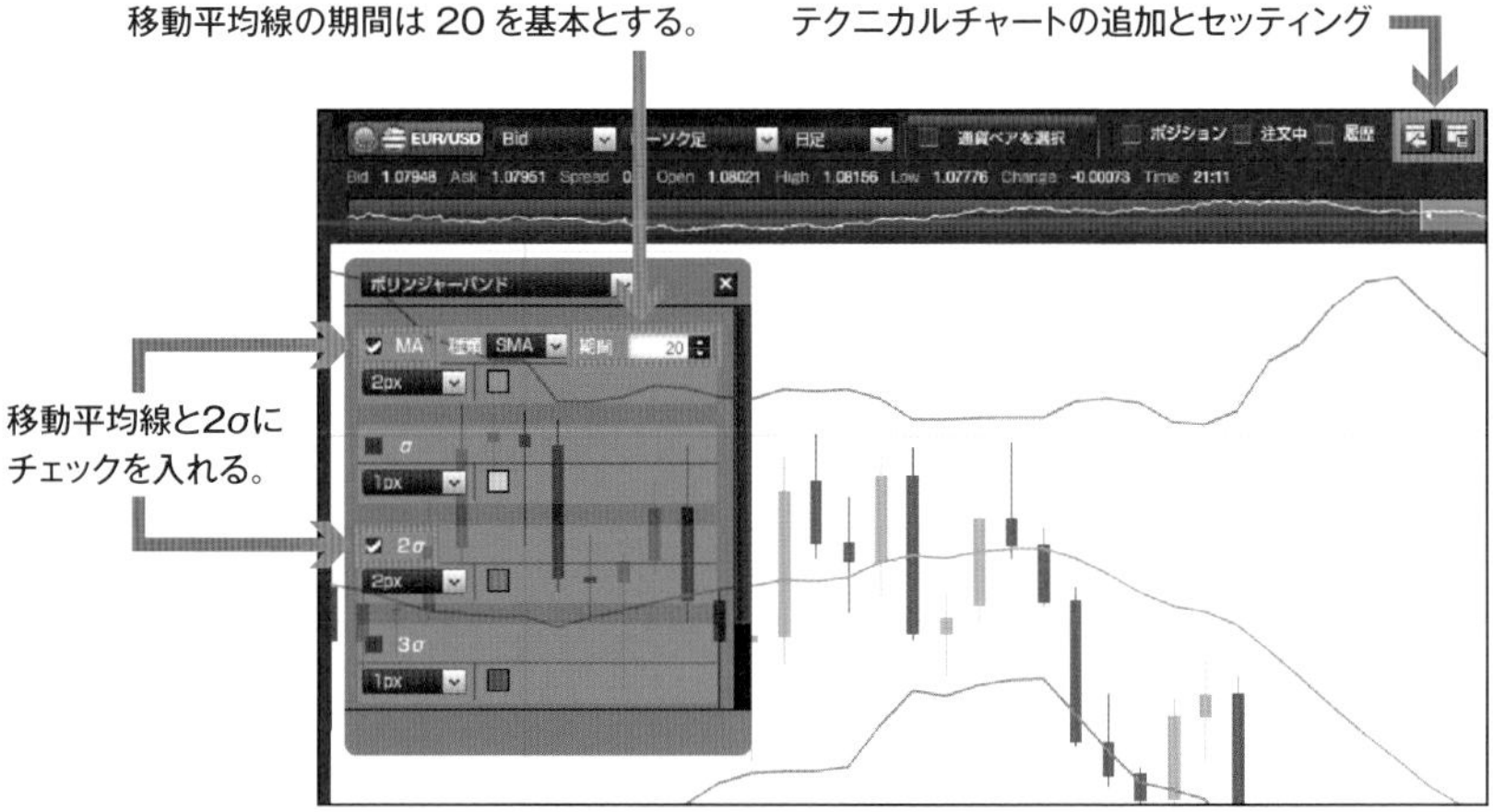

■ボージと移動平均線を利用した利益確定

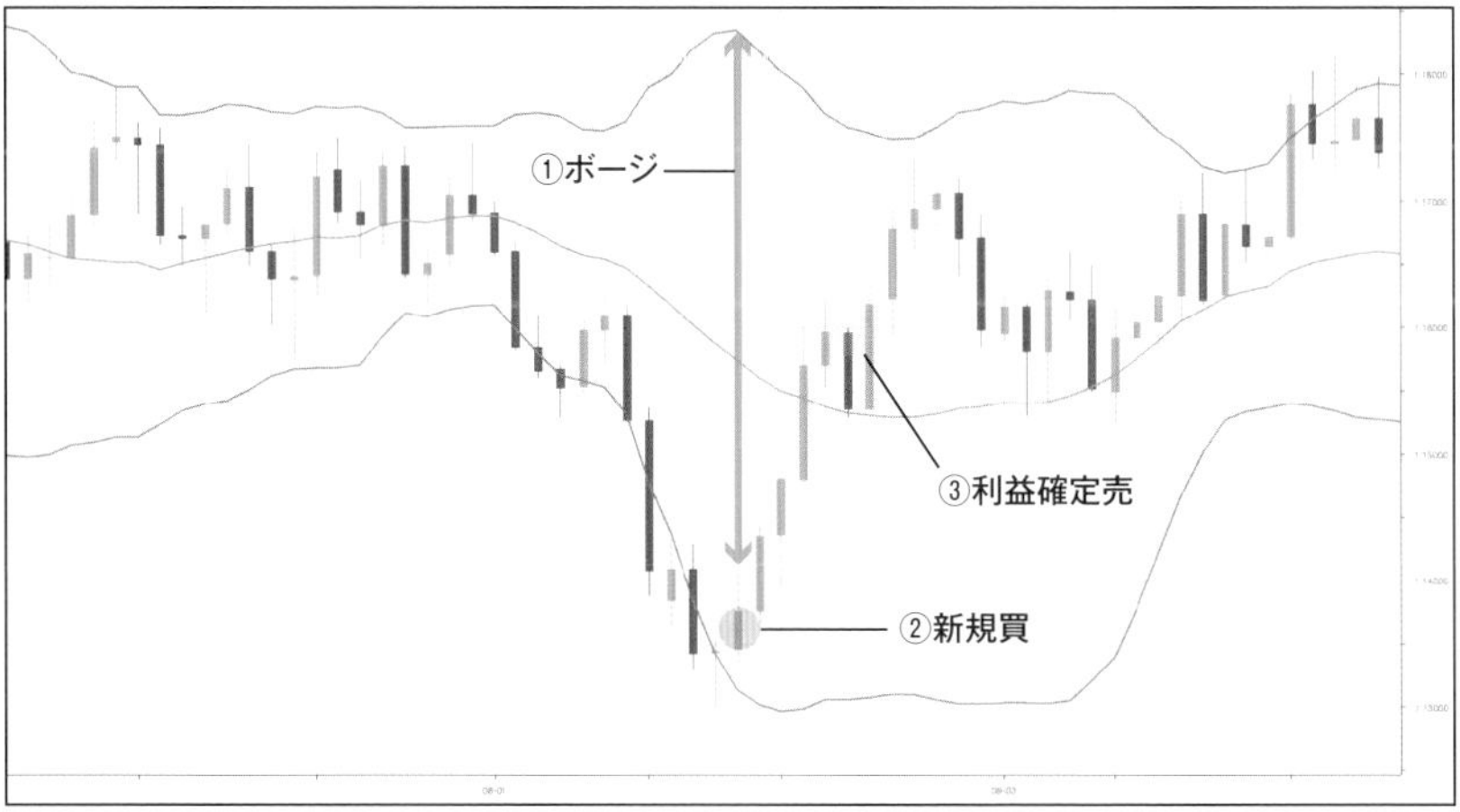

EUR/USD　日足（2018 年 7 月 3 日～2018 年 9 月 26 日）

日足も1時間足も見ない!? 週足のみを信じてよし

この章でお伝えしている、ボリンジャーバンド活用術のうち、週足を使う方法は裁量トレードでも、また次章でお伝えする「トラッキングトレード」の戦略としても有効な方法です。そもそもトラッキングトレードのようなリピート注文で気をつけておかなければならないのは、トレンドの変化です。レンジ相場の間は、「買い」でも「売り」でも利益を積み重ねることができます。積極的なトレーダーの中には、「買い」と「売り」の両方を仕掛けて利益を増やしている人さえいるのです。ところが、レンジ相場を抜けてトレンド相場に移行してしまうと、大きな含み損を抱えてしまう場合もあります。例えば、「買い」のリピート注文を利用しているとき、レンジ相場のサポートラインを超えてレートが下がってしまった場合、利益確定の決済ができずに含み損が広がっていきます。トラッキングトレードの場合には、損切りラインが設定されていますので、口座の資金をすべて失うことはありませんが、それでも損失は痛いものです。もっと早く損切りができれば損失を抑えながら、次のトレードに移行することができます。そこでトレンドの転換を見極めることが重要になるわけですが、その指標として週足チャートが最適だと考えるのです。日足や1時間足では期間が短すぎて、小刻みな相場変動に翻弄されてしまいます。週足は月曜朝のオープンから金曜夜のクローズまでの1週間の値動きを反映していますから、相場の大きな流れをつかむことができます。トレンド転換のサインの見極め方は第5章で詳しく紹介します。

〝山中流トラッキングトレード〟では週足だけを見ればOK

■ドル／円のケース

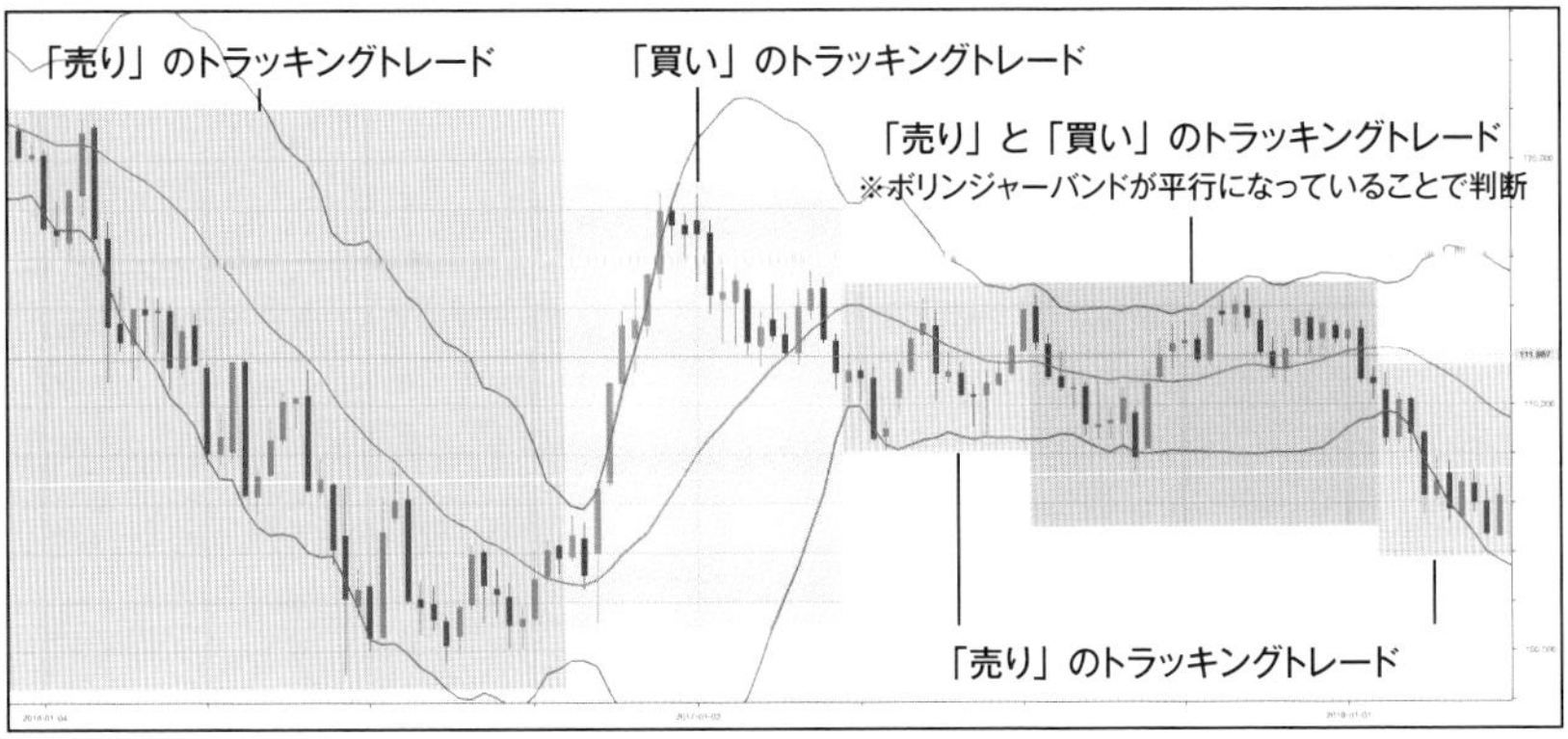

USD/JPY　週足（2015年12月28日～2018年3月26日）

■ユーロ／円のケース

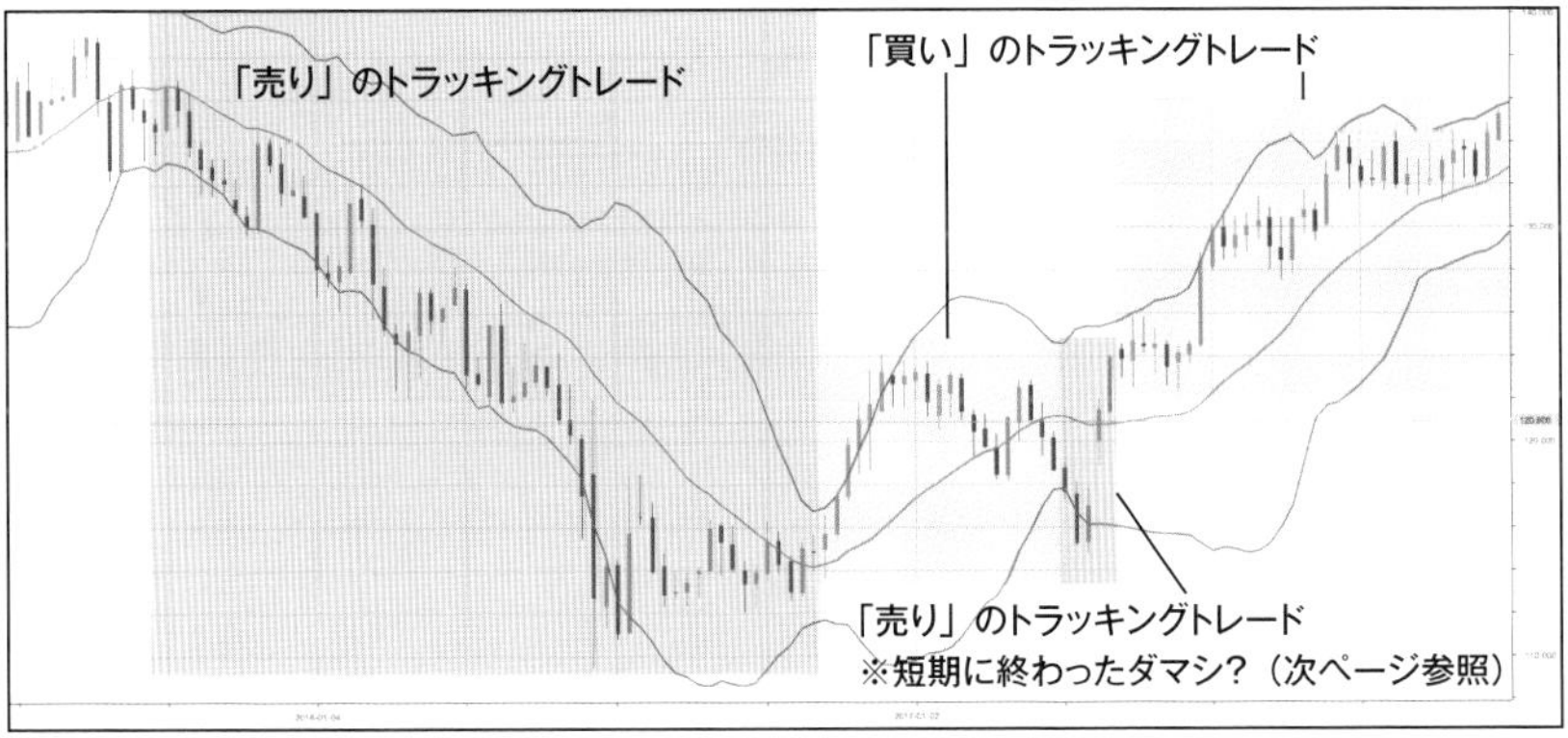

EUR/JPY　週足（2015年7月6日～2017年12月25日）

事故は事故として損害を受け入れられる姿勢も大事

テクニカル分析は「トレードにさまざまな気づきを与えてくれる」すばらしいツールですが、絶対的なものではありません。ときには、「買いサインが出ていたのに、すぐに下がってしまった」ということも起こります。いわゆる「ダマシ」ですが、プロでも予測が難しいのが相場ですから、どんな手法を利用しても、ダマシを100%避けることはできません。ダマシを回避する方法は6章の応用編で解説しますが、ダマシにあうことも想定しながらトレードする必要もあります。

基本は、「ダマシに気づいた時点ですぐに損切り」をすることです。失敗を認めたくないために「もう少し待てば相場が戻るかも」などと考えていたら、どんどん損失が広がってしまいます。気がついたときには資金の多くを失ってしまい、トレードから退場せざるを得ない状況に追い込まれているでしょう。**失敗は潔く認めて、損失を受け入れることもトレードには必要です。**1回のトレードの成否にこだわるのではなく、トータルで利益を確保するにはどうすればいいかを考えるのです。

これは裁量トレードでもリピート注文でも同じです。注文を仕掛けていたのと反対方向にトレンドが発生した場合には、いったんすべてのポジションを損切りして清算し、逆方向に仕掛けを設定しなおすのが合理的な判断です。一時的に損失は発生しますが、トレンドに乗ればすぐに利益が出るようになりますから、損失分を取り戻すことが可能です。損失が少なければ取り戻すのも簡単ですが、いったん大きな損失を出してしまうと、取り戻すのにも時間がかかってしまいます。

ダマシにあったらすぐに対処しよう

■ダマシの発生例　ユーロ／円　週足

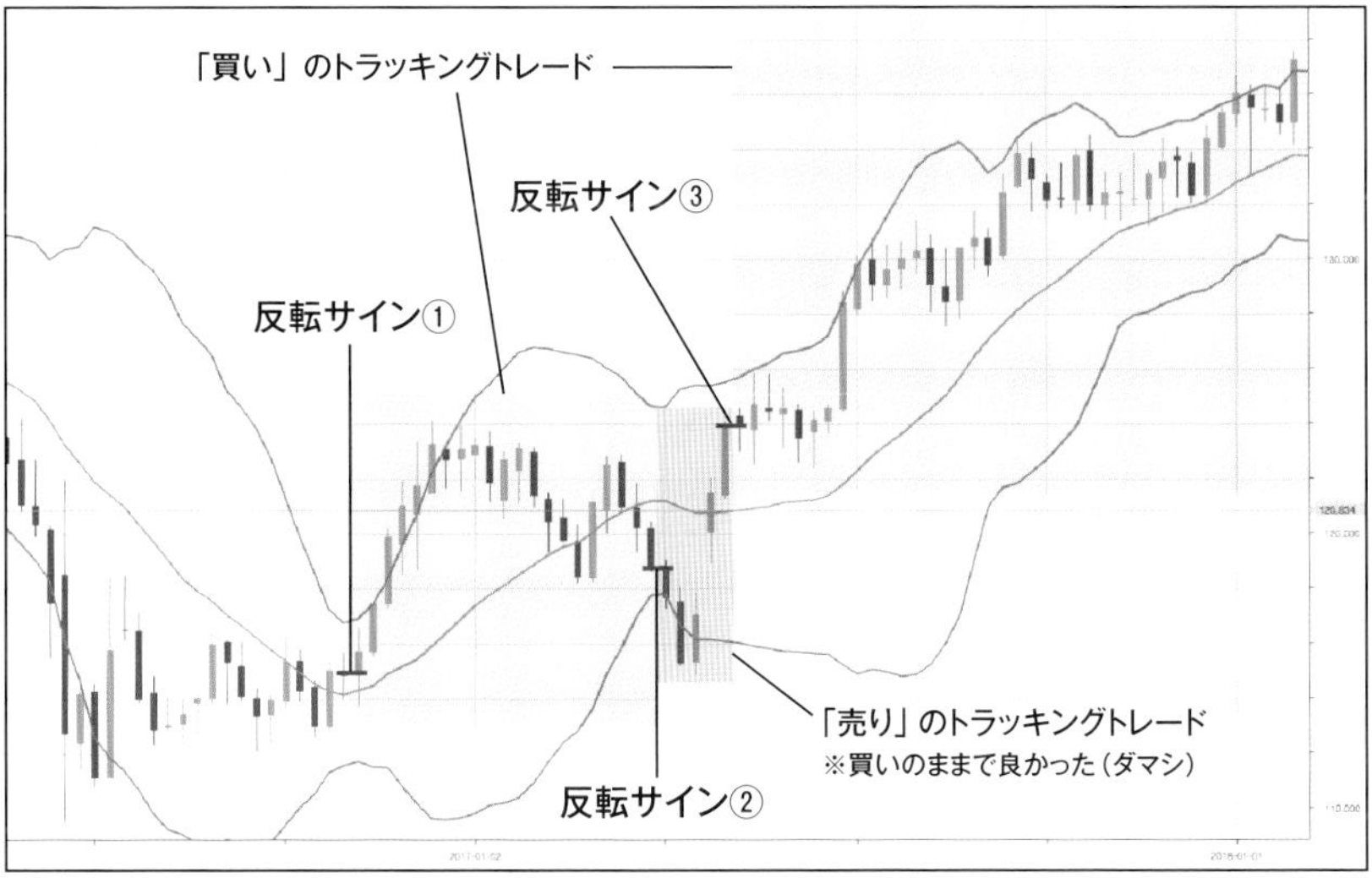

EUR/JPY　日足（2016年5月30日～2018年1月29日）

反転サイン①のところでトラッキングトレード「買い」を開始。その後反転サイン②がでたので「売り」に転じたが、その後反転サイン③が出た。この短期的な動きは結果的には「ダマシ」に終わったが、反転サイン②はこの時点ではダマシかどうかは判断できない。そして、もし次の反転サイン③を無視して、売りで運用していたら大きな損失につながる。

■ダマシに気づいたときの対処法

1　**保有ポジションをすべて損切り**

2　**反対のトラッキングトレードを設定する**

私がジョン・ボリンジャー氏のセミナーで通訳をするようになった理由

私がボリンジャーバンドを研究するようになったのは、2010年ごろのことだったと記憶しています。もちろん、それ以前からボリンジャーバンドは知っていましたが、他のテクニカル指標と同様、分析ツールの一つという認識しかありませんでした。しかし、ボリンジャーバンドは個人投資家に人気が高いとのことで、ボリンジャーバンドをテーマにセミナーをしてほしいとの依頼がありました。その準備のため、ボリンジャーバンドを勉強しなおすことになったのです。さっそく、ジョン・ボリンジャー氏の書籍を読んだり、計算式を検証したり、数多くのチャートを検証したりしてみると、次々と新たな発見がありました。そのときにボリンジャーバンドの魅力を再認識したのです。

その後、12年にボリンジャー氏が来日し、国内でセミナーを行うことになりました。二十数名の小規模なものでしたが、内容は高度ですべてを理解できたのは、私くらいだったのでしょう。ボリンジャー氏もそれに気づき、その後に開かれたフォローアップセミナーでは、私が通訳を務めることになりました。それをきっかけにボリンジャー氏との交流が始まり、来日する際には一緒に食事をしたり、オンラインセミナーの通訳をしたりする間柄になりました。

テクニカル指標にはさまざまなものがありますが、ひとつの指標でトレンド相場とレンジ相場の両方に対応できるものはなかなかありません。例えば、短期、中期、長期の3本の移動平均線を表示して、短期から長期に順番に並んでいればトレンド、乱れていればレンジとみる方法もありますが、ボリンジャーバンドは非常にシンプルです。バンド幅が狭くなればレンジ、広がっていけばトレンドと視覚的にも非常にわかりやすいのです。トレンドの転換点もバンド幅で明確に判断できます。つまり、チャートにボリンジャーバンドさえ表示しておけば、相場がある程度判断できるのです。その意味でボリンジャーバンドは移動平均線と肩を並べる定番のテクニカル指標と言えるでしょう。

ちなみに本書で紹介した長期と短期のボリンジャーバンドやバンド幅のツールなどは私がボリンジャー氏自身から許可をいただいたものです。大いに活用してください。

第4章

山中流
「トラッキングトレード」の
基本戦略

リピート注文のルールは
シンプルであるべき
カンタンな山中流の基本原則とは

第４章

ボリンジャーバンドの中心線でトレンドを判断

この章では、山中流トラッキングトレードの基本戦略とボリンジャーバンドを利用してトレンドを判断する方法をいくつか解説します。最初に紹介するのは、最も基本となる週足チャートにボリンジャーバンドを表示して見極める方法です。ボリンジャーバンドの期間は20に設定、バンドは2σのみを表示。トレンドの判定には、チャートと中心線の位置関係を利用します。具体的には、チャートが中心線より下で推移していた場合、2週連続で終値が中心線を上回れば、上昇トレンドへの転換と判断します。逆に中心線より上にあったチャートが2週連続で終値が中心線を下回ったら下降トレンドへ転換と判断します。あくまでも2回連続が条件ですから、条件を1回満たしても、翌週の終値が条件から外れてしまえばリセットされます。また、終値であれば、陽線、陰線を問いません。

例えば、左ページの判定例のケースでは、左側では2回連続で終値が中心線を下回ったので、トラッキングトレードでは「売り」戦略に転換します。一方で右側では、1度中心線を上回ったものの翌週のチャートでは下回っていますので、戦略の転換は行いません。実際に、チャートは再び中心線を下回ってしまい、「売り」戦略の継続が正しかったことになります。ただし、この判定法が100％機能するわけではありません。特にこのチャートの例のようなレンジ相場ではダマシが多く発生する傾向があります。このようなダマシを100％回避する方法はありませんが、少しでも減らす方法として、ボリンジャーバンドのバンド幅を判定に使う方法もあります（P100参照）。

週足＋ボリンジャーバンドで売買の方向を判定

■ボリンジャーバンドの設定

期間　＝　20	バンド　＝　２σ	時間足　＝　週足

■判定

陰線、陽線関係なく 週足の終値が２週連続で 中心線を上回る	➡	「売り」ポジションを決済、 「買い」を設定
陰線、陽線関係なく 週足の終値が２週連続で 中心線を下回る	➡	「買い」ポジションを決済、 「売り」を設定

■判定

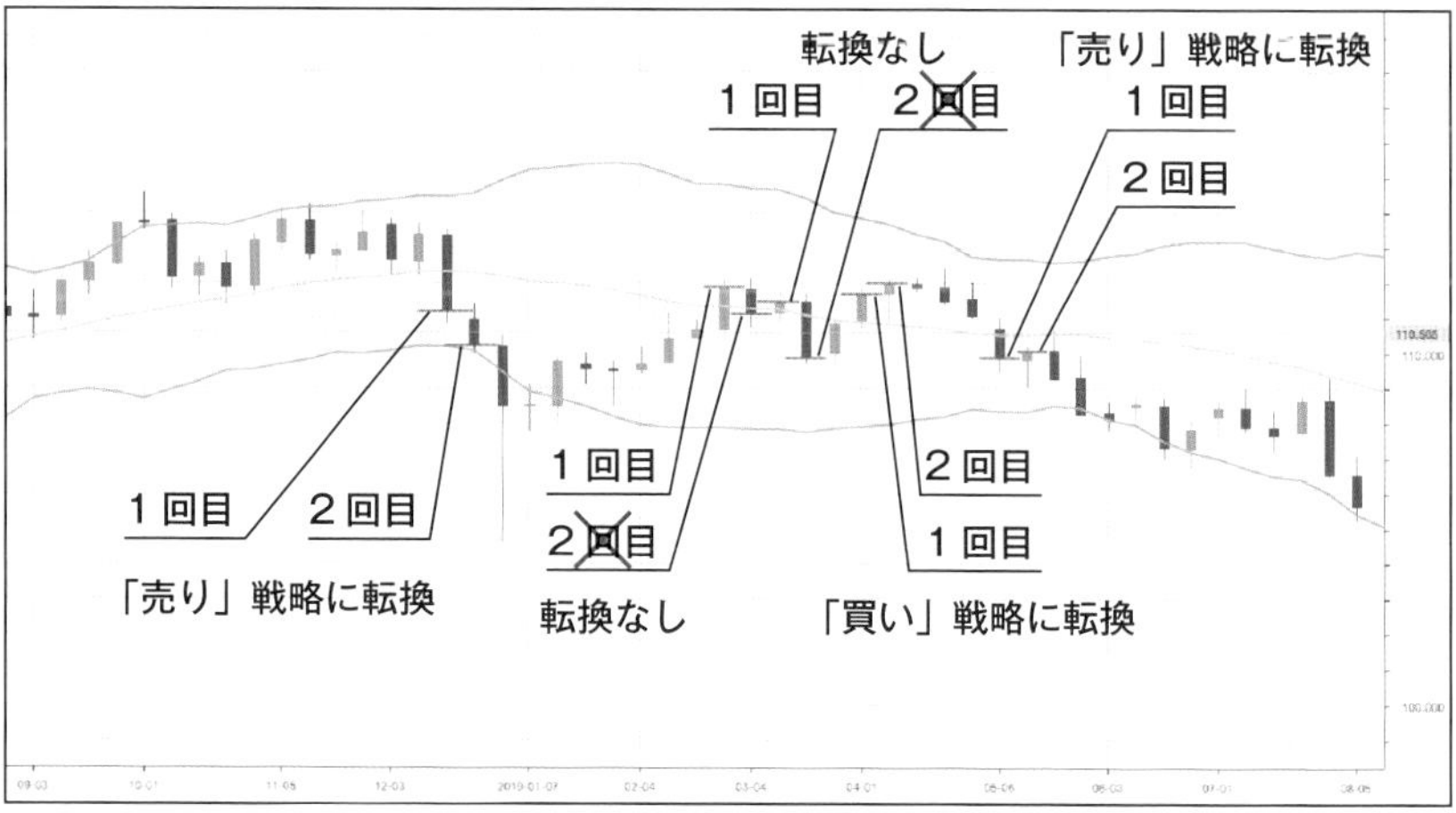

USD／JPY　週足　2018年９月３日～2019年８月５日

週足とボリンジャーバンドの中心線の位置関係をチェック

週足とボリンジャーバンドでトレンドを判定する方法を、実際にトレンドの発生しているチャートで確認してみましょう。左ページの上はドル／円の週足にボリンジャーバンドを表示したものです。左側では、２回連続でチャートの終値が中心線（単純移動平均線、ミッドバンドともいいます）を下回っています。この時点で「売り」戦略を開始します。その後、３カ月ほど経過すると、終値が中心線を2回連続で上回りました。この時点で上昇トレンドと判断し、「売り」戦略を停止、保有ポジションを損切りします。損切りをするのは痛手ですが、本格的に上昇トレンドが始まると、含み損は広がってしまいます。最初に決めたルールを確実に守ることが、損失を最小限に抑えることにつながります。そして、新たに「買い」のトラッキングトレードを開始させます。その後は、順調に利益を重ねることができますから、損切り分のマイナスはすぐに取り戻せるでしょう。

左ページ下のチャートはポンド／円の週足ですが、画面左側で売り戦略のサインが出ています。その後、右側で買い戦略のサインが出ました。このケースでも売り戦略は3カ月ほど継続しました。判定に週足を利用していますから、頻繁にサインが出るわけではありません。週に1度程度は、チャートの位置を確認する必要はありますが、戦略の転換は数カ月に1度程度ですから、忙しい人でも十分にチャレンジできる手法です。通貨ペアによって値動きの幅が異なりますから、投資資金などを考えて選ぶといいでしょう。通貨ペアごとの値幅は第5章を参考にしてください。

ボリンジャーバンドでトレンドを判定

■週足チャートで戦略転換（ドル／円）

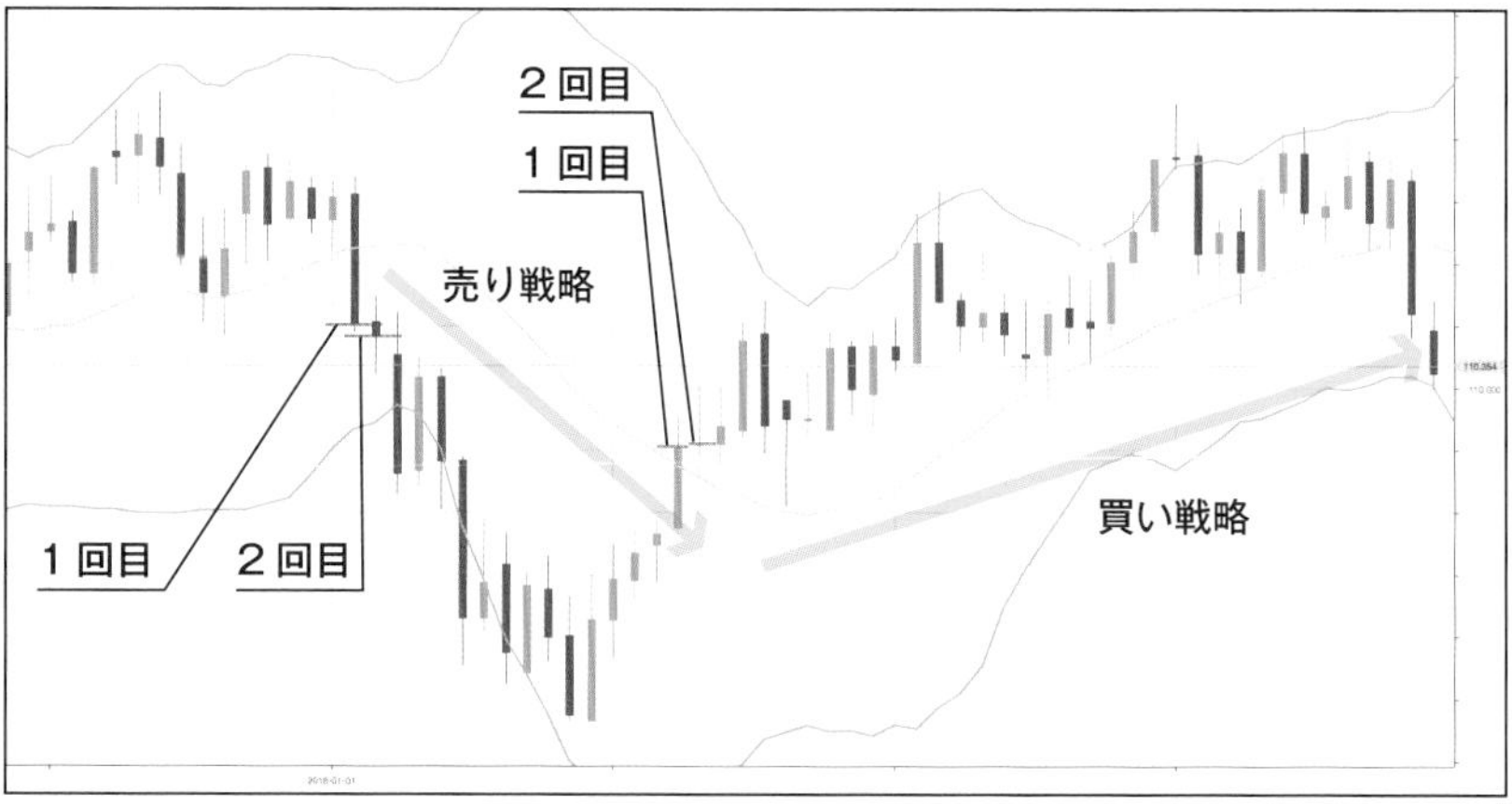

USD／JPY　週足　2017年9月25日～2018年12月24日

■週足チャートで戦略転換（ポンド／円）

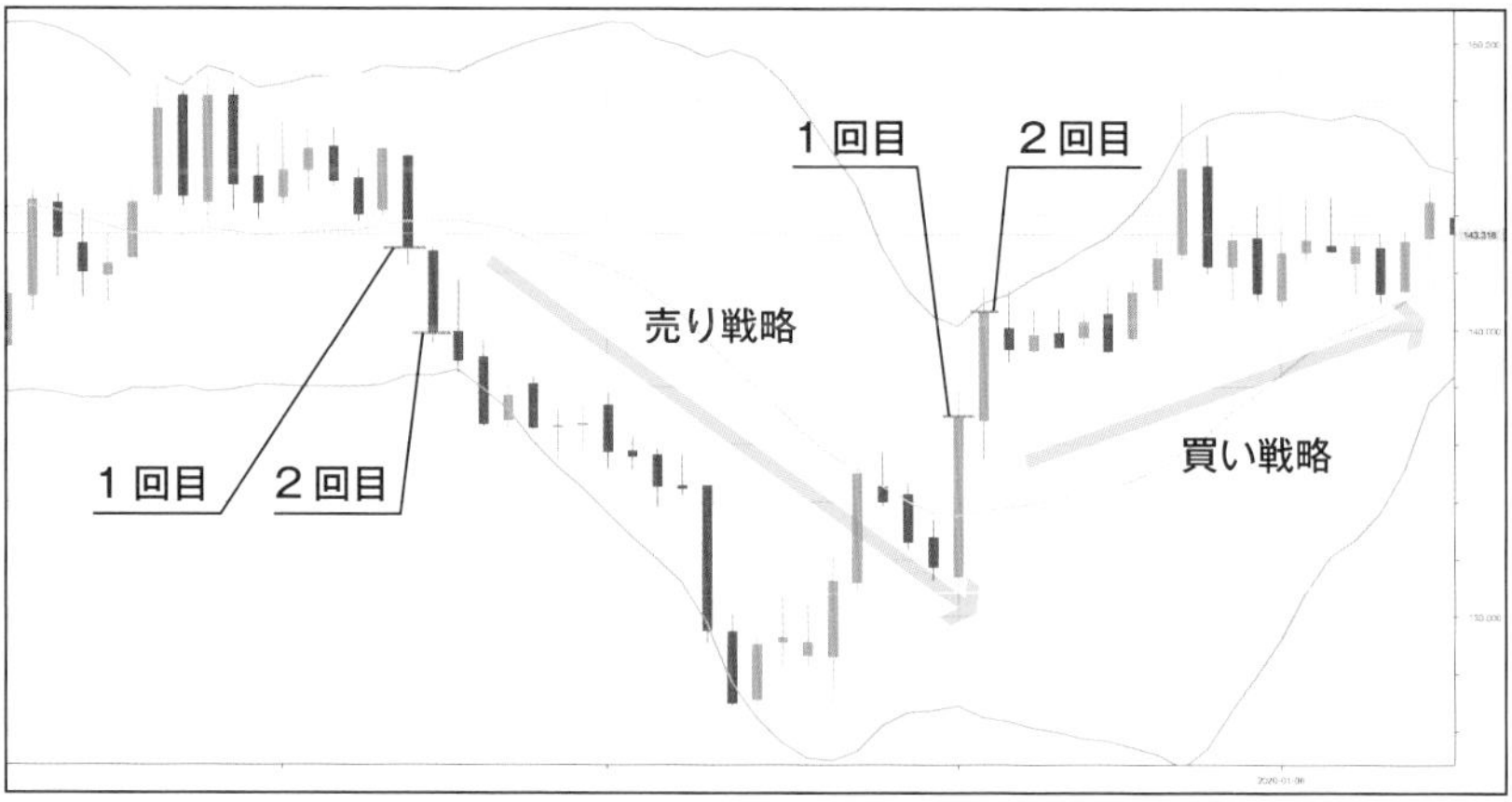

USD／JPY　週足　2019年1月21日～2020年2月17日

ＢａｎｄＷｉｄｔｈでトレンド転換点を判断

山中流トラッキングトレード「その2」は、ボリンジャーバンドのバンド幅でトレンドの転換を判断する方法です。バンド幅が狭まくなった状態（スクイーズ）から、急激に上下に拡大していく状態（エクスパンション）になると、トレンドが加速したと判断しますが、その後、バンド幅はピークを迎え再び縮小を始めます。この時点（ボージ）がトレンド転換点となります。バンド幅の拡大や縮小はチャート上にボリンジャーバンドを表示すれば、ある程度判断できます。しかし、明確に見極めるのが難しいこともあります。そこで役に立つのが、ＢａｎｄＷｉｄｔｈです。ボリンジャーバンドのバンド幅をサブウインドウに表示する指標です。数値が大きいほどバンド幅が広いことを意味しますので、ＢａｎｄＷｉｄｔｈが上昇から下降に転換した時点がバンド幅の拡大から縮小への転換点となります。これをトレンド転換として、トラッキングトレードの設定を変更するのです。例えば左のチャートのように下降トレンドで「売り戦略」を設定していてＢａｎｄＷｉｄｔｈが上昇から下降に転じたら保有ポジションをすべて決済します。その時点で「買い戦略」を設定してもいいのですが、ダマシが発生する可能性があるので、チャートの終値が2週連続して中心線を上回るのを待って、「買い戦略」を開始させるのが山中流トラッキングトレードの基本戦略です。なお、長期（期間50）と短期（期間20）のボリンジャーバンドを表示している場合には、長期のボリンジャーバンドのＢａｎｄＷｉｄｔｈでは反応が遅いので、短期のボリンジャーバンドのＢａｎｄＷｉｄｔｈを利用します。

BandWidth の利用法

■バンド幅でわかること

縮小 ▶ 狭いエリア（スクイーズ） ▶ 拡大（エクスパンション） ▶ 最大点（ボージ）

トレンドの加速 → 拡大（エクスパンション）

トレンドの転換 → 最大点（ボージ）

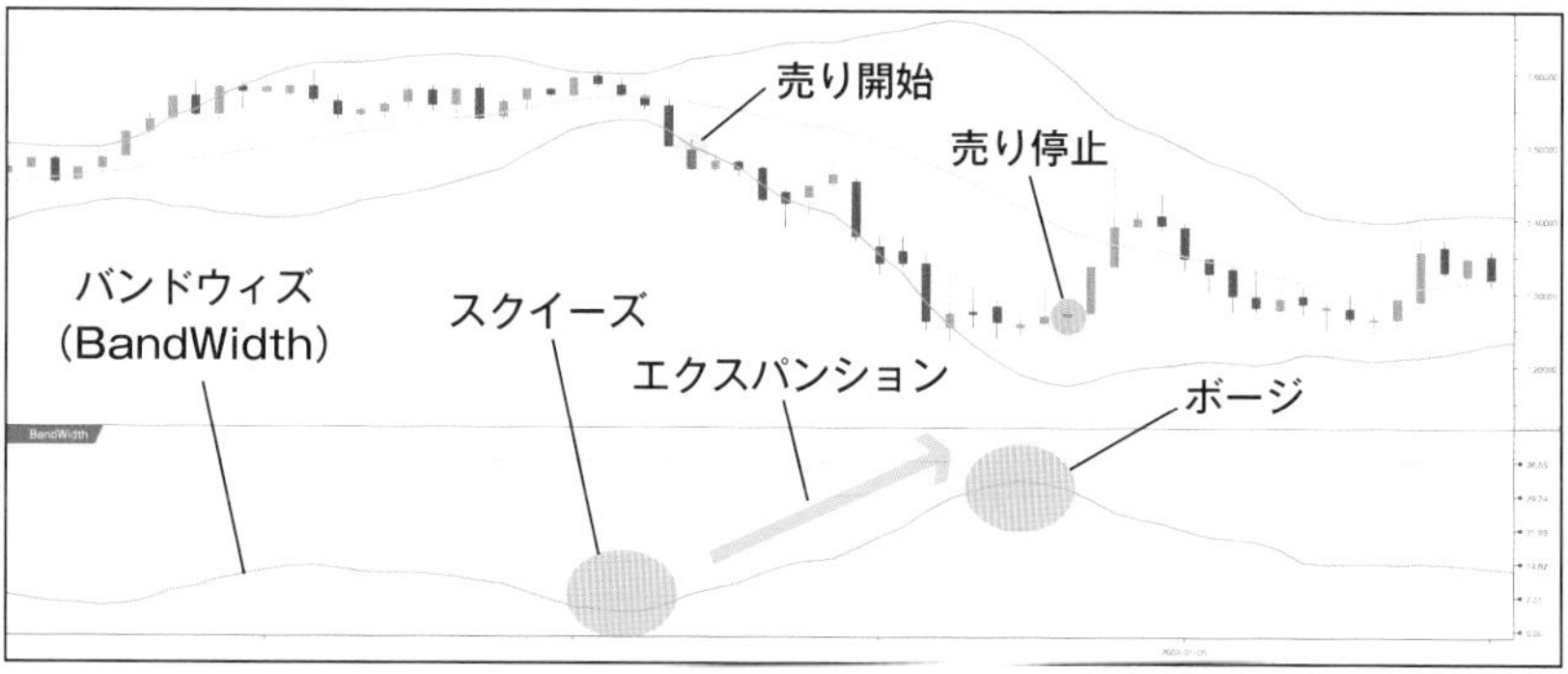

USD ／ JPY　週足　2018 年 9 月 3 日～2019 年 8 月 5 日

■トラッキングトレードの開始から停止の手順

第 1 段階

チャートが終値で 2 回連続中心線を上回る（下回る）

▼

トレンド方向にトラッキングトレードを開始

第 2 段階

最大点（ボージ）

▼

トラッキングトレードを停止

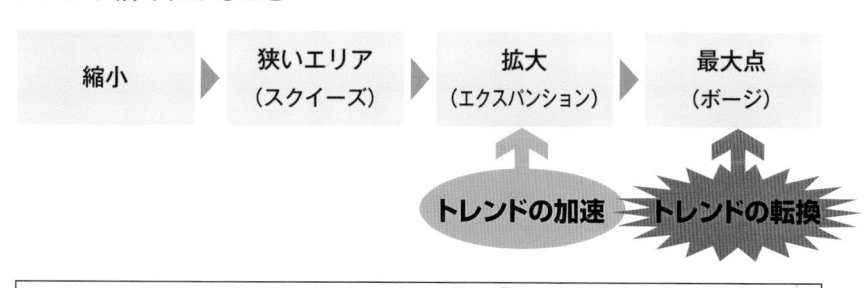

ＢａｎｄＷｉｄｔｈは週足にも日足にも有効

ＢａｎｄＷｉｄｔｈを利用して、相場のトレンドを判定する方法を実際のチャートで確認してみましょう。左ページ上はユーロ／円の週足にボリンジャーバンドとＢａｎｄＷｉｄｔｈを表示しています。①の場所でバンド幅が最大になり、縮小に転じていることがわかります。これをサインにトラッキングトレードの買い戦略を開始します。その後順調に値を上げ②のところでバンド幅が最大になっています。ここで買い戦略のトラッキングトレードは停止します。どちらも「２週連続で中心線を越えるという基本戦略よりも早いところで判断できました。

また、左ページ下はポンド／円の日足にボリンジャーバンドとＢａｎｄＷｉｄｔｈを表示しています。③の時点でバンド幅がピークを迎え縮小に転じています。これを境にチャートも下降から上昇に転じています。トラッキングトレードでは買い戦略を開始し、④の時点で買い戦略を停止すれば、いち早くトレンドの転換をとらえることができます。このようにＢａｎｄＷｉｄｔｈは、週足でも日足でも有効に機能しますので、リピート注文でも裁量トレードでも使うことができるのです。

また、Ｐ96～99の２σを利用した判定法よりも、早く行動を起こせるのがメリットです。ただし、早く行動を起こすと、その分、ダマシに合う確率も多くなりますので、注意が必要です。ダマシを減らすためには、Ｐ96～99の手法を組み合わせて利用するのもいいでしょう。中長期でトレードするのであれば、その方が安心とも言えます。

週足・日足チャートでBandWidthを活用

■週足チャートで判定（ドル／円）

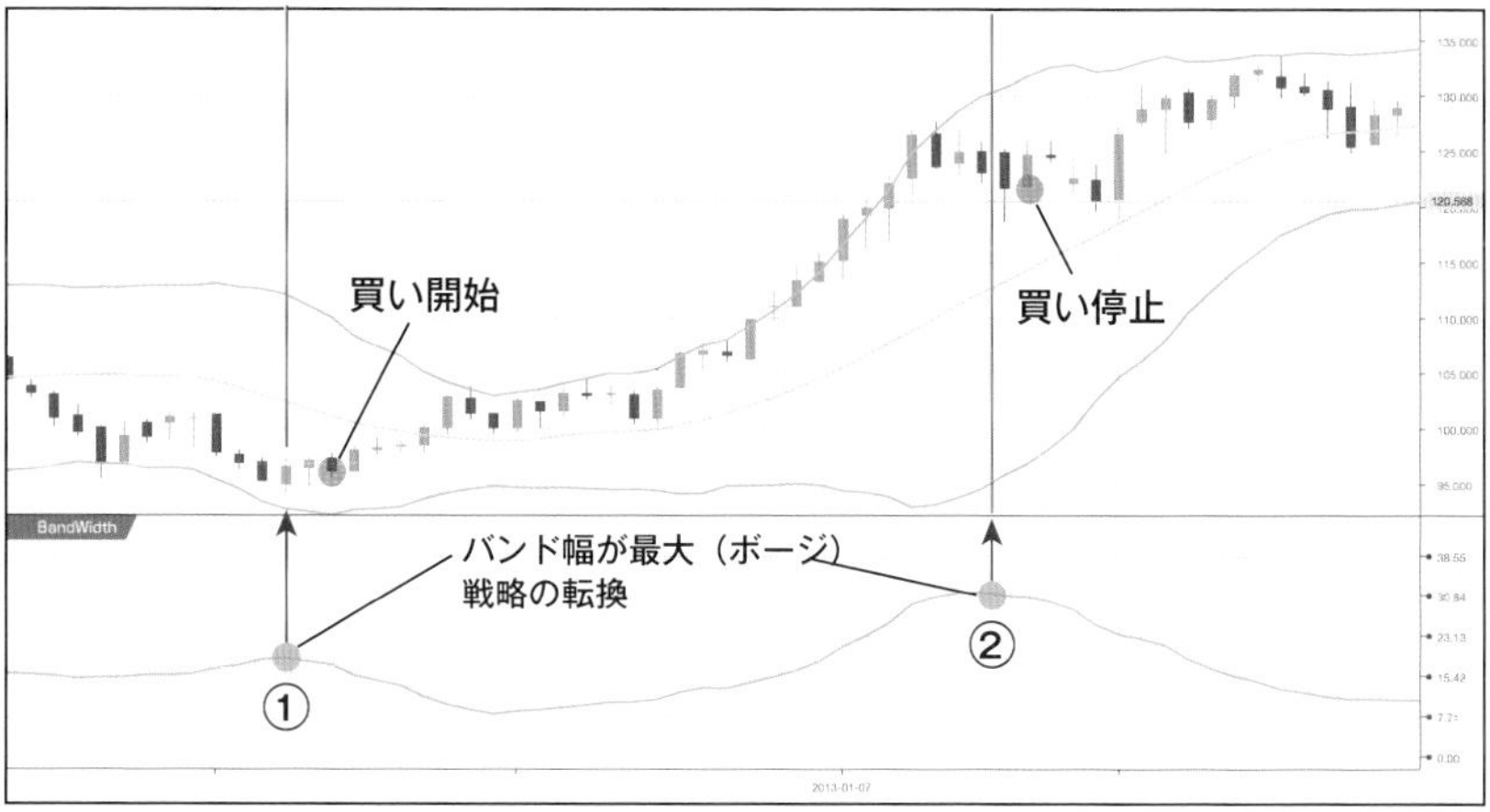

EUR／JPY　週足　2012年5月7日～2013年6月24日

■日足チャートで判定（ポンド／円）

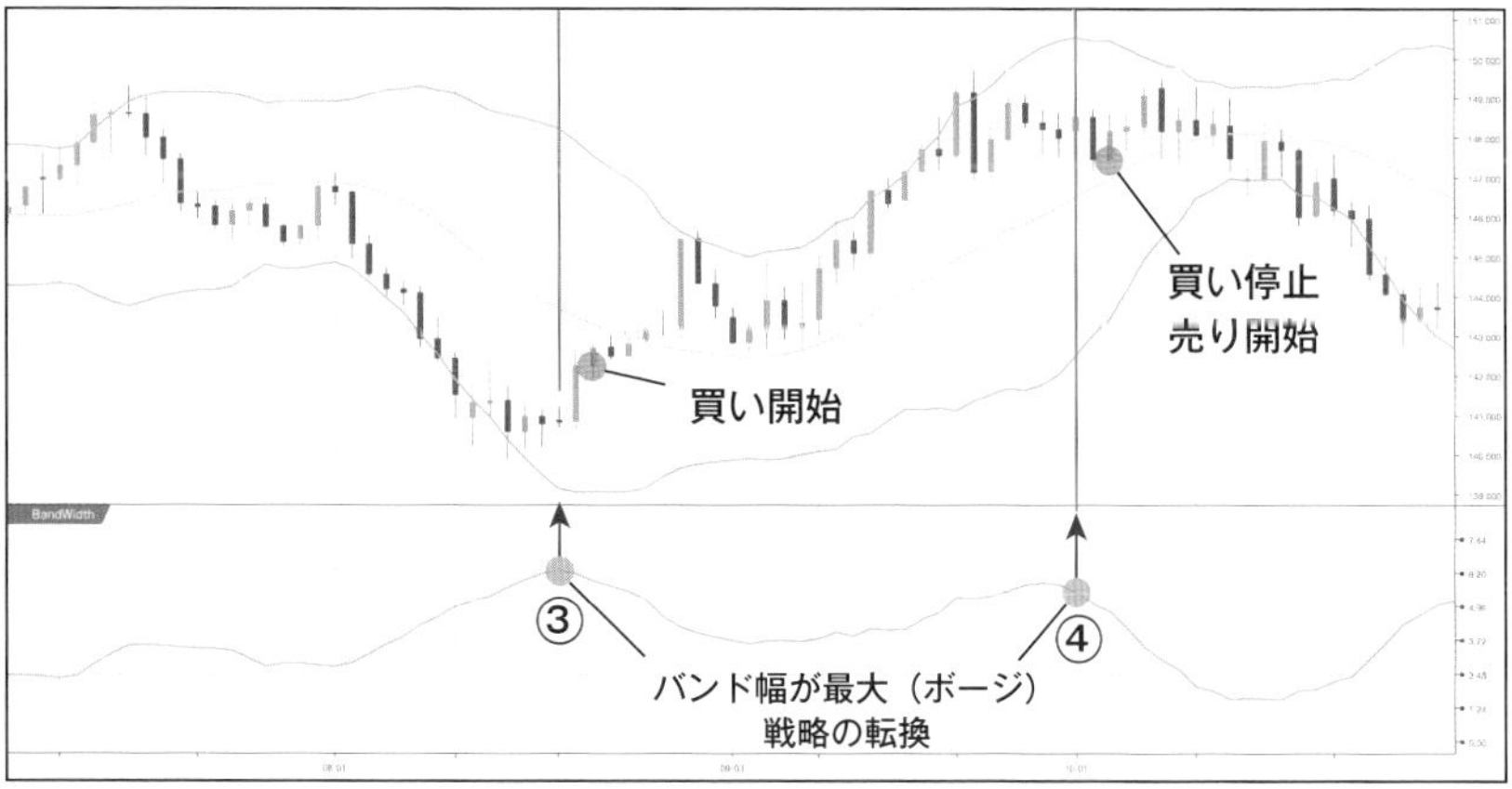

GBP／JPY　日足　2018年7月6日～2018年10月30日

ＢａｎｄＷｉｄｔｈを利用した保守的な方法

前ページでは、ＢａｎｄＷｉｄｔｈを利用して、バンド幅が最大になり縮小に転じた時点をトレンドの転換と考えて、トラッキングトレードの戦略変更のサインとしました。この判断はタイミングが早いため、ダマシにあう可能性もあります。そこで、次は2週連続して中心線を越えたら売買判断をする方法とバンド幅が最大になったボージをトレンド転換のサインとする方法の、合わせ技を紹介しましょう。左ページ上はポンド／円の週足です。①の時点で2週連続して中心線を割り込んだのでトラッキングトレードの売り戦略を開始します。次に②の時点でバンド幅が最大になっているので売り戦略を停止します。次は③の時点で中心線を2週連続して越えているのでトラッキングトレードの買い戦略を開始します。そして④の時点でバンド幅が最大になったのを確認して買い戦略を停止します。

もう一つの例を見てみましょう。左ページ下もポンド／円の週足です。⑤の時点で2週連続して中心線を割り込んでいるのでトラッキングトレードの売り戦略を開始。そして、⑥の時点でバンド幅が最大になっているので、これが確認できたところで売り戦略を停止します。

中心線は移動平均線ですから、チャートが中心線を上回れば上昇トレンドに入り、また中心線を下回れば下降トレンドに入っている確率が高くなりますので、安心して相場を見守ることができます。なお、テクニカル指標でＢａｎｄＷｉｄｔｈが利用できるのは、ＦＸ会社の中ではほとんどありません。トラッキングトレードを提供するＦＸブロードネットが唯一と言っていいでしょう。

ボリンジャーバンドと BnadWdith の併用

■週足チャートで判定（ポンド／円）

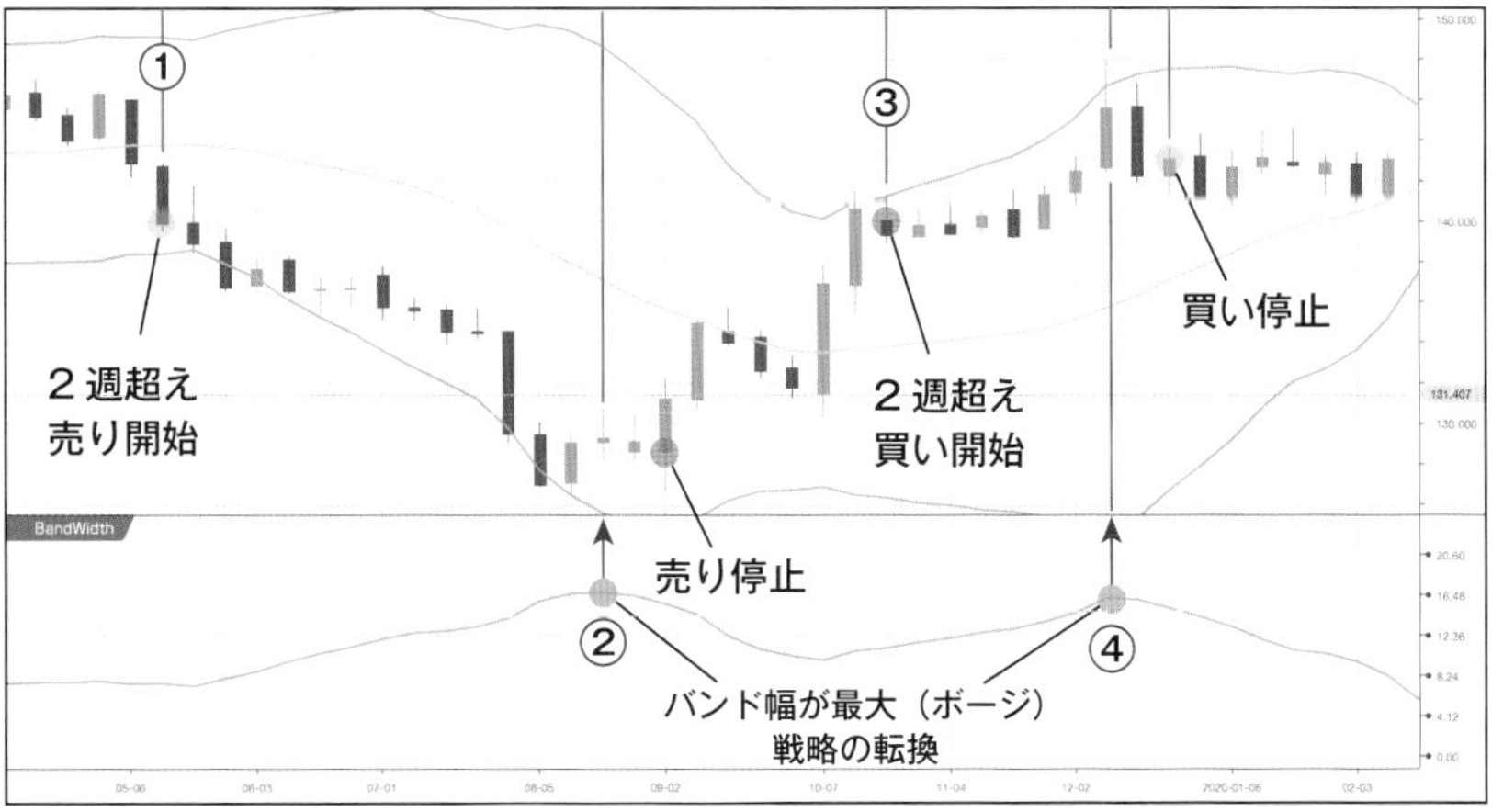

GBP ／ JPY　週足　2019 年 4 月 15 日～2020 年 2 月 10 日

■週足チャートで判定（豪ドル／円）

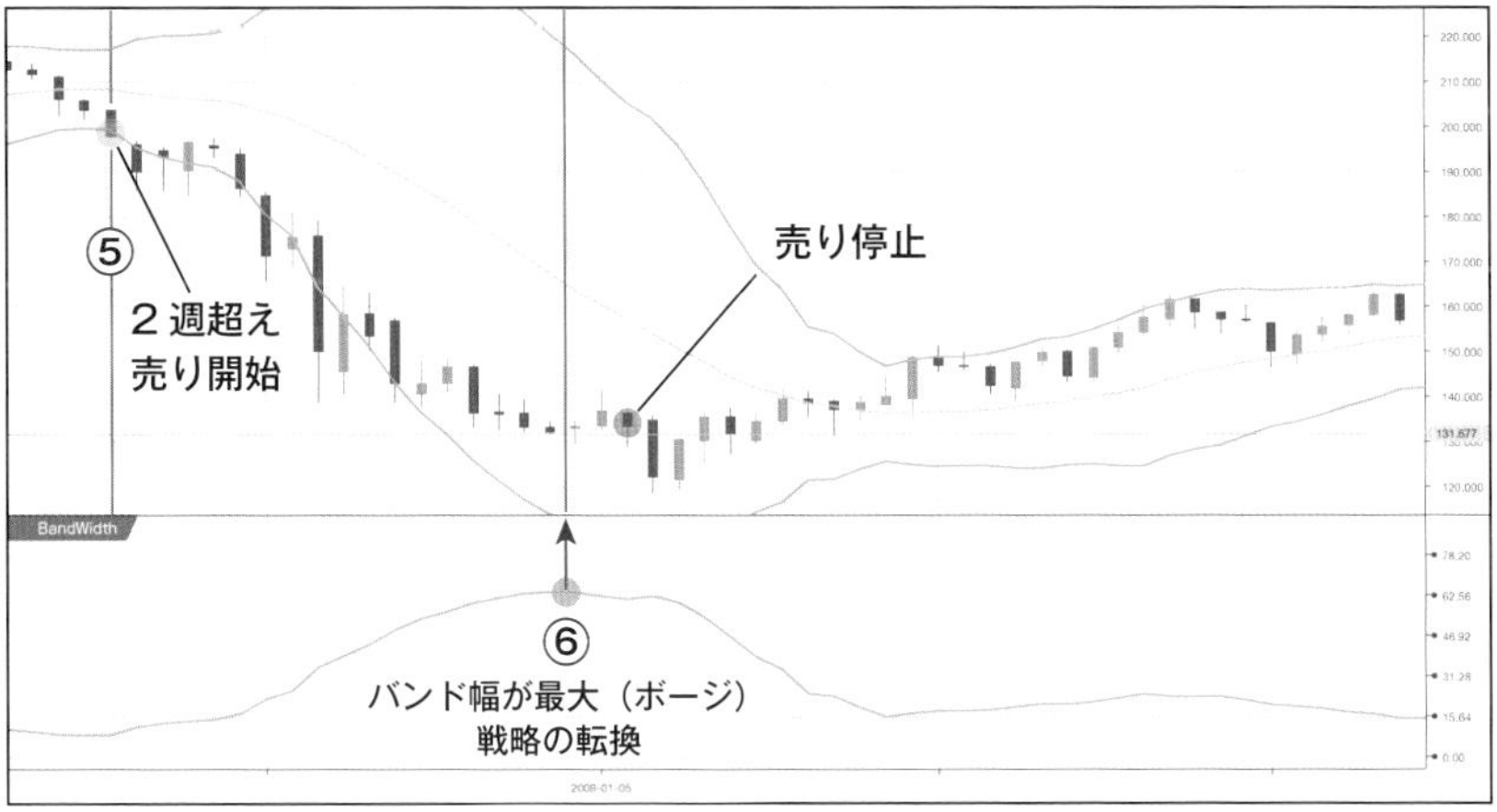

GBP ／ JPY　週足　2008 年 7 月 7 日～2009 年 8 月 10 日

長期と短期のボリンジャーバンドを活用

ボリンジャー氏は、長期と短期の2種類のボリンジャーバンドを組み合わせて利用することも推奨しています。ここでは、その手法を利用してトラッキングトレードの戦略を見極める方法を紹介しましょう。利用するのは期間50（長期）と期間20（短期）のボリンジャーバンドです。バンドは2σのみを利用します。これをひとつのチャートに表示させるわけですが、一般的なFX会社のチャートツールでは利用できません。利用できるのはMT４などの高機能チャートツールやFXブロードネットなど一部のFX会社に限られていますので事前に確認してください。さて、長期と短期のボリンジャーバンドの関係について、ボリンジャー氏は次のように語っています。

・長期と短期の下側のバンドが重なるように推移＝下降トレンド
・長期と短期の上側のバンドが重なるように推移＝上昇トレンド
・長期と短期のバンドが上も下も重なっていない＝レンジ相場

この判定法は、週足チャートのほか、日足や4時間足など時間軸を変えても有効に機能します。どの時間軸を選ぶかは、トレードスタイルによって変わります。**週足を利用するのが基本の山中式トラッキングトレードの運用ではトレンドが数ヶ月継続することが多いので長期投資になります。**期間が長くなると、いろんな原因で値動きの幅が大きくなることもありますから、資金管理には注意が必要になります。日足であれば数カ月程度、4時間足であれば数週間程度が目安となるでしょう。

ボリンジャーバンド／短期・長期の組み合わせ

■2つのボリンジャーバンドの使い方

長期
期間＝50

＋

短期
期間＝20

→

2つの
ボリンジャーバンドで
トレンドを判断

■2つのボリンジャーバンドの使い方

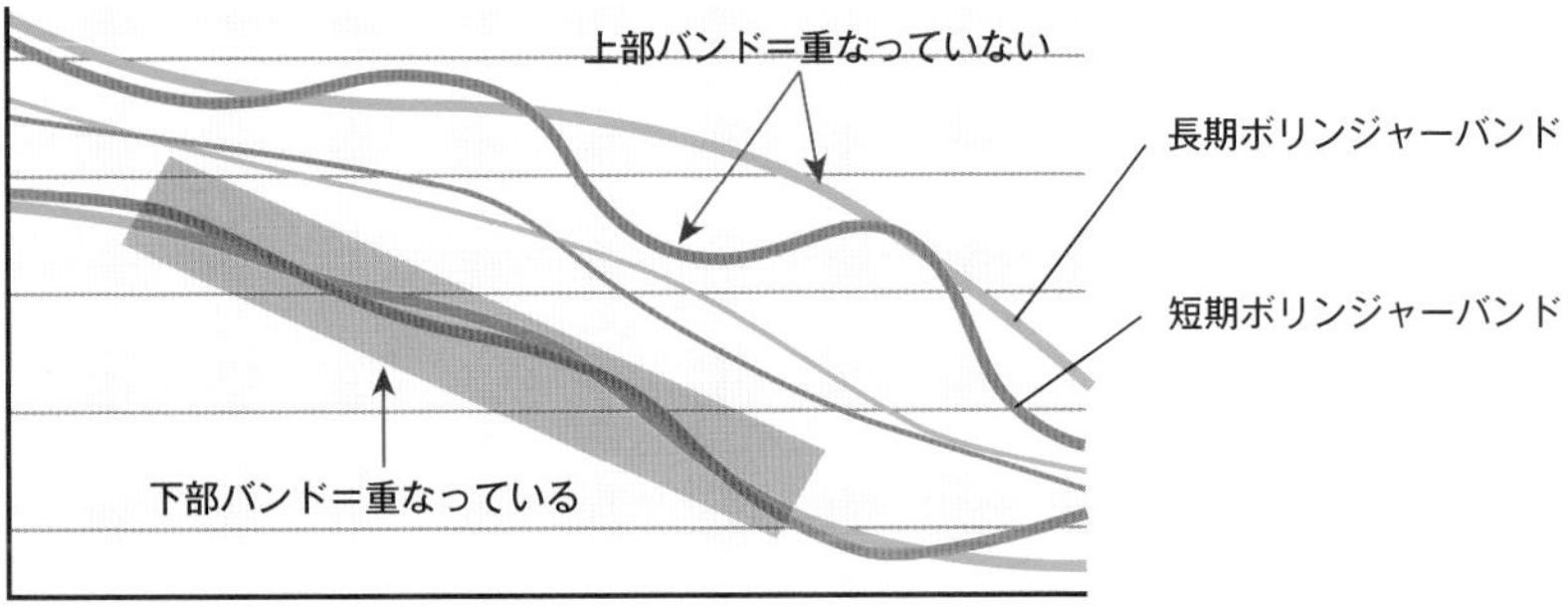

下部バンド
重なっている
＋
上部バンド
重なっていない
→ 下降トレンドのサイン

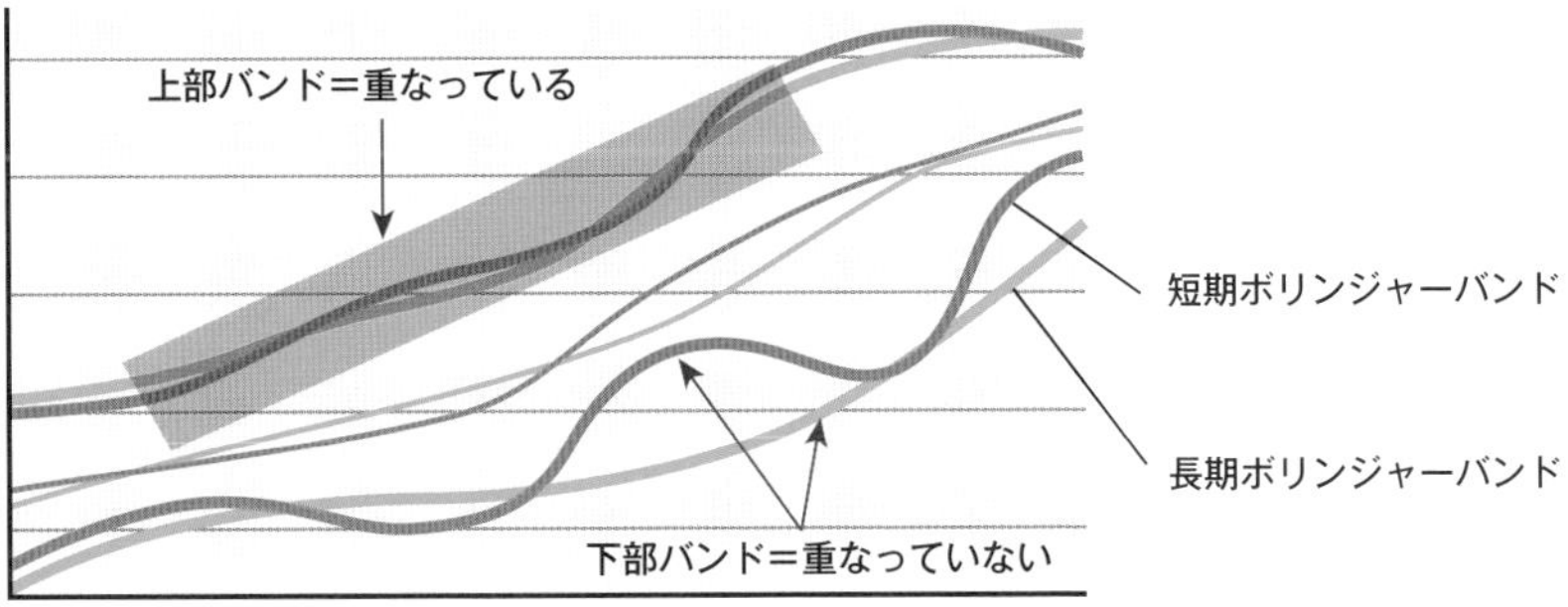

下部バンド
重なっていない
＋
上部バンド
重なっている
→ 上昇トレンドのサイン

週足で長期と短期のボリンジャーバンドを活用

長期と短期のボリンジャーバンドの活用例を見てみましょう。左ページの上はユーロ／円の週足です。期間50と期間20のボリンジャーバンドを表示しています。18年5月から長期と短期の下側のバンドが重なるようになりました。これが下降トレンドです。トラッキングトレードでは、売り戦略を仕掛けます。その後、下側のバンドが重なる状態は18年5月から19年10月まで約1年5カ月続きました。この間は売り戦略を継続します。一時的に期間20の中心線を2週連続して上回ることがあってもこちらのサインを売買戦略の判断基準とすることで、ダマシを回避できます。チャートは、期間20のボリンジャーバンドの中心線と下側のバンドの間で推移していますが、この間の値幅は4円程度ですので、それほど大きな値動きではありません。資金がそれほど多くなくても効率よく利益が狙えます。

トラッキングトレードを提供しているFXブロードネットではこの短期と長期のボリンジャーバンドの指標がつかえるので便利です。左ページの下はポンド／円の週足です。中央部分で下側のバンドが重なっていますので、下降トレンドと判断できます。この状態は16年1月から16年10月まで9カ月継続しました。週足を利用するとやはり年単位のトレードになることもあります。この間、期間20のボリンジャーバンドの中心線と下側のバンドの間で値幅は15円ほどあります。ユーロ／円の4倍弱です。

値動きが大きければ、それだけ多くの利益を狙えますが、保有ポジションも多くなる可能性があるので、資金を多めに用意したり、ポジション間隔の広い戦略に変更するなどの必要があります。

ボリンジャーバンド／短期・長期を使った戦略（週足の場合）

■週足チャートで戦略転換（ユーロ／円）

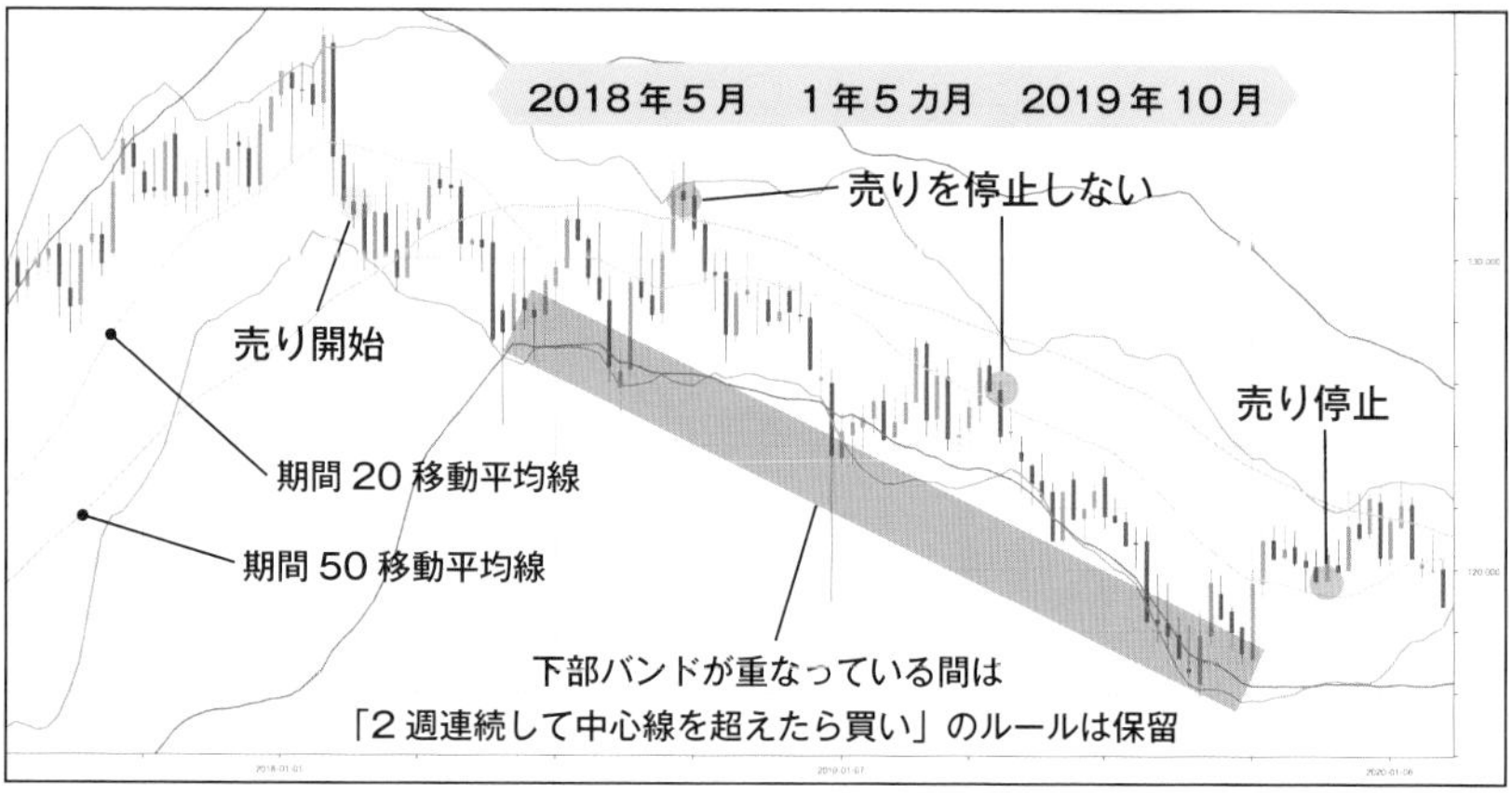

EUR／JPY　週足　2017年7月10日～2020年2月10日

■週足チャートで戦略転換（ポンド／円）

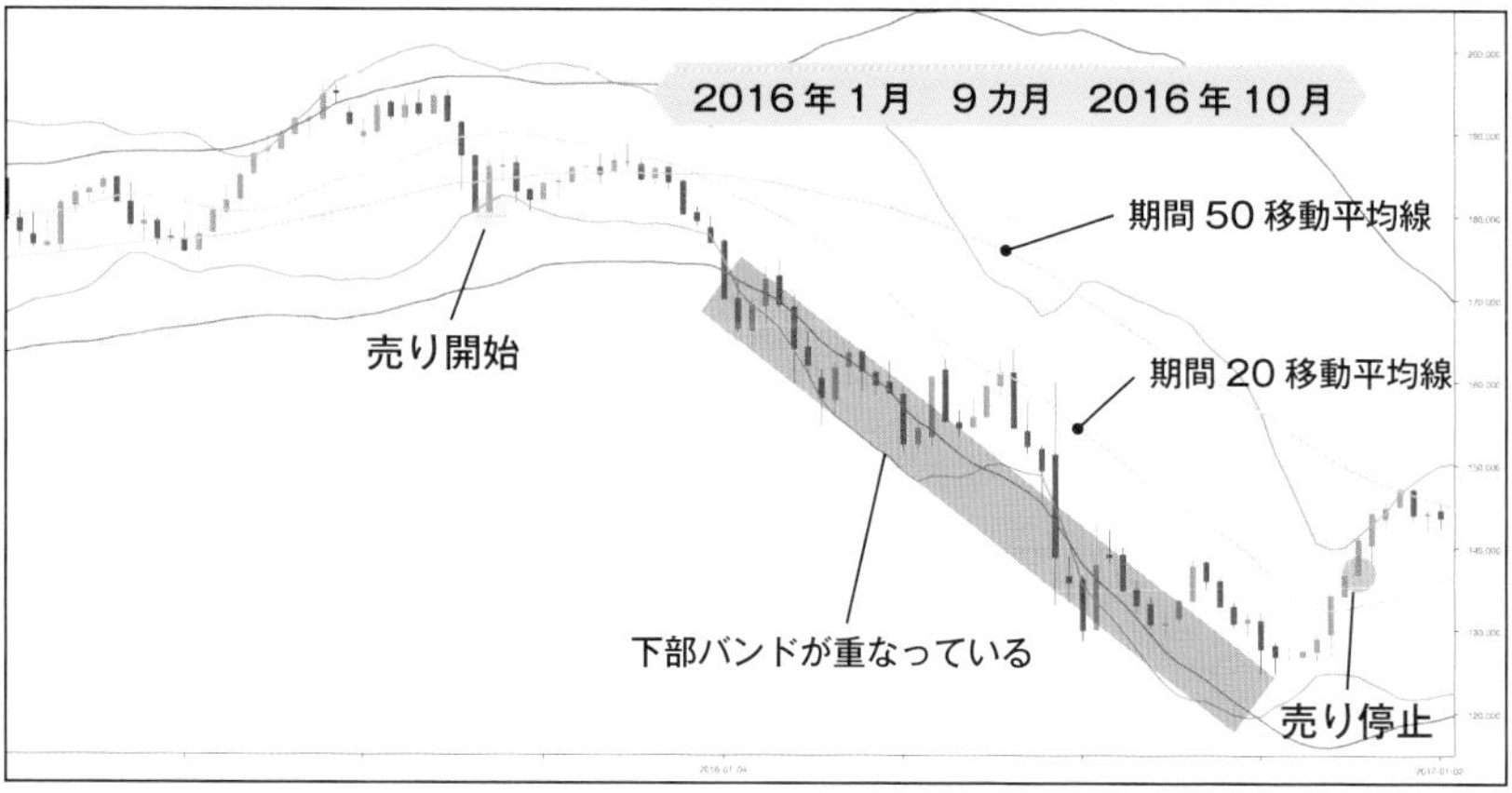

GBP／JPY　週足　2015年1月12日～2017年1月2日

日足で長期と短期のボリンジャーバンドを活用

山中流トラッキングトレードでは原則として使いませんが、裁量トレードを併用する場合には使うことも多い日足チャートでの長期と短期のボリンジャーバンドの活用例も見てみましょう。左ページの上のチャートはドル／円の日足に期間50と期間20のボリンジャーバンドを表示しています。中央部分で下側のバンドが重なるように推移していますので、下降トレンドと判断できます。期間は18年1月中旬から3月上旬の2カ月程度です。その間チャートは期間20のボリンジャーバンドの中心線をトライすることはあっても上回ることなく、下降を続けているのがわかります。では下降トレンドの終了はどう判断すればいいでしょうか。一つの方法は短期のボリンジャーバンドのバンド幅です。バンド幅が拡大から縮小に転じたときは、トレンドの転換点である可能性が高くなります。バンド幅はP100で詳しく紹介しています。

もう一つ例を見てみましょう。左ページの下のチャートはユーロ／円の日足です。オレンジの部分は長期と短期のボリンジャーバンドの下側のバンドが重なるように推移していますので下降トレンドと判断できます。この期間は約3カ月続きました。日足は山中流の基本原則ではありませんが、トラッキングトレードで売り戦略を仕掛けていれば、多くの利益を確保できたでしょう。その後も下側のバンドは重なるように推移した後、短期のボリンジャーバンドの下側のバンドが先に上昇を始め、短期と長期の下側のバンドの差が開いていきます。この時点で下降トレンドは終了と判断します。

ボリンジャーバンド／短期・長期を使った戦略（日足の場合）

■日足チャートで判定（ドル／円）

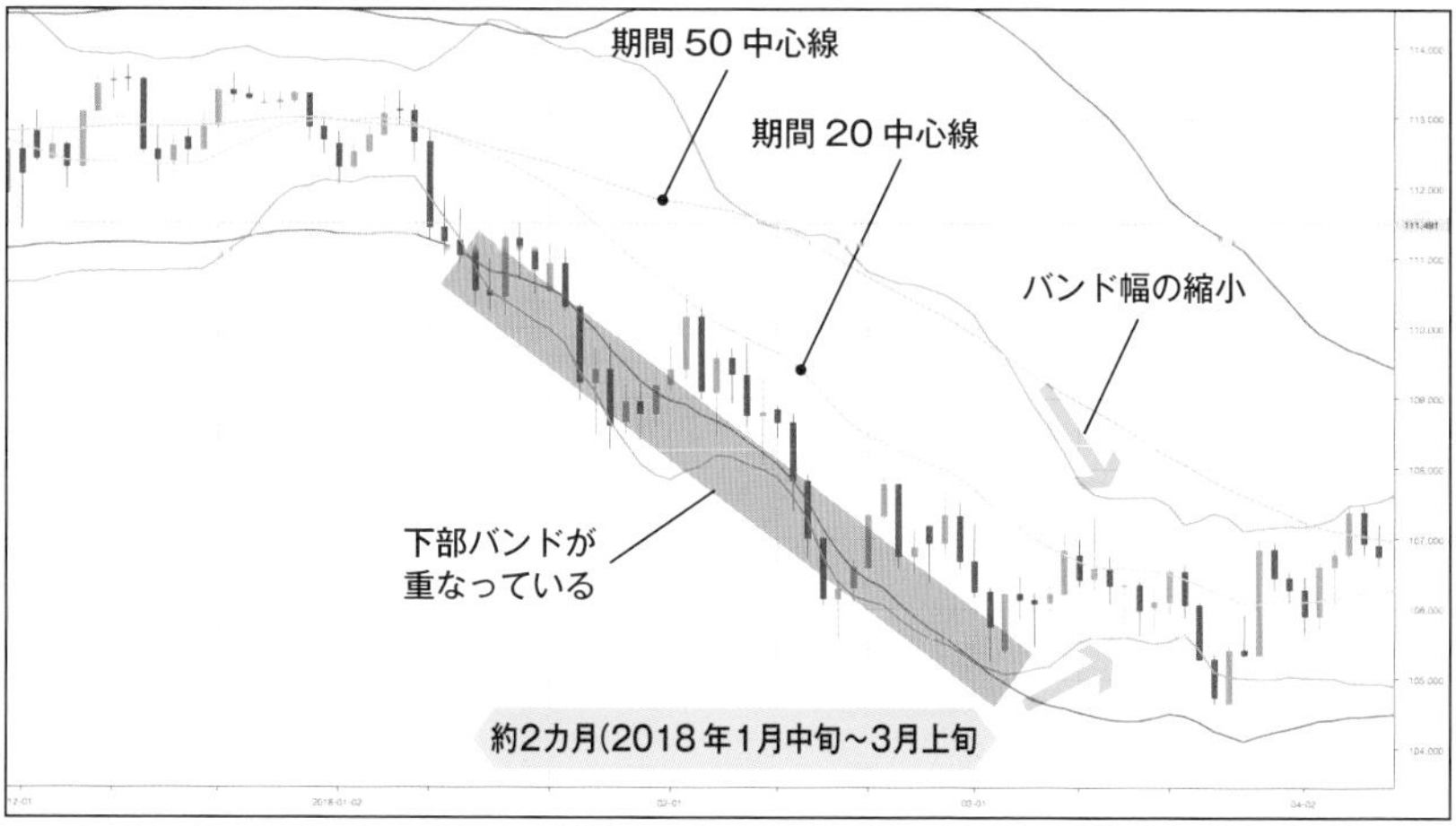

USD ／ JPY　日足　2017 年 12 月 1 日～2018 年 3 月 30 日

■日足チャートで判定（ユーロ／円）

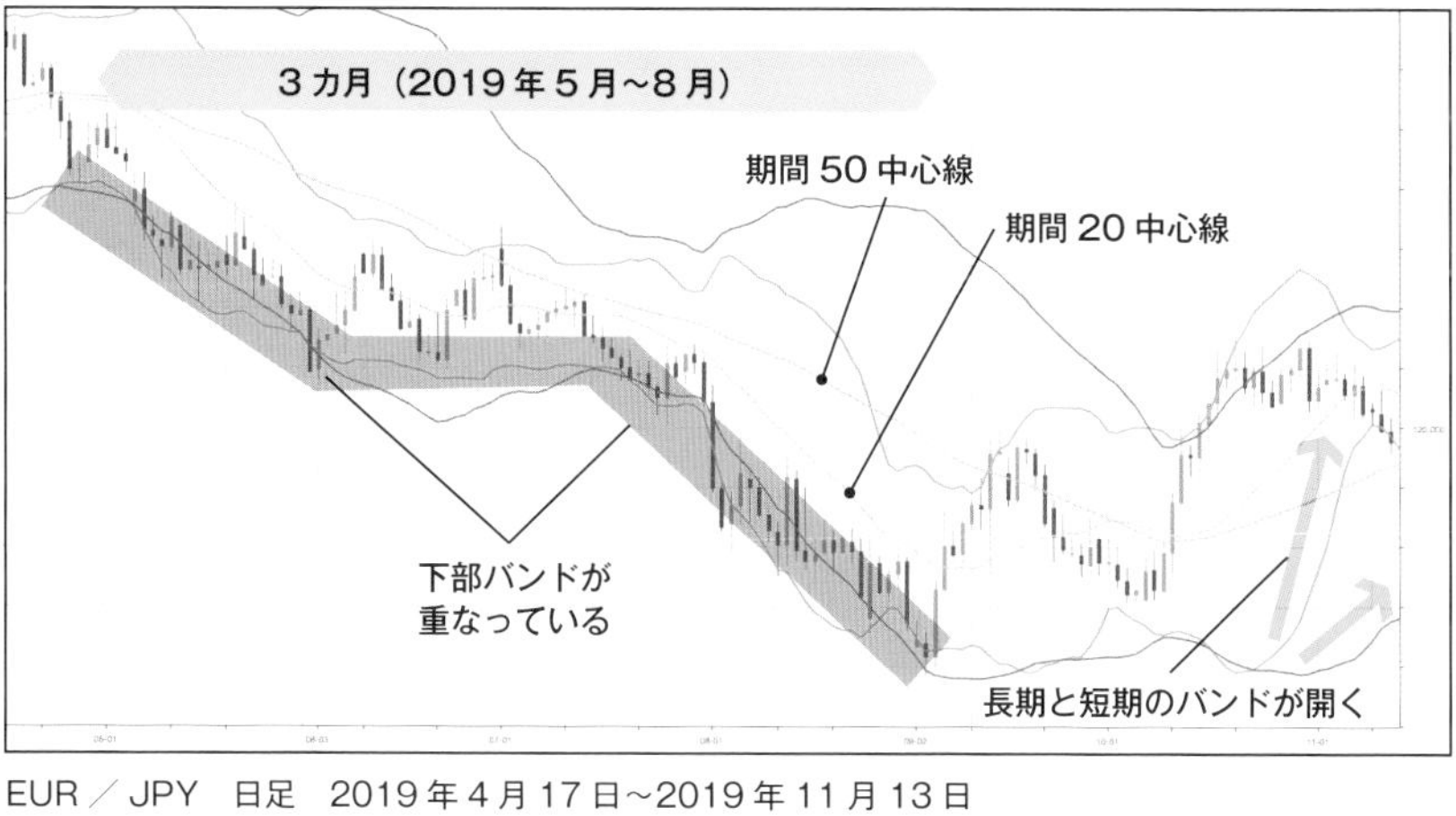

EUR ／ JPY　日足　2019 年 4 月 17 日～2019 年 11 月 13 日

テクニカル分析は有効だがAIの登場で相場が読みにくくなっているのも確か

為替ディーラーの仕事の一つは、顧客から来た為替取引の注文を市場に流すことです。しかし、単純に流すだけではありません。例えば、為替の取引が上手な顧客から、1億ドルの買い注文が来たとすると、その注文に便乗して2億ドルの注文にして市場に流し、利益を確保することなどもありました。逆に取引が上手ではない顧客から注文が来た場合には、市場に流さずにおいて顧客の損失分を私自身の利益にすることもありました。一方で自分の裁量のみで取引をすることもあります。私自身もディーラーになって最初は顧客の注文を受けていましたが、しばらくすると裁量のみで利益を狙うようになりました。

その当時からチャートはよく見ていました。もちろん移動平均線は表示していたのですが、それよりも重視していたのはチャートパターンです。例えばレンジ相場でレジスタンスラインに2度跳ね返されたものの、3度目のトライで上抜けたら買うなどの方法です。ただし、最終的には“勘”のようなものも重要になってきます。相場を見ていると、「ここで買わなければ」「ここで売らなければ」という水準が見えてくるのです。それは、経験から培ったものとしか言えません。

自動売買を研究していた時期もありました。自動売買ならほったらかしで利益が得られると思うかもしれませんが、なかなかそうはいきません。なぜならマーケットの流れが変わるときがあるからです。最近はとくにAIの影響で相場の流れが読みにくくなっているとも感じています。世界有数の証券会社のCOOが2017年のインタビューで「2000年には株のディーラーが600人以上いたが、今は2人しかいません」と言っていました。しかし、取引の規模は大きくなっているはずです。ではどうしているのか。2人のディーラーのトレード手法を再現するためのプログラマーが250人いると言うのです。つまり、600人のディーラーのうちトップの2名だけ残し、彼らの手法をAIで再現して取引をさせているのです。当時は株式だけだと言っていましたが、「いずれ為替や債券の取引も同じようにする」とのことでしたから、いまはもうそうなっているはずです。

第5章

山中流
トラッキングトレード
実証実験

自動売買の中でも人気の
トラッキングトレードをシンプルな
山中流で検証

トラッキングトレード実証実験

ここからは実際に山中流のトラッキングトレードを運用して、5つの通貨ペア（ドル／円、ユーロ／円、ポンド／円、豪ドル／円、ユーロ／ドル）で、どのくらいの損益が出たのか見てみます。すでにお伝えしている通り、「売り」か「買い」かの判断には週足チャートに20週ボリンジャーバンドを使います。「買い」を開始する条件は、陰線陽線を問わず、週足の終値が２週連続して中心線（移動平均線）を下から上へ抜けたところ、逆に週足の終値が２週続けて上から下へ抜けたら「売り」を開始します。ただし、ここでは「売りと買いを転換する際、それまで抱えていたポジションは決済する」というルールは適用していませんので損益は参考数値になります。**この実証実験で確認していただきたいのは次の2つです。「何回利食いし」、それが「どのくらいの利益になったか」です。設定された対象資産、想定変動幅とポジション間隔で**特にポジション間隔と相場状況は利食い回数と密接な関係があり、またそれに耐えうる対象資産も重要です。これらの点に注意して、相場の動きを追ってみてください。

それぞれ２０１７年に入ってからサインが現れたら開始し、２０１９年末で停止します。開始タイミングについては左ページをご覧ください。トラッキングトレードの設定はチャートの最後に記載してあります。またそれぞれの通貨ペアについて、過去5年間の値動きの確認、直近約2年半の相場から今後の予想、そして各通貨ペアごとに何に注意して運用すればよいのか掘り下げて説明しましたので、今後の通貨ペア選びとトラッキングトレードを設定する際の参考にしてください。

トラッキングトレードを開始 & 停止するのはいつがベスト?

山中式では週足の終値がボリンジャーバンドの中心線を 2 回続けて超えたかどうかで売買の判断をします。その週足の終値は厳密に言えば毎週土曜日の早朝 6 時 55 分※です。では毎週土曜日の早朝注文を入れる必要があるかと言えば、そんなことはありません。下の図は週の終わりの相場の動きを「Ask（買い値）」と「Bid（売り値）」の 1分足チャートで追ってみました。相場の終わりでは **A** と **B** のように終値が広がっています。これは買値、売値がつかないので広がる現象です。このタイミングでは注文を入れても不利になるので、入れるべきではありません。月曜日に相場が動き出して 2、3時間経過してから開始しても十分です。しかも下の例のように月曜日の朝、相場が始まると窓が空くこともあります。このような空きは埋められることが多いので、場合によっては少し様子を見ることも必要です。

Ask（買い値）のチャート

A 終値 =111.620 円

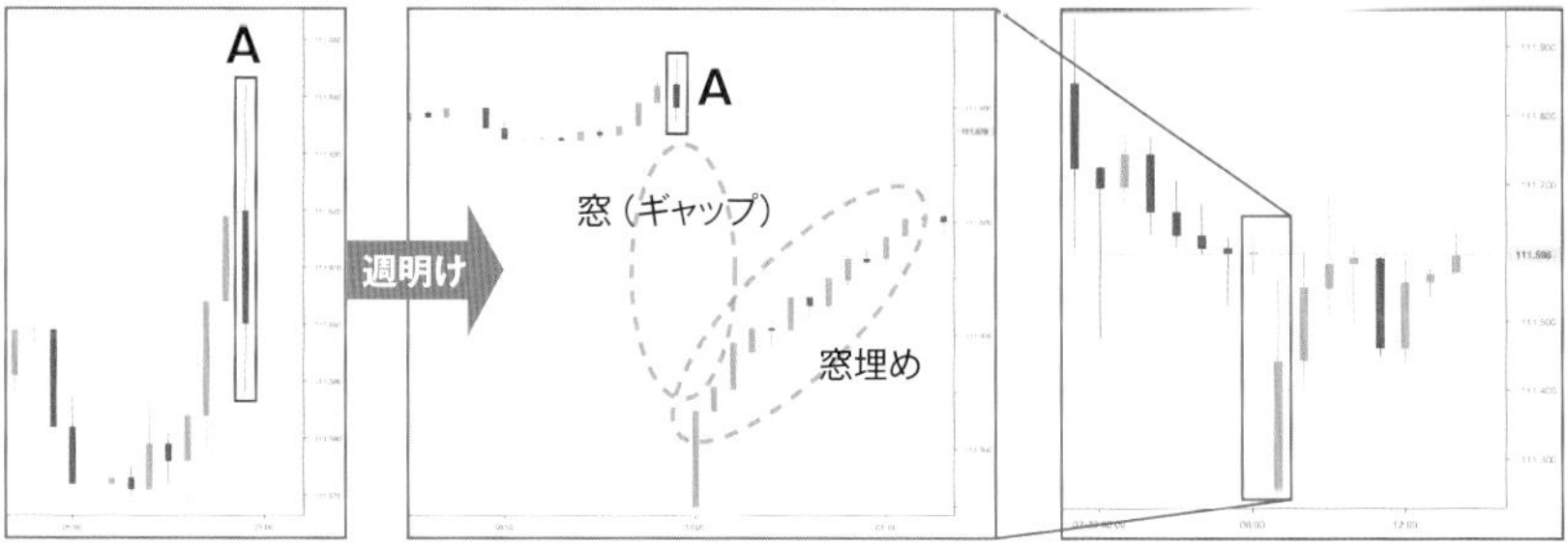

Bid（売り値）のチャート

B 終値 =111.508 円

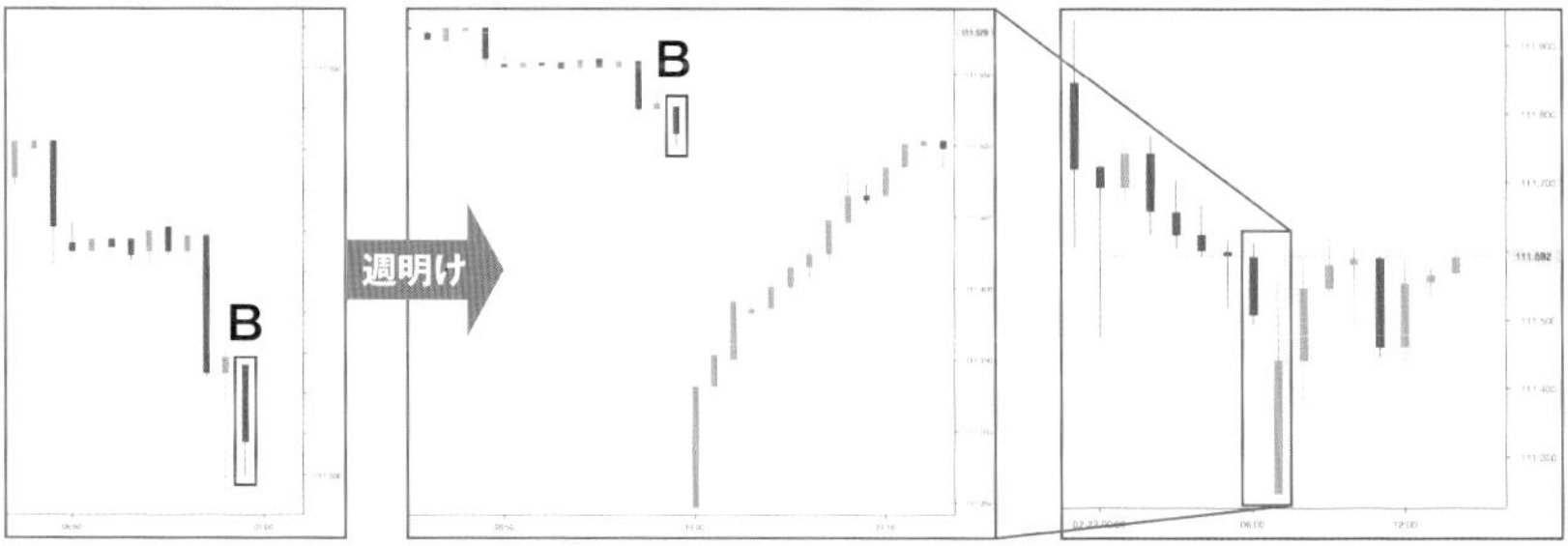

USD/JPY1 分足

〈左〉2020 年 2 月 22 日（土）～06:55　〈右〉24 日（月）7:00～

USD/JPY1 時間足

2020 年 2 月 22 日～2 月 23 日

※通常の終値は 6 時 55 分につきますが、サマータイム適用時は 1 時間早くなります。

他の通貨ペアと比較し値動きが安定している

中国が急成長しているとはいえ、米国のＧＤＰが世界最大規模であることには変わりありません。このの経済力を背景に、米ドルは世界の基軸通貨として認識されています。そのため、世界中が米ドルの動きに関心を持っており、取引量が最も多い通貨でもあります。また、以前ほどではありませんが「有事のドル買い」と言われ、戦争などが起きると米ドルが買われやすい傾向にあります。ドルが絡む通貨ペアではユーロ／ドルの取引量が最も多くなりますが、ドル／円もそれに次いで2位の取引量です。取引量が多い通貨ペアほど、値動きは安定する傾向にあります。結果的に値動きの幅（値幅）も他の通貨ペアより小さくなります。ドル／円の直近5年間の値幅を見ると、年間8～10円程度であることがわかります。初心者でも比較的安心してトラッキングトレードを仕掛けることができる一方で、値幅が大きくないために期待できる利益は値動きの大きい通貨ペアよりも少なめになります。

直近の値動きは新型コロナウイルスへの感染拡大が影響を及ぼしています。20年2月中旬まで楽観的な見方が支配的だったものの、イタリアを筆頭に欧州での感染者が急拡大するとともに、先行きの景気後退懸念から株式市場は急落しました。一方で為替市場は、当初ドル売りで反応したため円高・ドル安が進みましたが、その後は資金市場においてドルがひっ迫したため、ドル買いの動きが広がり、円安・ドル高になりました。このような時期は、急騰、急落などもあるので、ポジション間隔があまり狭い設定をしている場合は見直す必要もあるでしょう。

これまでのドル／円相場と今後の予想

■ドル／円の過去５年間の値動き（月足）

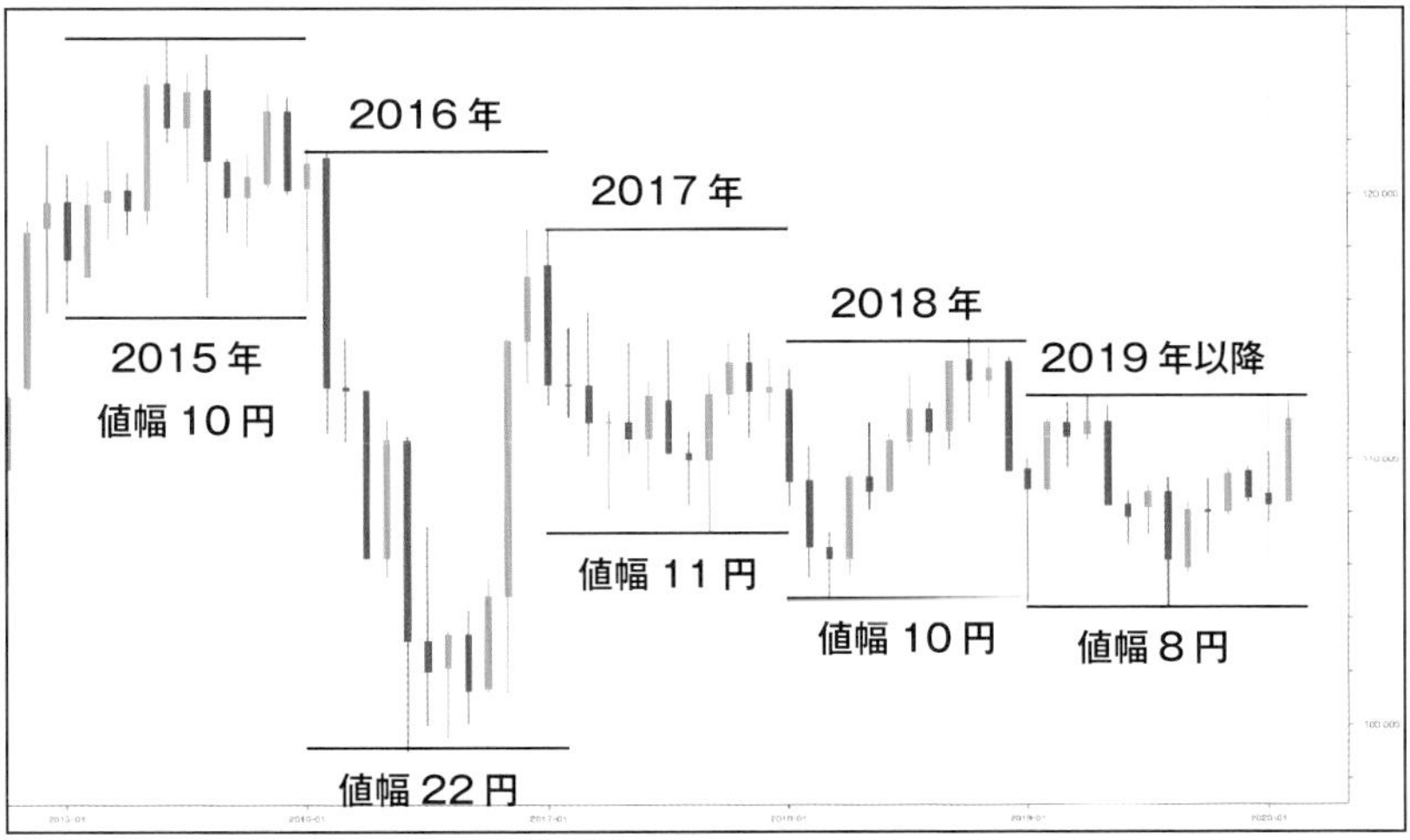

USD／JPY　月足　2015年～2019年

■ドル／円のトレンド（週足）

USD／JPY　週足　2017年7月24日～2020年3月9日

ドル／円　週足（2017）　※設定内容は 121 ページ参照

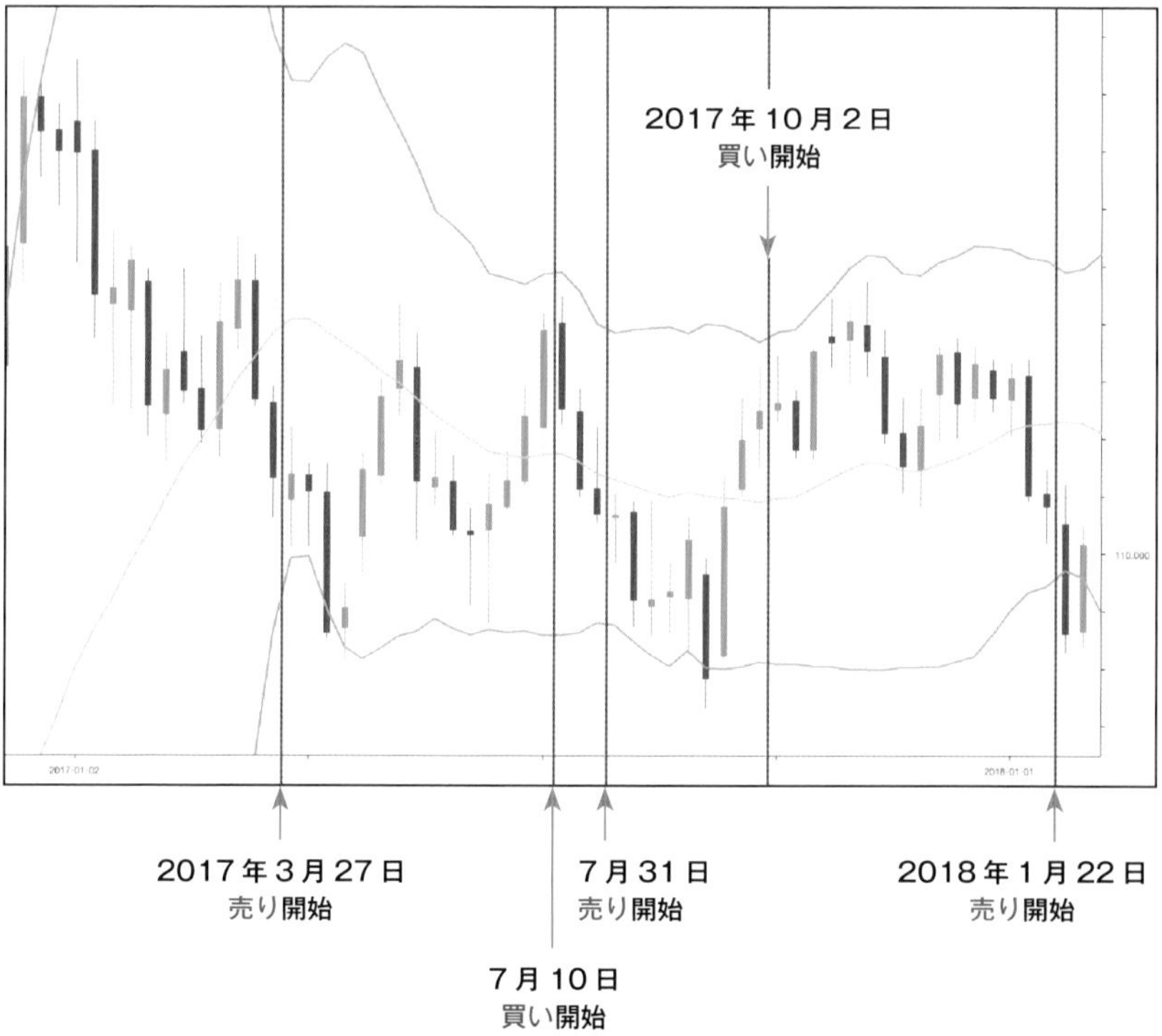

開始年月日	ポジション方向	利食い回数	損益
2017年3月27日	売	38	16,920円
7月10日	買	4	2,078円
7月31日	売	26	10,401円
10月2日	買	31	17,591円

※「売り開始」は同時に買いを停止させています。また「買い開始」は同時に売りを停止させています。チャートでは記載を省略しています。

ドル／円　週足（2018）　※設定内容は 121 ページ参照

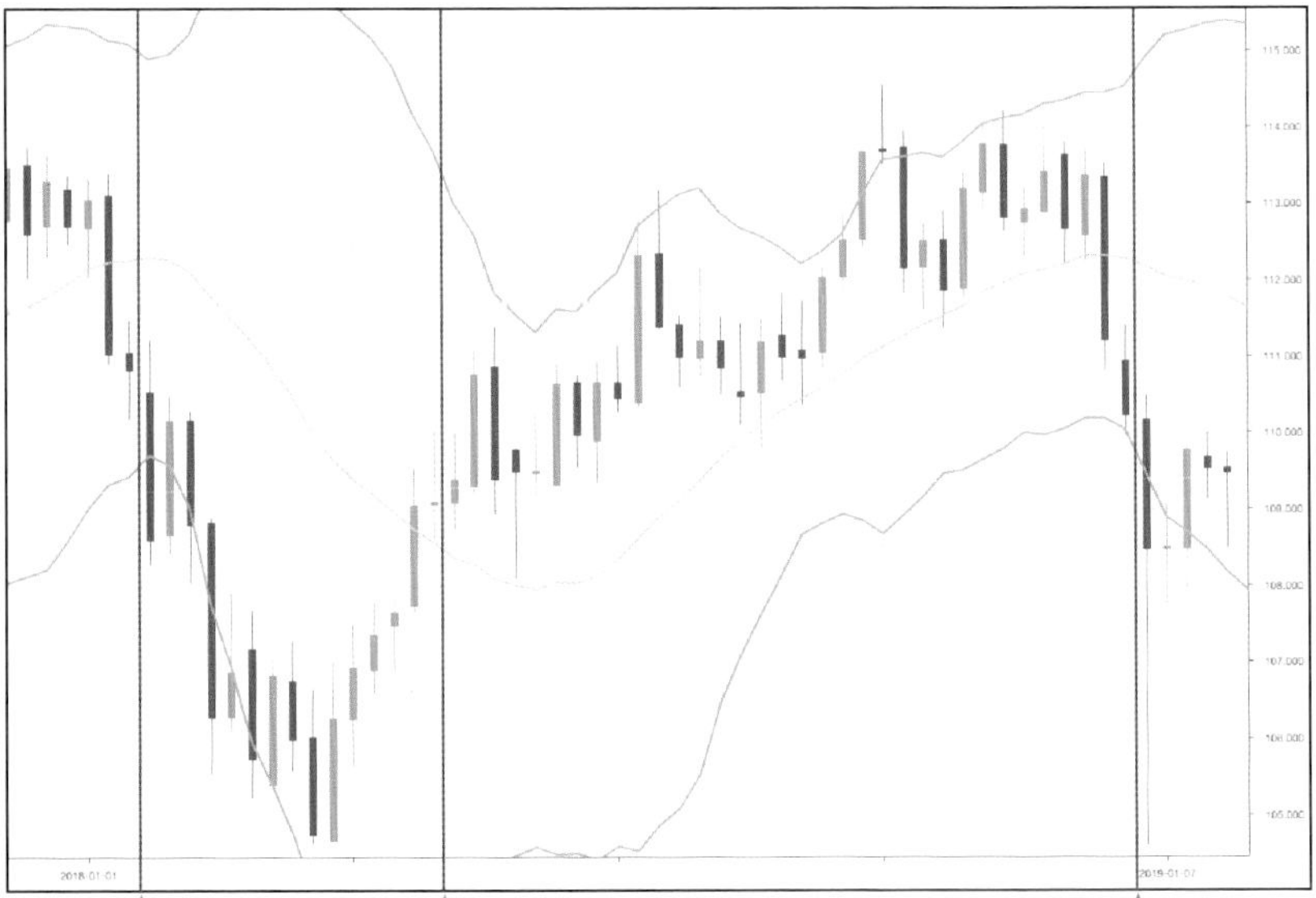

開始年月日	ポジション方向	利食い回数	損益
2018 年 1 月 22 日	売	41	9,634 円
5 月 7 日	買	62	42,460 円
12 月 31 日	売	28	-2,579 円

ドル／円 週足（2019） ※設定内容は 121 ページ参照

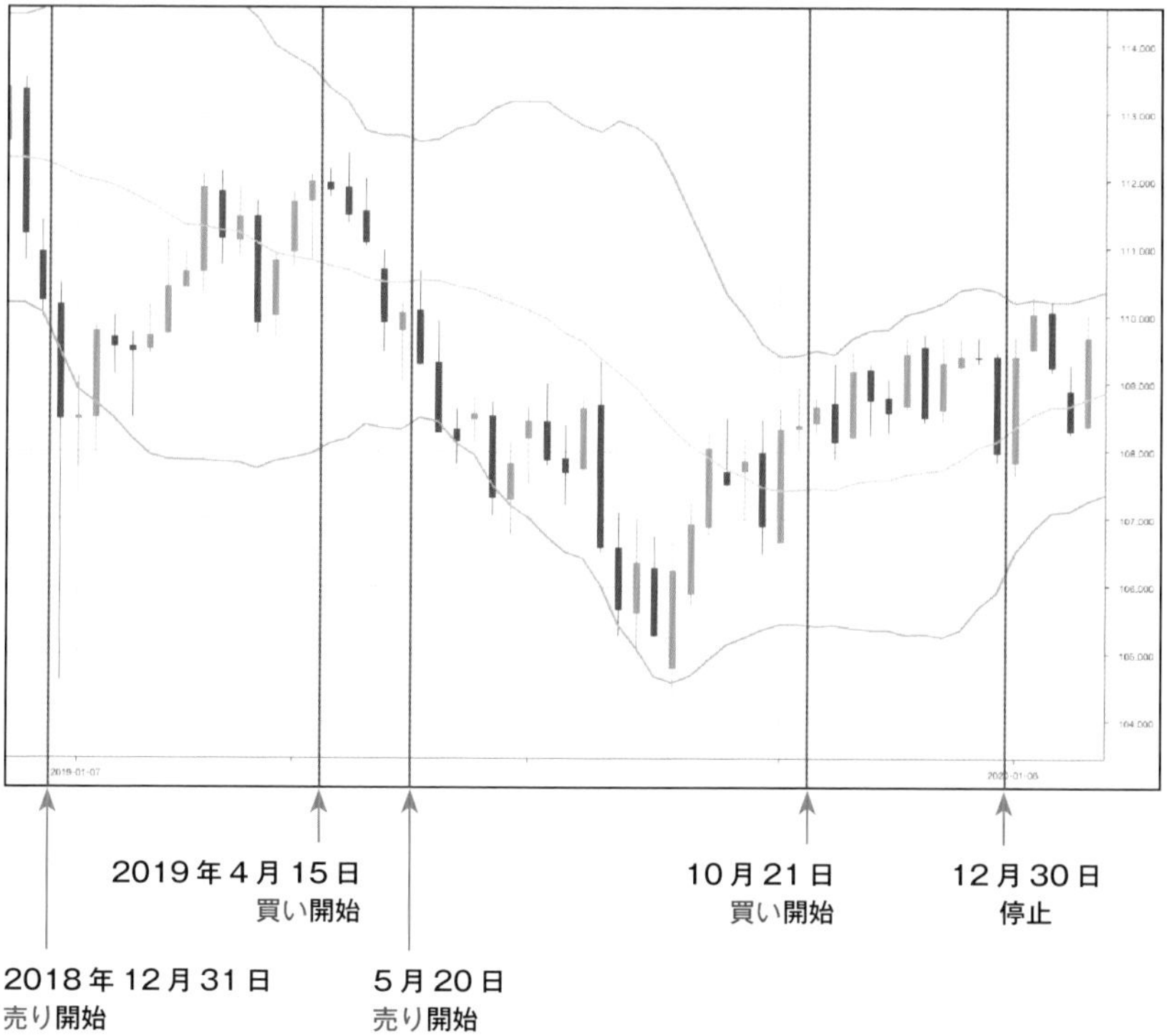

開始年月日	ポジション方向	利食い回数	損益
2019年4月15日	買	4	2,377円
5月20日	売	33	3,299円
10月21日	買	8	6,049円

■トラッキングトレードの設定（ドル／円）

通貨ペア	ドル／円
想定変動幅	1,836pip
対象資産	500,000 円
ポジション方向	サインに従って売り、買い転換
ポジション間隔	51pip

■対象資産と想定変動幅の組み合わせで設定されるポジション値幅と最大ポジション数のイメージ（1000 通貨単位）

想定変動幅		対象資産			
		100,000円	200,000円	300,000円	500,000円
200pip	ポジション間隔（pip）	11.1	10.0	10.0	10.0
	最大ポジション数（本）	18	20	20	20
300pip	ポジション間隔	17.6	10.0	10.0	10.0
	最大ポジション数	17	30	30	30
500pip	ポジション間隔	35.7	17.2	11.6	10.0
	最大ポジション数	14	29	43	50
800pip	ポジション間隔	72.7	34.7	22.8	13.5
	最大ポジション数	11	23	35	59
1100pip	ポジション間隔	122.2	57.8	36.6	22.0
	最大ポジション数	9	19	30	50
1400pip	ポジション間隔	175.0	82.3	56.0	32.5
	最大ポジション数	8	17	25	43
1700pip	ポジション間隔	242.8	121.4	77.2	44.7
	最大ポジション数	7	14	22	38
2000pip	ポジション間隔	333.3	153.8	100.0	58.8
	最大ポジション数	6	13	20	34
2300pip	ポジション間隔	460.0	209.0	127.7	76.6
	最大ポジション数	5	11	18	30
2600pip	ポジション間隔	520.0	260.0	162.5	92.8
	最大ポジション数	5	10	16	28
2900pip	ポジション間隔	725.0	322.2	193.3	116.0
	最大ポジション数	4	9	15	25
3200pip	ポジション間隔	800.0	355.5	228.5	139.1
	最大ポジション数	4	9	14	23
3500pip	ポジション間隔	1166.6	437.5	269.2	159.0
	最大ポジション数	3	8	13	22

ユーロ／円

ドイツ、フランスの景気低迷でユーロ安の方向に

ユーロは米ドルに次ぐ世界2位の取引量を誇る通貨です。ユーロ圏で利用される共通通貨であるため、使用国の経済状態によって価格が変動します。一部の使用国が経済危機などに直面すると、ユーロの信用力が低下して大幅に通貨安になることもあり、相場の見通しが難しい通貨でもあります。直近の値幅を見ると、２０１６年に英国のＥＵ離脱の国民投票が行われたことから、大きな値動きとなりました。しかし、18年以降は落ち着きを取り戻し、年間の値幅は12円前後となっています。

ユーロの動きで特に注意が必要なのは使用国の中で経済規模の大きい、ドイツとフランスの動向です。19年のＧＤＰ成長率を見ると、両国とも落ち込んでおり、その影響を受けてユーロ圏全体のＧＤＰ成長率も失速しています。今後の相場動向を判断する上では、ドイツやフランスの失業率やＧＤＰの動向を確認しておく必要があるでしょう。特にドイツは最大の貿易相手国に中国が浮上しており、中国経済の影響を受けやすくなっています。このところの米中貿易摩擦に加え、20年は新型コロナウイルスの影響で中国経済は減速する可能性が高いだけに、ドイツの景気低迷がユーロ安の方向へ圧力をかける可能性が高くなっています。

実際にユーロ／円のトレンドを見ると、１０８ページで紹介した通り、円高／ユーロ安の傾向が長期で続いています。週足が一時的に上昇トレンドを示す場面もありましたが、新型コロナウィルスによる円高で下落に逆戻りしていますので、当面は売り戦略を仕掛けるのが基本となりそうです。

これまでのユーロ／円相場と今後の予想

■ユーロ／円の過去5年間の値動き（月足）

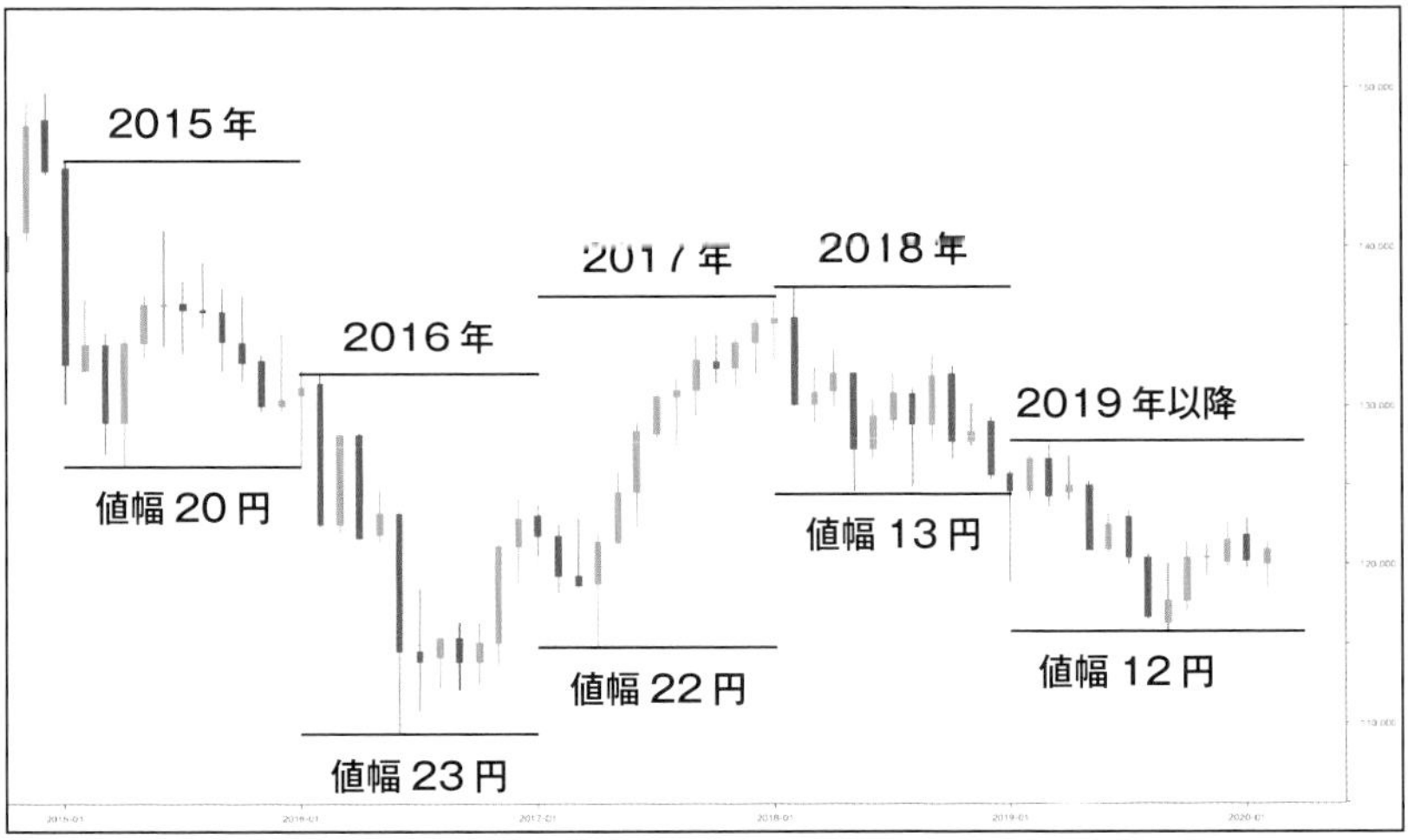

EUR ／ JPY　月足　2015年～2019年

■ユーロ／円のトレンド（週足）

EUR ／ JPY　週足　2017年7月24日～2020年3月9日

ユーロ／円 週足（2017） ※設定内容は127ページ参照

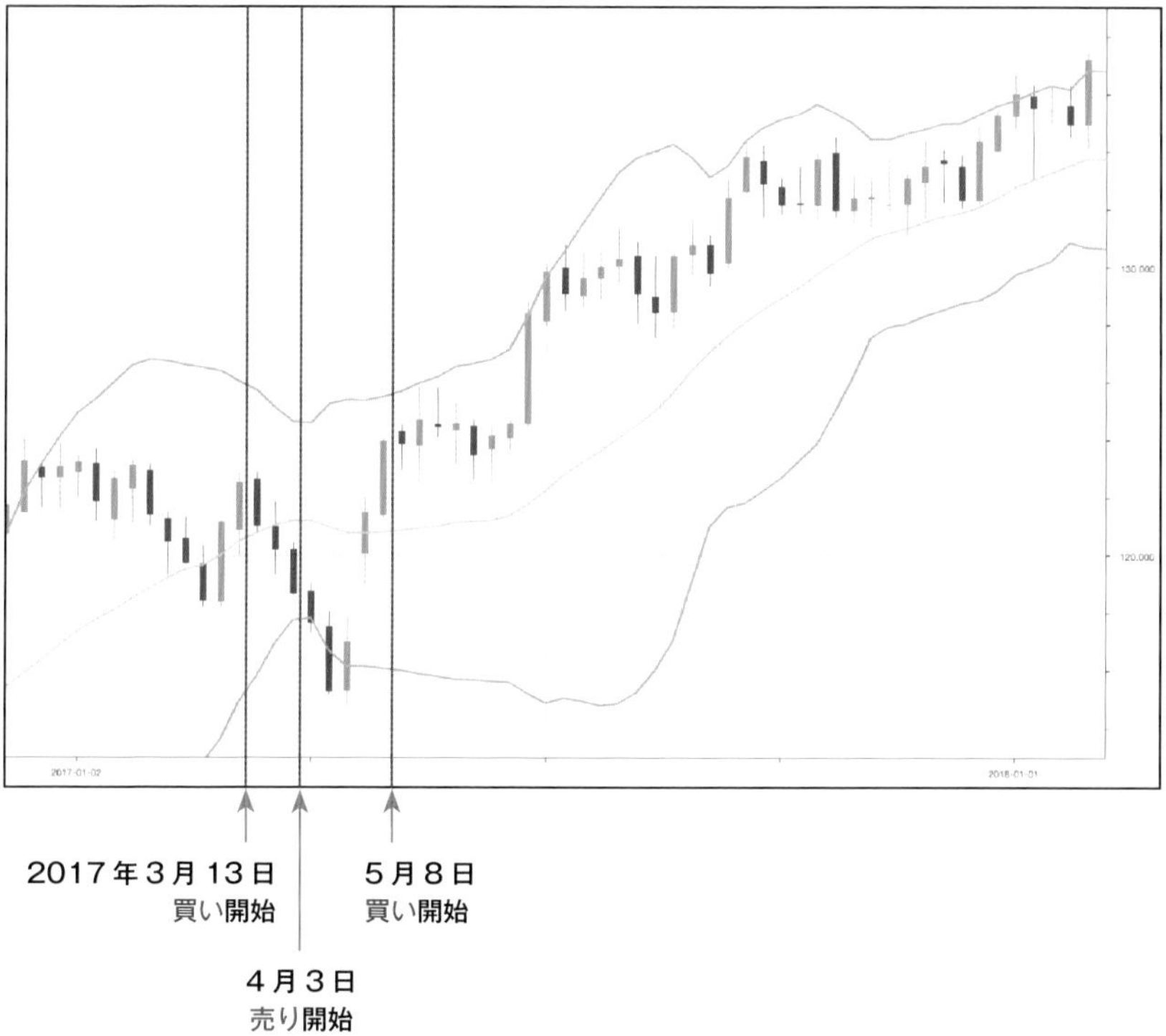

開始年月日	ポジション方向	利食い回数	損益
2017年3月13日	買	1	805円
4月3日	売	6	5,304円
5月8日	買	70	55,530円

ユーロ／円　週足（2018）　※設定内容は 127 ページ参照

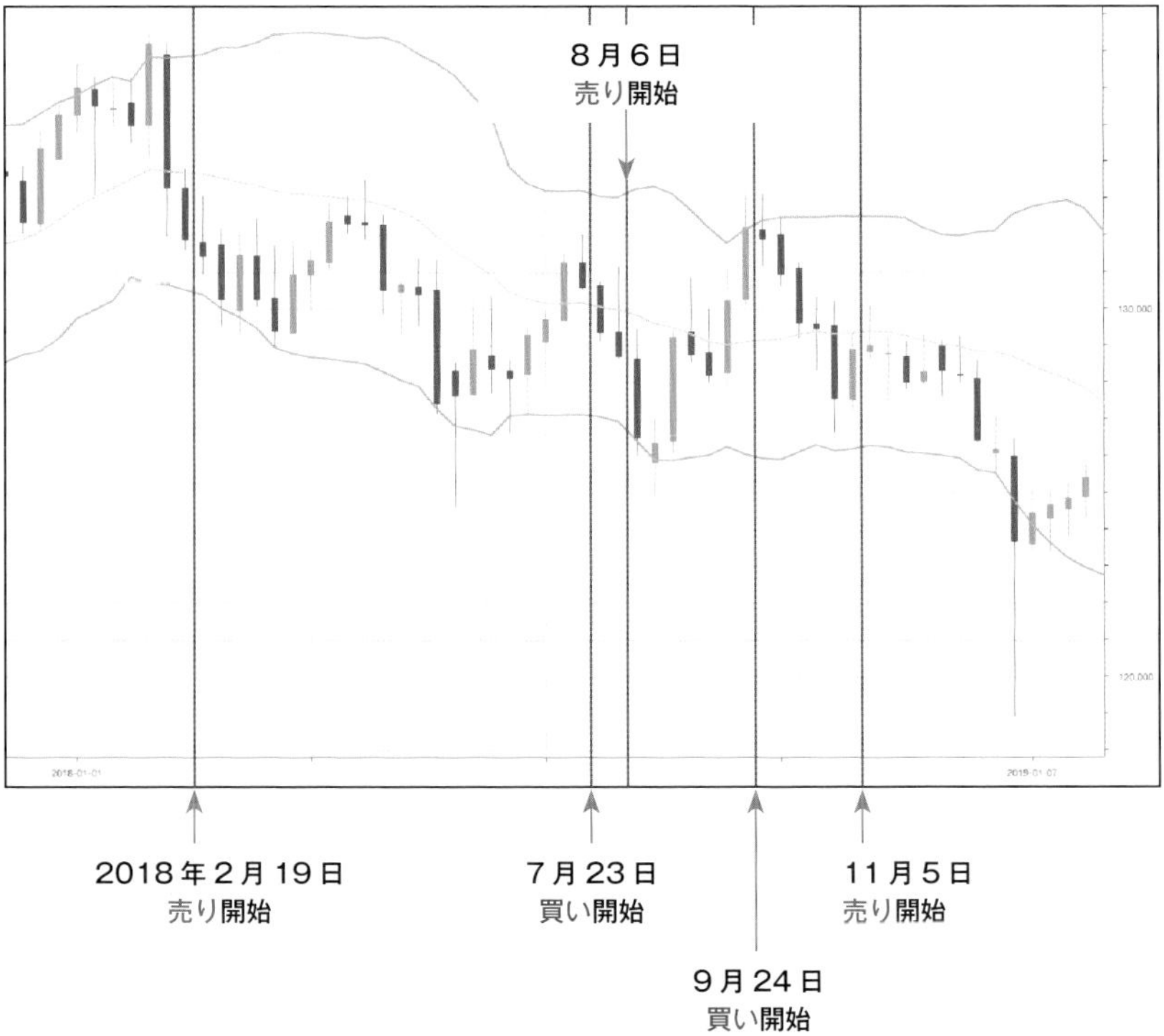

開始年月日	ポジション方向	利食い回数	損益
2018年2月19日	売	37	31,582円
7月23日	買	2	1,611円
8月6日	売	12	9,843円
9月24日	買	10	8,082円
11月5日	売	27	24,953円

ユーロ／円 週足（2019） ※設定内容は 127 ページ参照

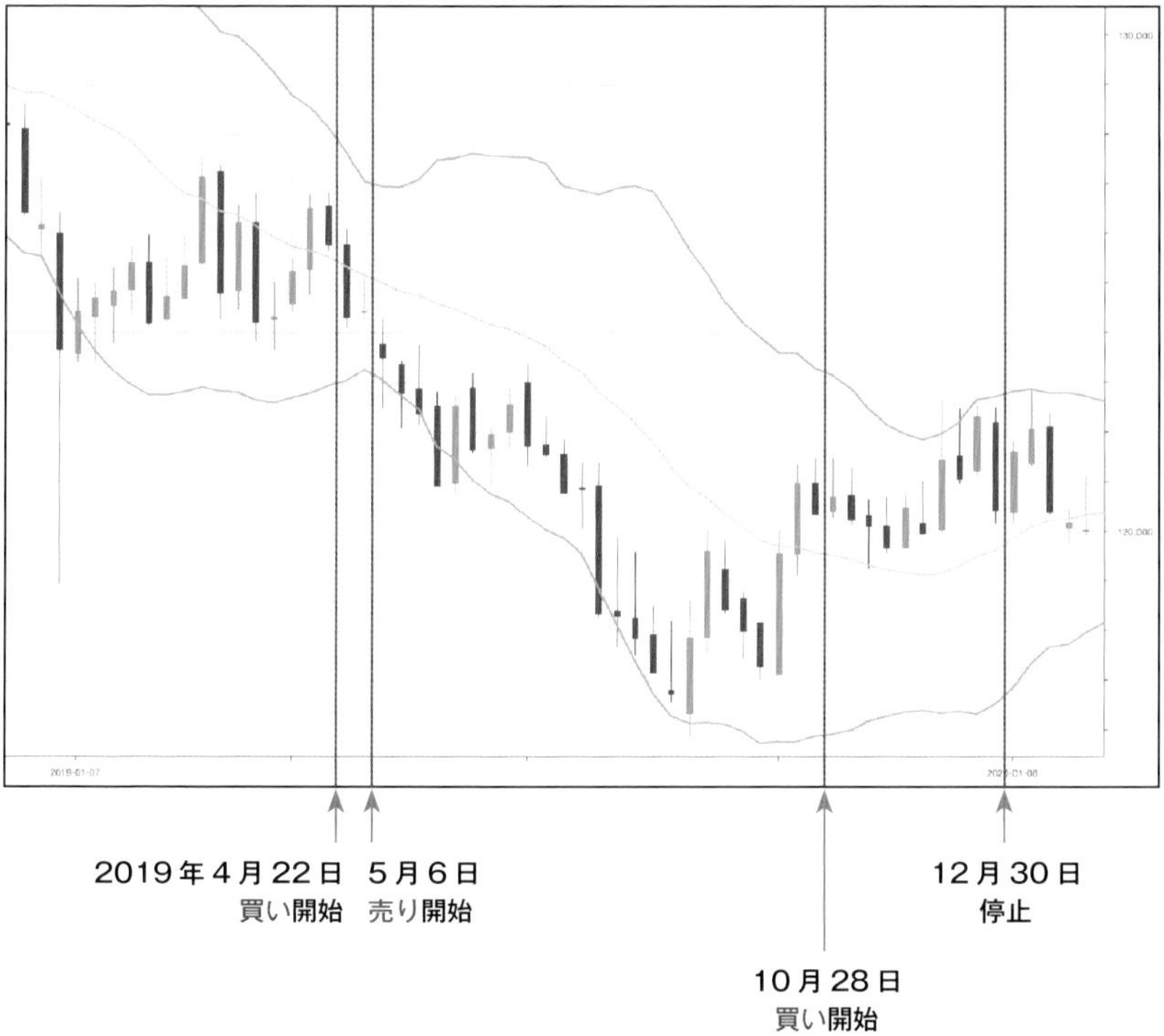

開始年月日	ポジション方向	利食い回数	損益
2019年4月22日	買	3	2,376円
5月6日	売	23	21,609円
10月28日	買	5	3,752円

■トラッキングトレードの設定（ユーロ／円）

通貨ペア	ユーロ／円
想定変動幅	2,350pip
対象資産	500,000円
ポジション方向	サインに従って売り、買い転換
ポジション間隔	81pip

■対象資産と想定変動幅の組み合わせで設定されるポジション値幅と最大ポジション数のイメージ（1000通貨単位）

想定変動幅		対象資産			
		100,000円	200,000円	300,000円	500,000円
200pip	ポジション間隔（pip）	11.7	10.0	10.0	10.0
	最大ポジション数（本）	17	20	20	20
300pip	ポジション間隔	20.0	10.0	10.0	10.0
	最大ポジション数	15	30	30	30
500pip	ポジション間隔	38.4	18.5	12.5	10.0
	最大ポジション数	13	27	40	50
800pip	ポジション間隔	80.0	36.3	24.2	14.2
	最大ポジション数	10	22	33	56
1100pip	ポジション間隔	122.2	61.1	39.2	22.9
	最大ポジション数	9	18	28	48
1400pip	ポジション間隔	200.0	87.5	58.3	34.1
	最大ポジション数	7	16	24	41
1700pip	ポジション間隔	283.3	121.4	80.9	47.2
	最大ポジション数	6	14	21	36
2000pip	ポジション間隔	333.3	166.6	105.2	60.6
	最大ポジション数	6	12	19	33
2300pip	ポジション間隔	460.0	209.0	135.2	79.3
	最大ポジション数	5	11	17	29
2600pip	ポジション間隔	650.0	260.0	162.5	96.2
	最大ポジション数	4	10	16	27
2900pip	ポジション間隔	725.0	322.2	207.1	116.0
	最大ポジション数	4	9	14	25
3200pip	ポジション間隔	800.0	400.0	246.1	139.1
	最大ポジション数	4	8	13	23
3500pip	ポジション間隔	1166.6	437.5	291.6	166.6
	最大ポジション数	3	8	12	21

ポンド／円

19年10月以降は上昇トレンドへ転換

ポンドは、他の通貨と比較し値動きの大きいことで知られています。とくに２０１６年はＥＵ離脱が話題になったことから、年間の値幅は53円にも達しました。その後は20円前後に落ち着いていますが、ドルやユーロと比較すると２倍程度の値動きがあることには変わりありません。トラッキングトレードでは、値動きが大きい通貨のほうが利益を確保しやすくなりますが、売り戦略と買い戦略のどちらを選択するかが重要になります。値動きが大きい通貨の場合には、方向を間違えるとそれだけ含み損が大きくなる可能性が高いからです。

ポンド相場はイギリスの経済状況に大きく左右されますが、代表的な経済指標はＧＤＰや失業率、消費者物価指数などがあります。経済指標の発表は日本時間の17時前後に行なわれることが多く、１日の中ではこの時間帯に大きな値動きをする可能性が高くなります。とはいえ、トラッキングトレードでは比較的長期のトレードになりますから、経済指標の発表前後の値動きに一喜一憂する必要はありません。ポンド／円の週足チャートを見ると、下落トレンドから上昇トレンドに転換しているように見えます。Ｐ99で紹介した週足とボリンジャーバンドの２σを利用した判定法によると、２０１９年10月に入ったところで週足が２回連続で中心線を上回って上昇トレンドに転換したサインが出ています。しかし、新型コロナウイルスによる欧州パンデミックに加え、年末のブレグジット移行に向けての協議が進まない懸念が出ていることを考えると、当面は売り戦略を基本とするのがいいでしょう。

これまでのポンド／円相場と今後の予想

■ポンド／円の過去５年間の値動き（月足）

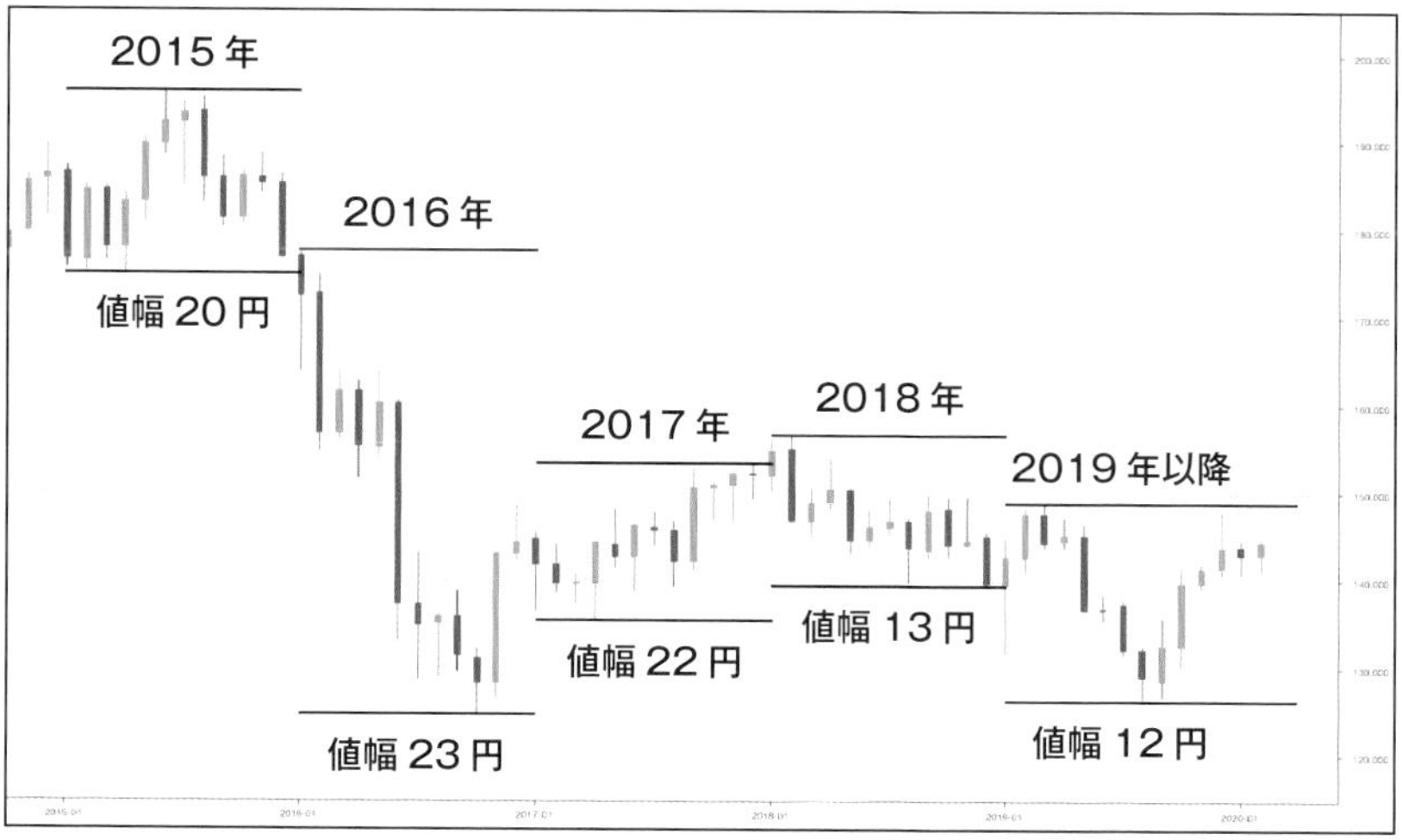

GBP／JPY　月足　2015年～2019年

■ポンド／円のトレンド（週足）

GBP／JPY　週足　2017年7月24日～2020年3月9日

ポンド／円 週足（2017） ※設定内容は 133 ページ参照

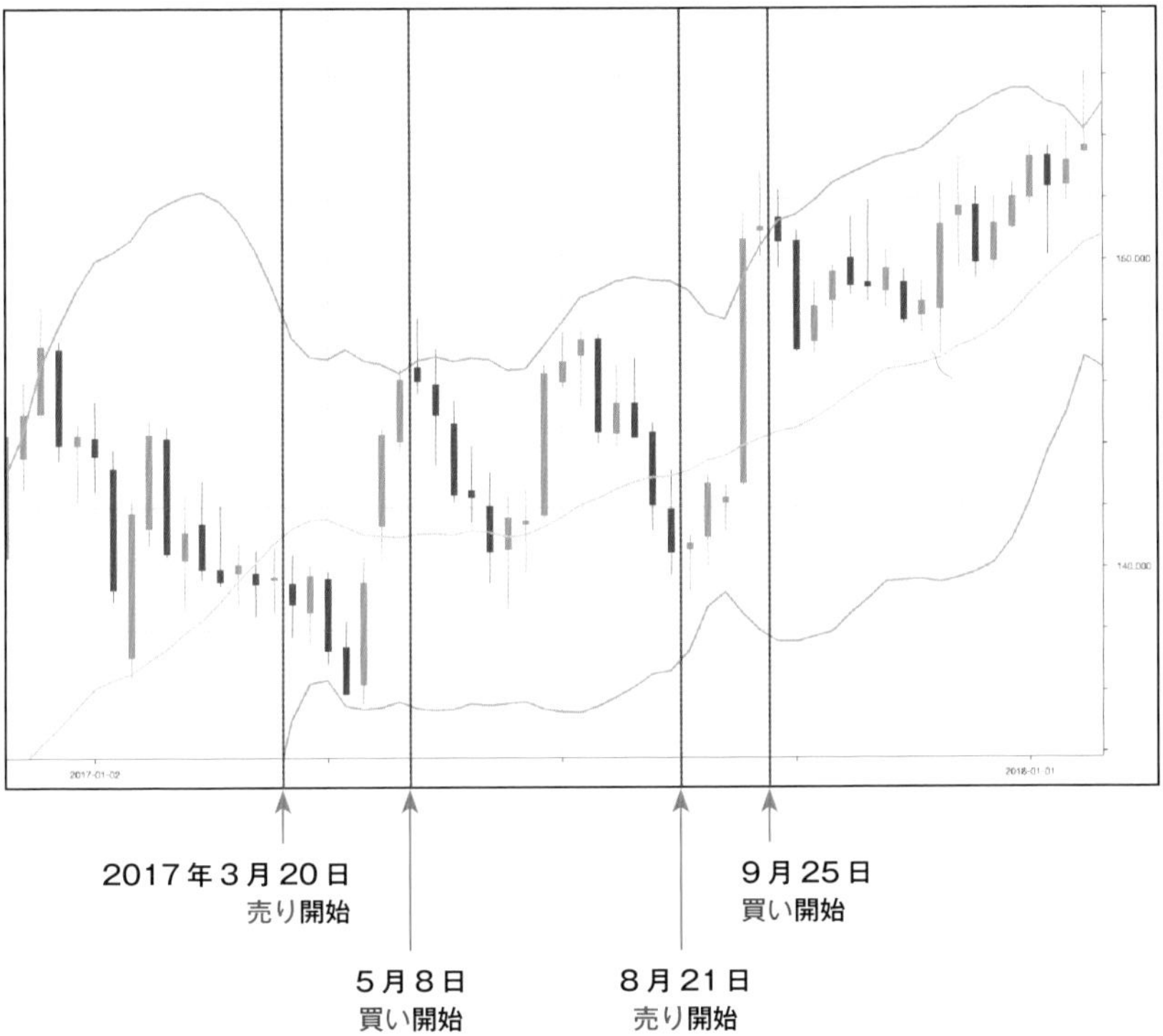

開始年月日	ポジション方向	利食い回数	損益
2017年3月20日	売	18	13,161円
5月8日	買	48	36,953円
8月21日	売	14	-6,570円
9月25日	買	73	56,444円

ポンド／円 週足（2018） ※設定内容は 133 ページ参照

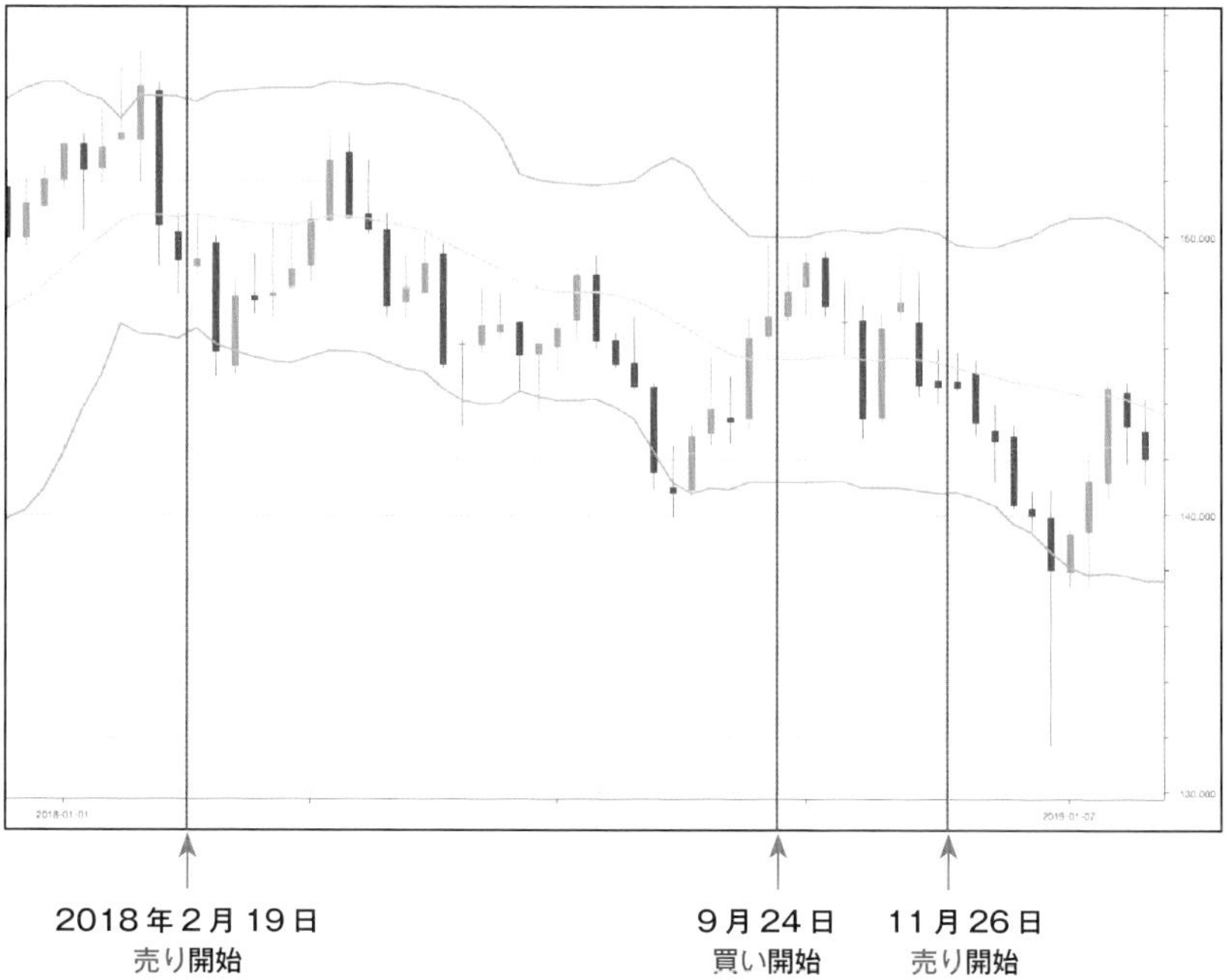

開始年月日	ポジション方向	利食い回数	損益
2018年2月19日	売	97	62,313円
9月24日	買	31	24,037円
11月26日	売	44	11,785円

ポンド／円 週足（2019） ※設定内容は 133 ページ参照

開始年月日	ポジション方向	利食い回数	損益
2019年3月4日	買	26	20,013円
5月20日	売	65	41,177円
10月21日	買	21	16,962円

■トラッキングトレードの設定（ポンド／円）

通貨ペア	ポンド／円
想定変動幅	1,596pip
対象資産	300,000 円
ポジション方向	サインに従って売り、買い転換
ポジション間隔	76pip

■対象資産と想定変動幅の組み合わせで設定されるポジション値幅と最大ポジション数のイメージ（1000 通貨単位）

想定変動幅		対象資産			
		100,000円	200,000円	300,000円	500,000円
200pip	ポジション間隔（pip）	13.3	10.0	10.0	10.0
	最大ポジション数（本）	15	20	20	20
300pip	ポジション間隔	21.4	10.7	10.0	10.0
	最大ポジション数	14	28	30	30
500pip	ポジション間隔	41.6	20.8	13.5	10.0
	最大ポジション数	12	24	37	50
800pip	ポジション間隔	80.0	40.0	25.8	15.3
	最大ポジション数	10	20	31	52
1100pip	ポジション間隔	137.5	64.7	42.3	25.5
	最大ポジション数	8	17	26	44
1400pip	ポジション間隔	200.0	93.3	60.8	35.8
	最大ポジション数	7	15	23	39
1700pip	ポジション間隔	283.3	130.7	85.0	50.0
	最大ポジション数	6	13	20	34
2000pip	ポジション間隔	400.0	166.6	111.1	64.5
	最大ポジション数	5	12	18	31
2300pip	ポジション間隔	460.0	209.0	143.7	82.1
	最大ポジション数	5	11	16	28
2600pip	ポジション間隔	650.0	260.0	173.3	100.0
	最大ポジション数	4	10	15	26
2900pip	ポジション間隔	725.0	322.2	207.1	120.8
	最大ポジション数	4	9	14	24
3200pip	ポジション間隔	1066.6	400.0	246.1	145.4
	最大ポジション数	3	8	13	22
3500pip	ポジション間隔	1166.6	500.0	291.6	175.0
	最大ポジション数	3	7	12	20

20年以降、下降トレンドが続く

豪ドルは高金利通貨として日本の投資家には人気のある通貨でした。しかし現在では、金利の低下でスワップポイントによるメリットはなくなっています。最近ではむしろ、ドル／円、ポンド／円などのほうが得られるスワップポイントは高くなっています。

豪ドルの相場に大きな影響を与えるのは中央銀行であるオーストラリア準備銀行（ＲＢＡ）が発表する金融政策です。毎月第1火曜日に政策金利が公表されます。２０１９年には3回の利下げが行われました。それに合わせて豪ドル／円の相場も円高／豪ドル安の方向が続いています。

豪ドル／円の値動きを見ると、年間の値幅は10円前後で推移しています。週足チャートで直近の値動きを見ると、19年10月以降に終値が2回、ボリンジャーバンドの中心線を上回り上昇トレンドへの転換サインとなりましたが、20年に入ると2回連続で中心線を下回り下降トレンドに戻ったサインが出ています。

そもそも豪ドルは、資源国通貨としての性格も併せもっています。オーストラリアはとくに鉄鉱石を輸出していますが、需要国である中国の景気減速によって豪ドルの地合いは弱い状態が続いています。加えて世界的な新型コロナウイルスの感染拡大がダメ押しする形となり、豪ドルは対ドルで02年以来の安値、対円ではリーマンショック以来の安値となっています。この状態がしばらく続くとすれば、当面は売り戦略を基本とするのが無難かもしれません。

これまでの豪ドル／円相場と今後の予想

■豪ドル／円の過去５年間の値動き（月足）

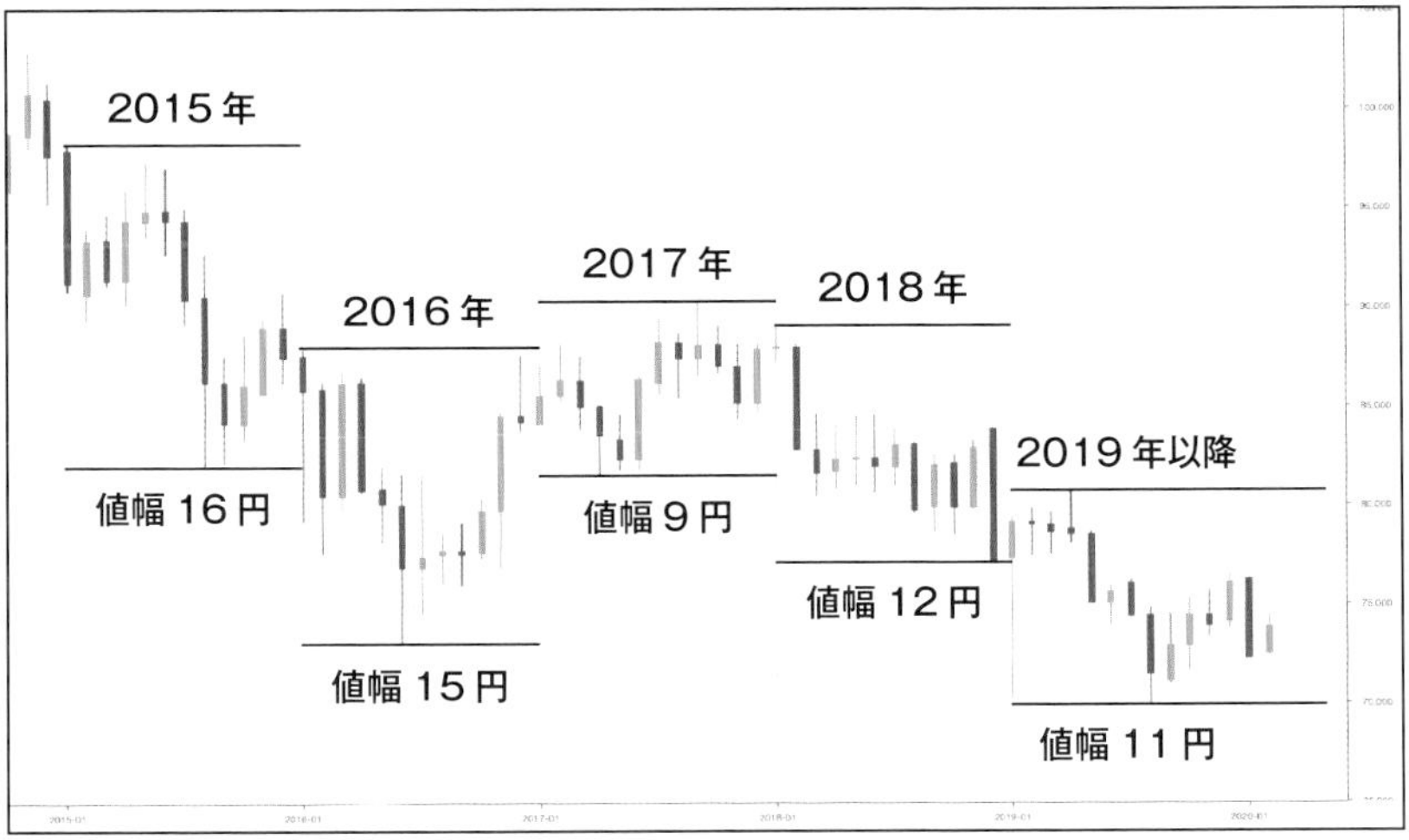

AUD ／ JPY　月足　2015年～2019年

■豪ドル／円のトレンド（週足）

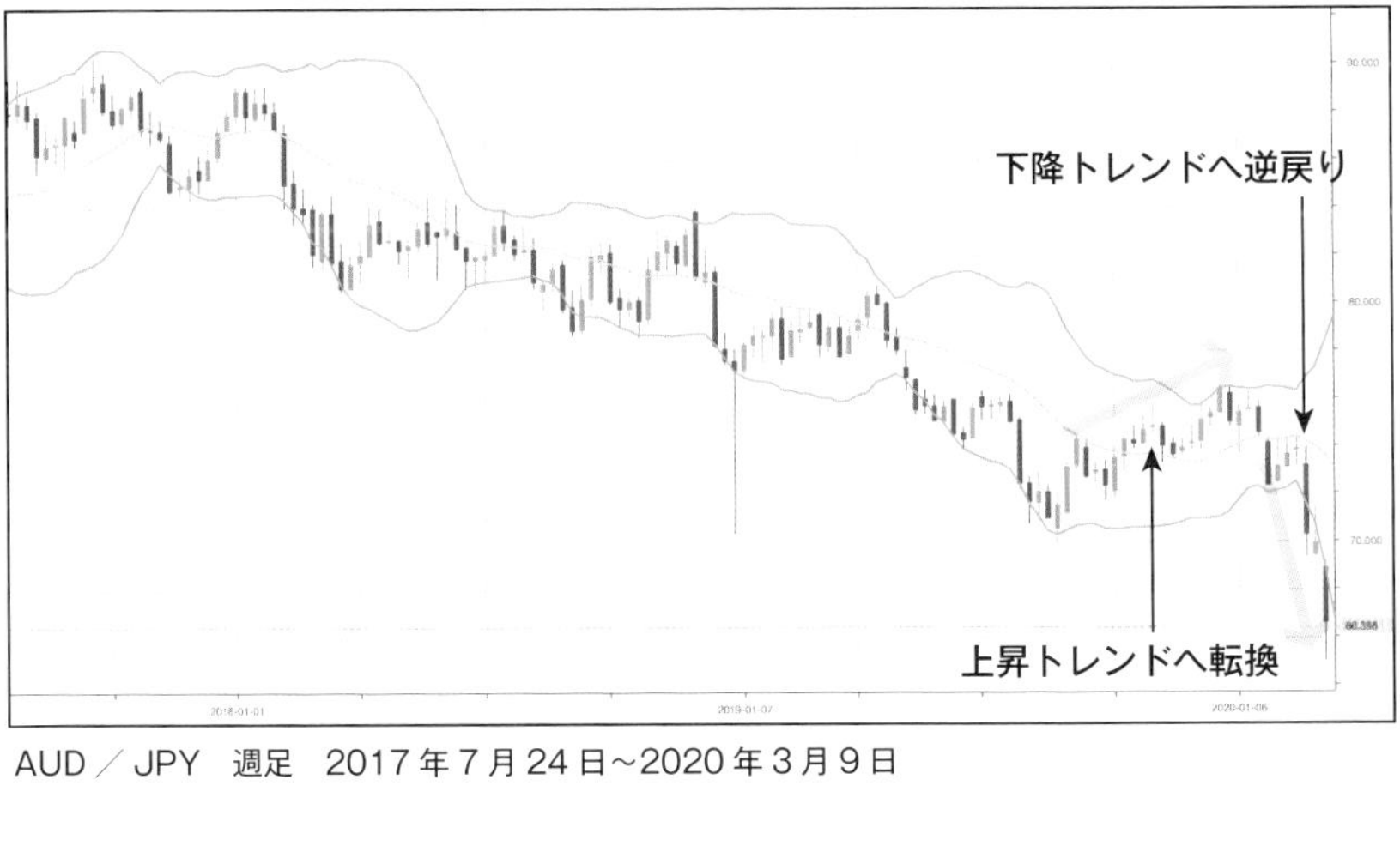

AUD ／ JPY　週足　2017年7月24日～2020年3月9日

豪ドル／円 週足（2017） ※設定内容は 139 ページ参照

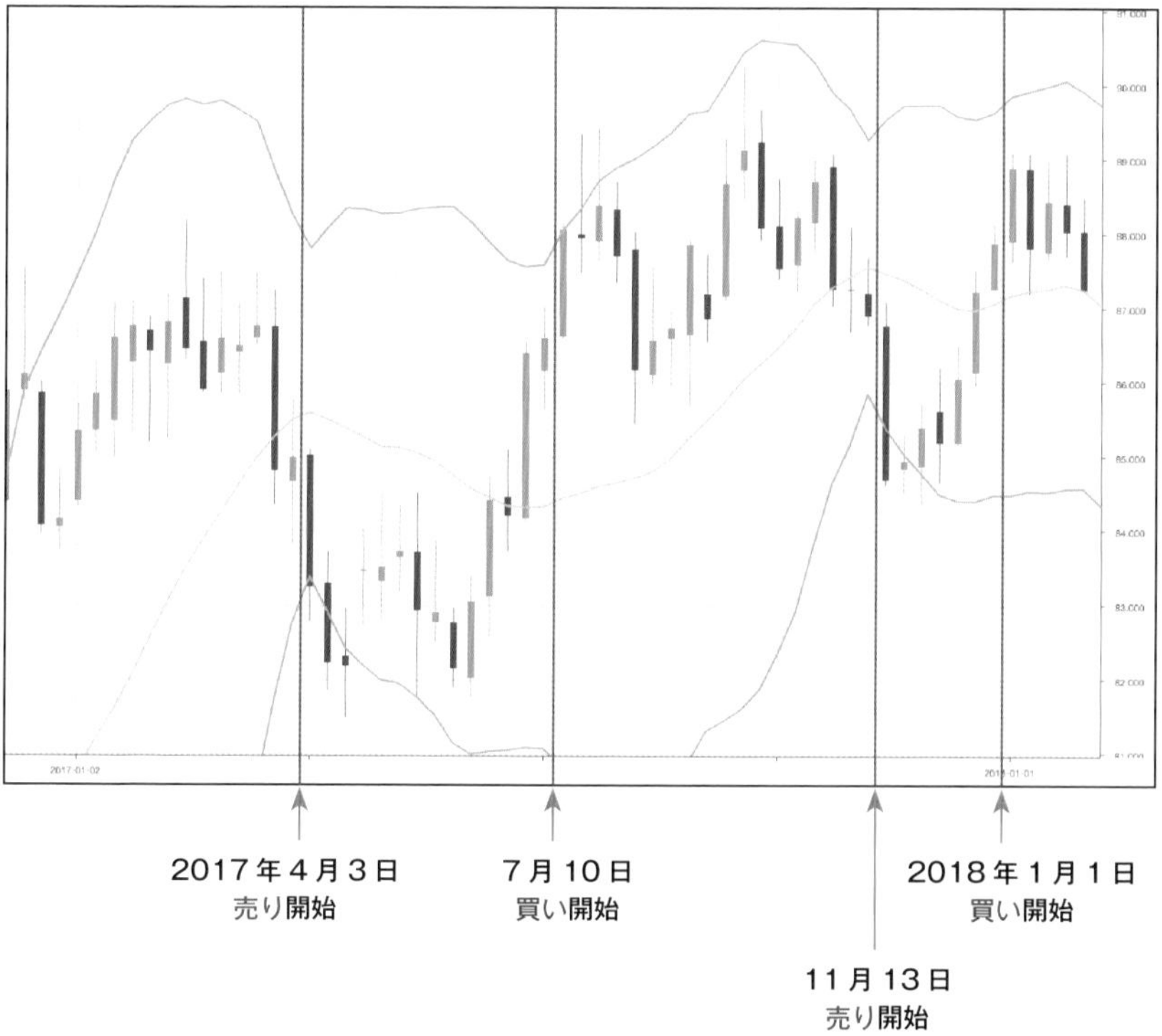

開始年月日	ポジション方向	利食い回数	損益
2017年4月3日	売	18	11,880円
7月10日	買	24	15,814円
11月13日	売	6	2,698円

豪ドル／円　週足（2018）　※設定内容は139ページ参照

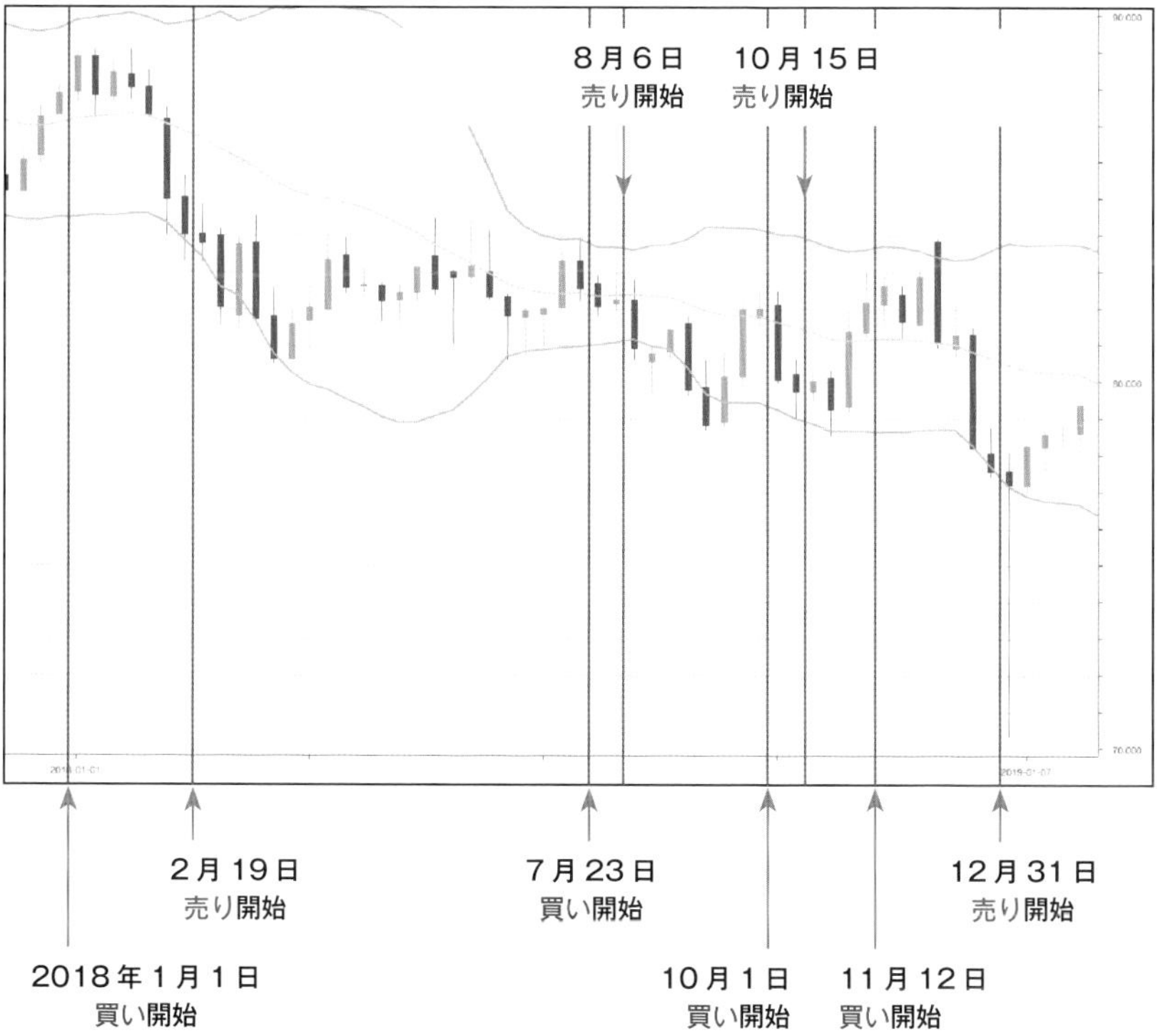

開始年月日	ポジション方向	利食い回数	損益
2018年1月1日	買	10	6,809円
2月19日	売	33	21,780円
7月23日	買	3	1,992円
8月6日	売	13	1,466円
10月1日	買	2	1,336円
10月15日	売	3	1,736円
11月12日	買	9	5,940円
12月31日	売	16	-1,332円

豪ドル／円 週足（2019） ※設定内容は139ページ参照

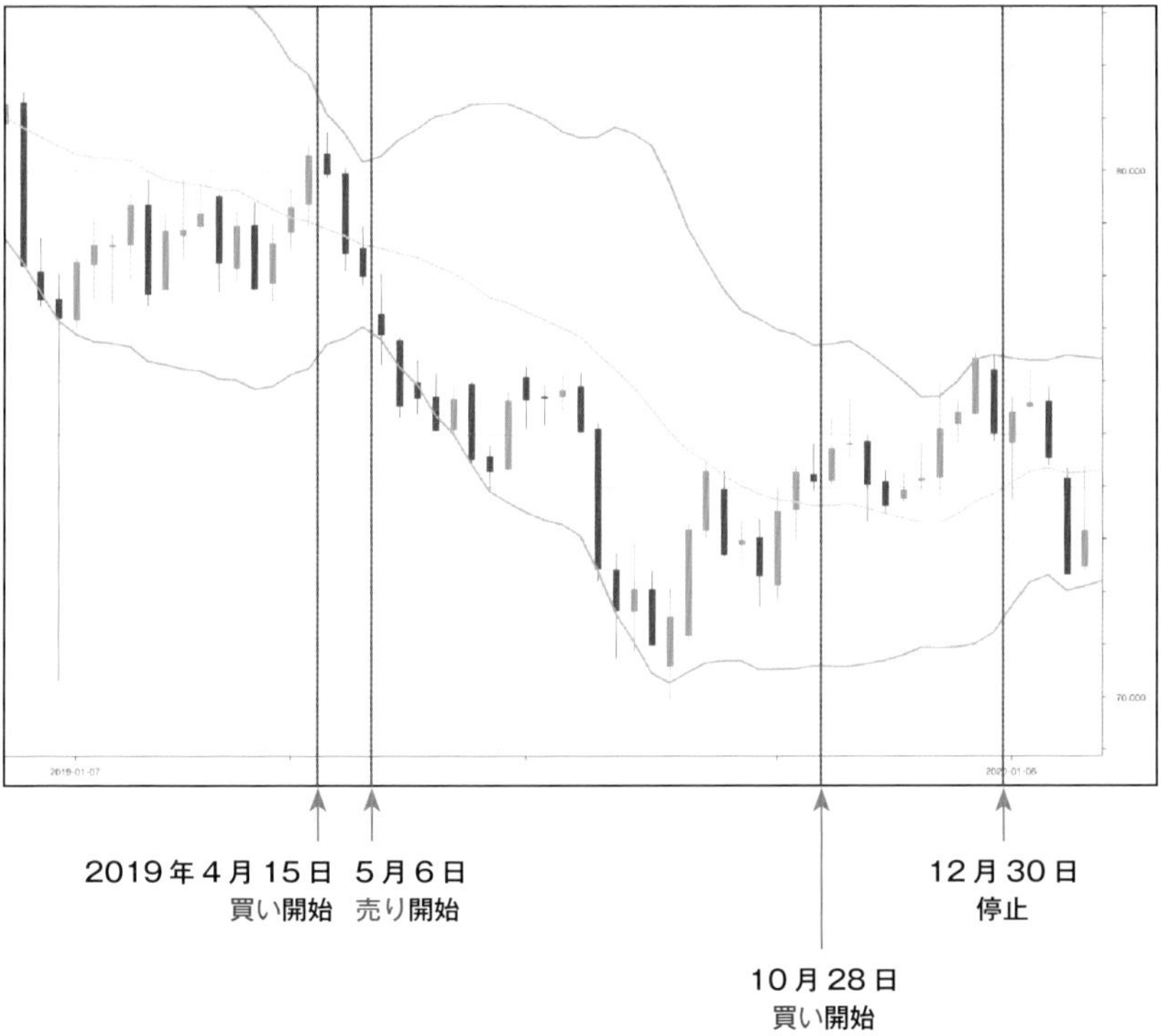

開始年月日	ポジション方向	利食い回数	損益
2019年4月15日	買	2	1,326円
5月6日	売	27	17,601円
10月28日	買	8	6,143円

■トラッキングトレードの設定（豪ドル／円）

通貨ペア	豪ドル／円
想定変動幅	1,650pip
対象資産	300,000 円
ポジション方向	サインに従って売り、買い転換
ポジション間隔	66pip

■対象資産と想定変動幅の組み合わせで設定されるポジション値幅と最大ポジション数のイメージ（1000 通貨単位）

想定変動幅		対象資産			
		100,000円	200,000円	300,000円	500,000円
200pip	ポジション間隔（pip）	10	10	10	10
	最大ポジション数（本）	20	20	20	20
300pip	ポジション間隔	13.6	10	10	10
	最大ポジション数	22	30	30	30
500pip	ポジション間隔	27.7	13.5	10.0	10.0
	最大ポジション数	18	37	50	50
800pip	ポジション間隔	57.1	28.5	18.6	11.1
	最大ポジション数	14	28	43	72
1100pip	ポジション間隔	100.0	47.8	31.4	18.6
	最大ポジション数	11	23	35	59
1400pip	ポジション間隔	155.5	73.6	48.2	28.0
	最大ポジション数	9	19	29	50
1700pip	ポジション間隔	212.5	106.2	68.0	39.5
	最大ポジション数	8	16	25	43
2000pip	ポジション間隔	285.7	142.8	90.9	52.6
	最大ポジション数	7	14	22	38
2300pip	ポジション間隔	383.3	176.9	115.0	69.6
	最大ポジション数	6	13	20	33
2600pip	ポジション間隔	520.0	236.3	144.4	86.6
	最大ポジション数	5	11	18	30
2900pip	ポジション間隔	725.0	290.0	181.2	103.5
	最大ポジション数	4	10	16	28
3200pip	ポジション間隔	800.0	355.5	213.3	128.0
	最大ポジション数	4	9	15	25
3500pip	ポジション間隔	875.0	437.5	269.2	152.1
	最大ポジション数	4	8	13	22

ユーロ／ドル

世界で最も取引される通貨ペア

ユーロ／ドルは、世界最大の取引量を誇るドルと2位のユーロの組み合わせですから、最も活発に取引されている通貨ペアです。取引量が多い通貨ペアの特徴は、値動きが比較的安定していることと、テクニカル指標で相場を判断しやすいことです。取引量の少ない通貨ペアの場合、予想外の経済指標の発表などのサプライズがあったときには、行き過ぎた変動をすることがあります。しかし、多くの投資家が売買している通貨ペアの場合には、イレギュラーな動きがあったとしてもすぐに修正されます。また、投資家は相場を判断する際にテクニカル指標も利用します。例えば、移動平均線が下降から上昇に転じるとトレンドの転換のサインになることが知られています。チャートを見ていれば、「もうすぐ上昇に転じるだろう」などの予測が可能です。よって先回りして買う投資家も出てきます。参加者の多い通貨ペアほどその傾向が高くなりますから、結果的にテクニカル指標のセオリー通りの値動きになる可能性が高いのです。その意味でユーロ／ドルはテクニカル指標を利用したトレードがしやすい通貨ペアと言えるでしょう。

直近の値動きでは、もともと欧州経済が弱かったところに、欧州における新型コロナウイルスのパンデミックが重なり、さらなるユーロ売りの材料となりました。また、資金市場におけるドル不足を解消するためユーロ売り・ドル買いが進んだことからユーロが弱い状態が続きました。今後パンデミック後の状況に注意をしながら、現状では売り戦略を基本とするのが妥当でしょう。

これまでのユーロ／ドル相場と今後の予想

■ユーロ／ドルの過去5年間の値動き（月足）

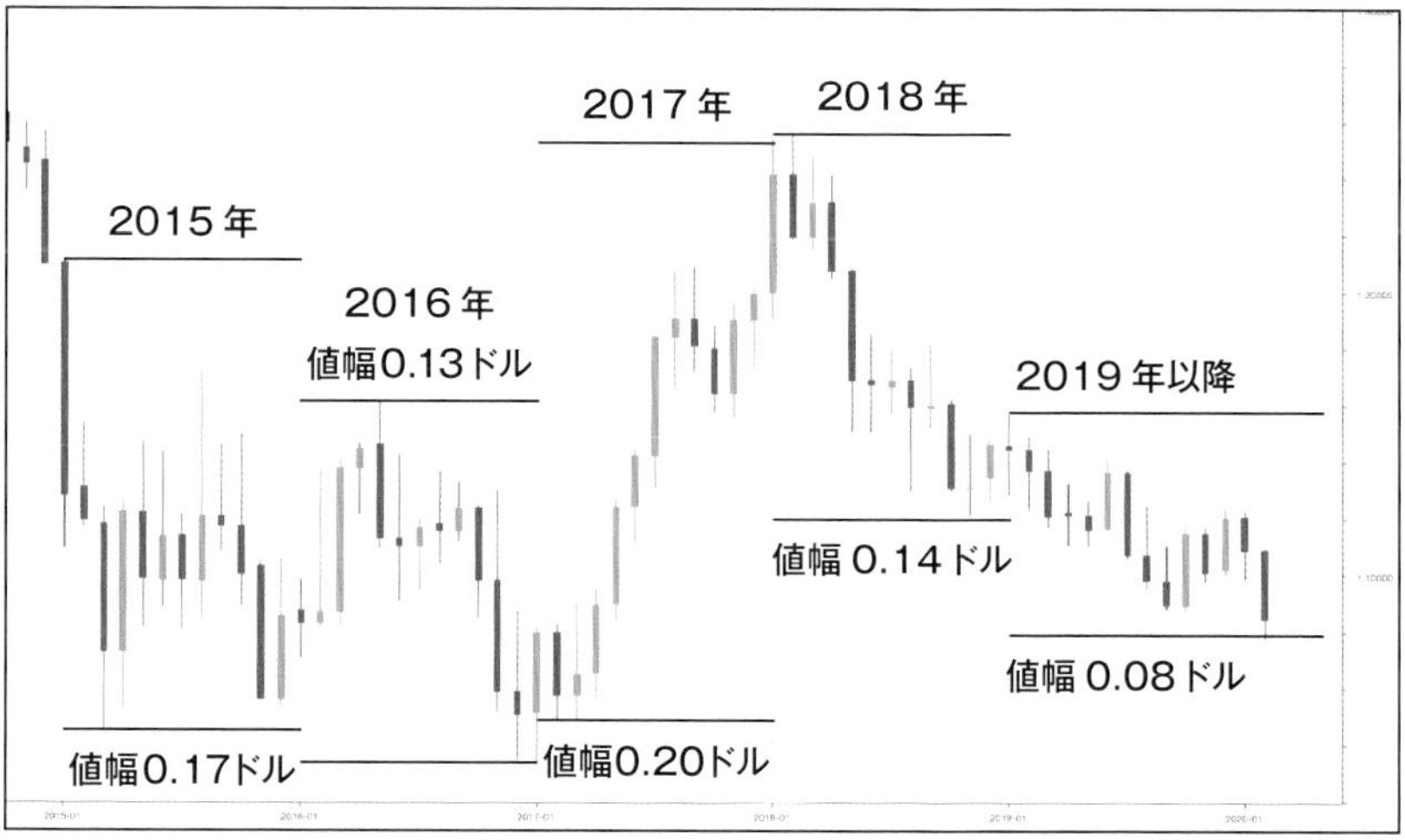

EUR／USD　月足　2015年～2019年

■ユーロ／ドルのトレンド（週足）

EUR／USD　週足　2017年7月24日～2020年3月9日

ユーロ／ドル 週足（2017） ※設定内容は 145 ページ参照

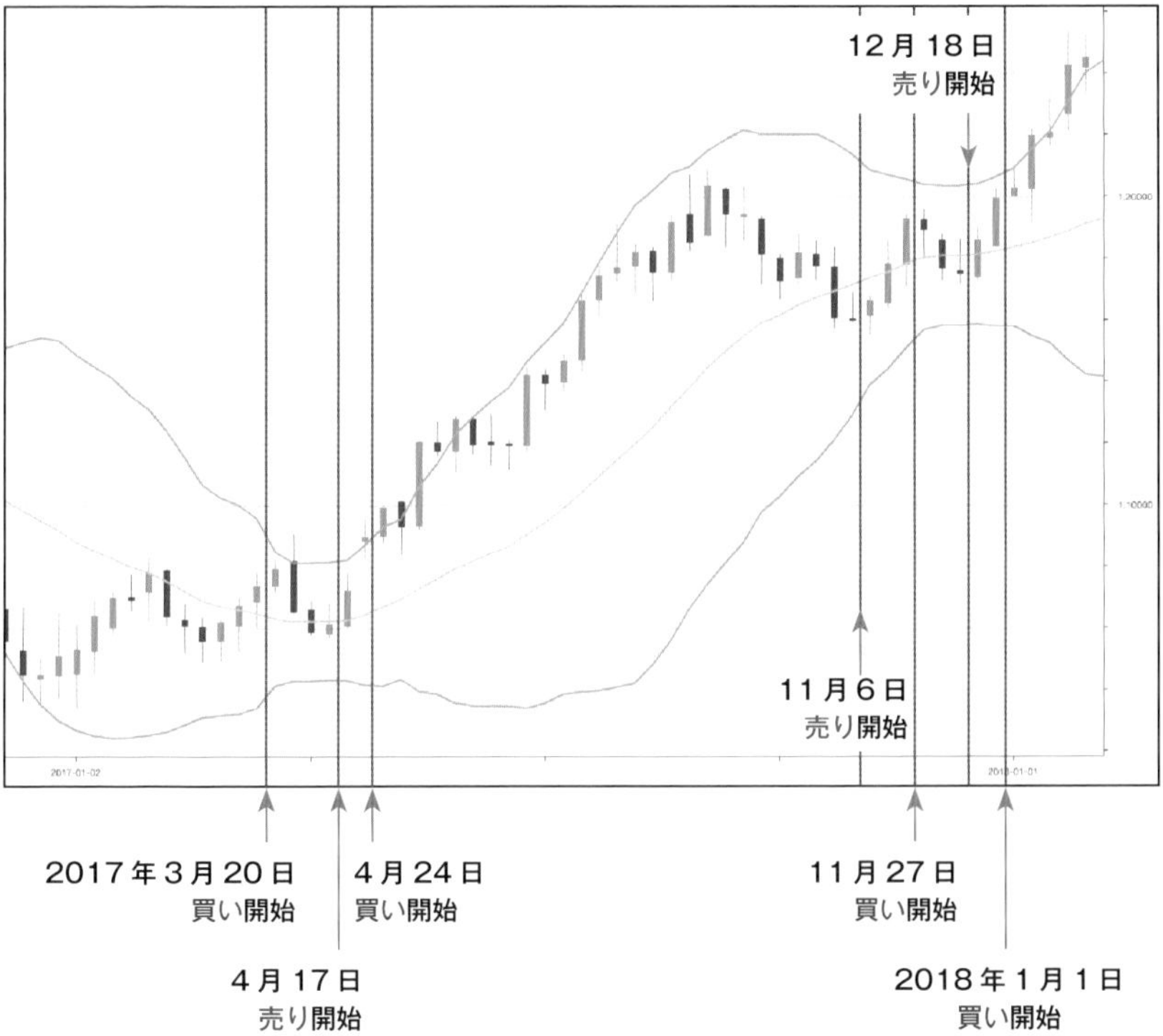

開始年月日	ポジション方向	利食い回数	損益
2017年3月20日	買	1	1,268円
4月17日	売	0	0円
4月24日	買	9	11,047円
11月6日	売	0	0円
11月27日	買	0	0円
12月18日	売	0	0円

ユーロ／ドル　週足（2018） ※設定内容は145ページ参照

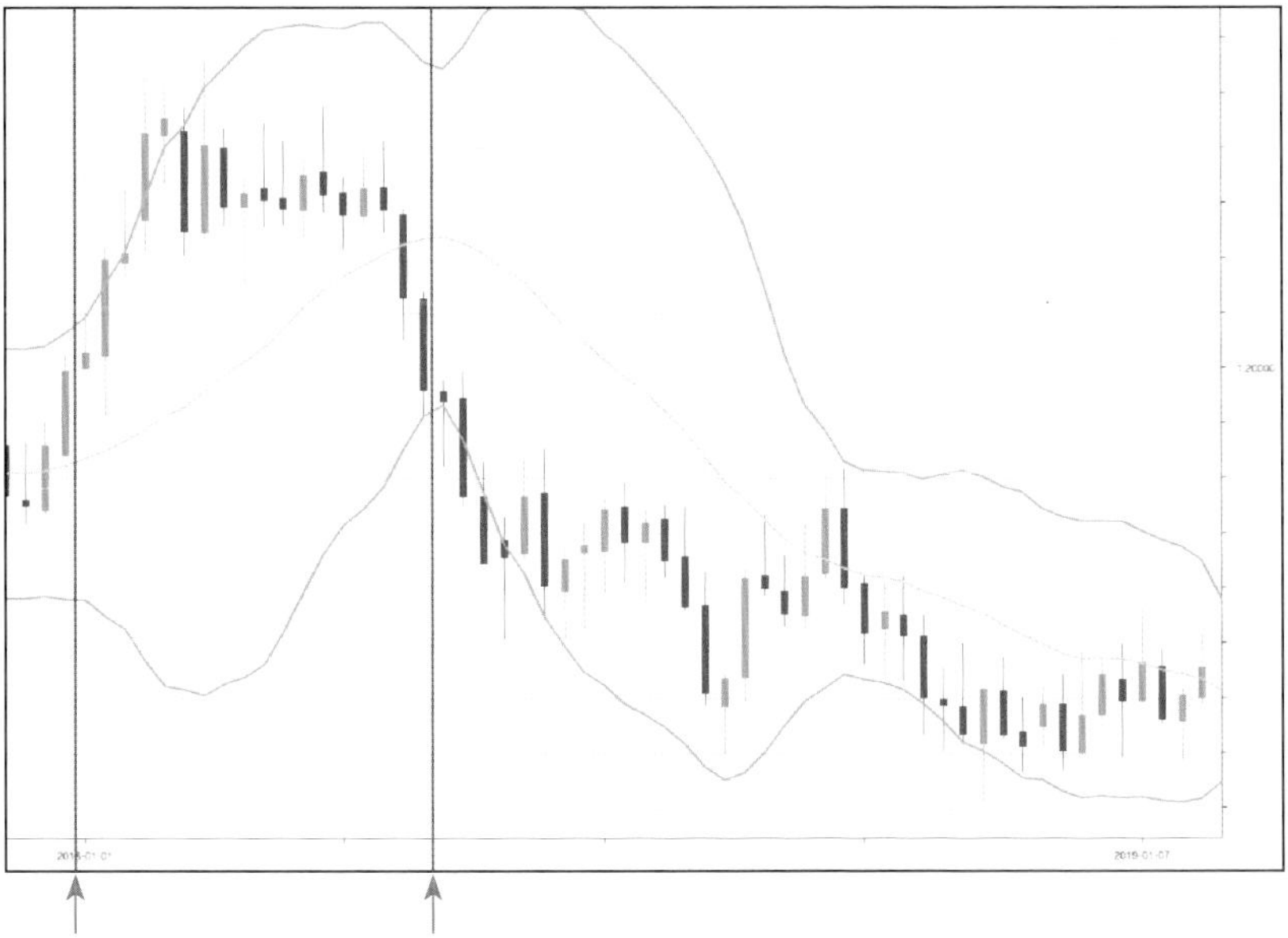

2018年1月1日　買い開始

2018年5月7日　売り開始

開始年月日	ポジション方向	利食い回数	損益
2018年1月1日	買	9	13,093円
5月7日	売	3	7,063円

ユーロ／ドル 週足（2019） ※設定内容は145ページ参照

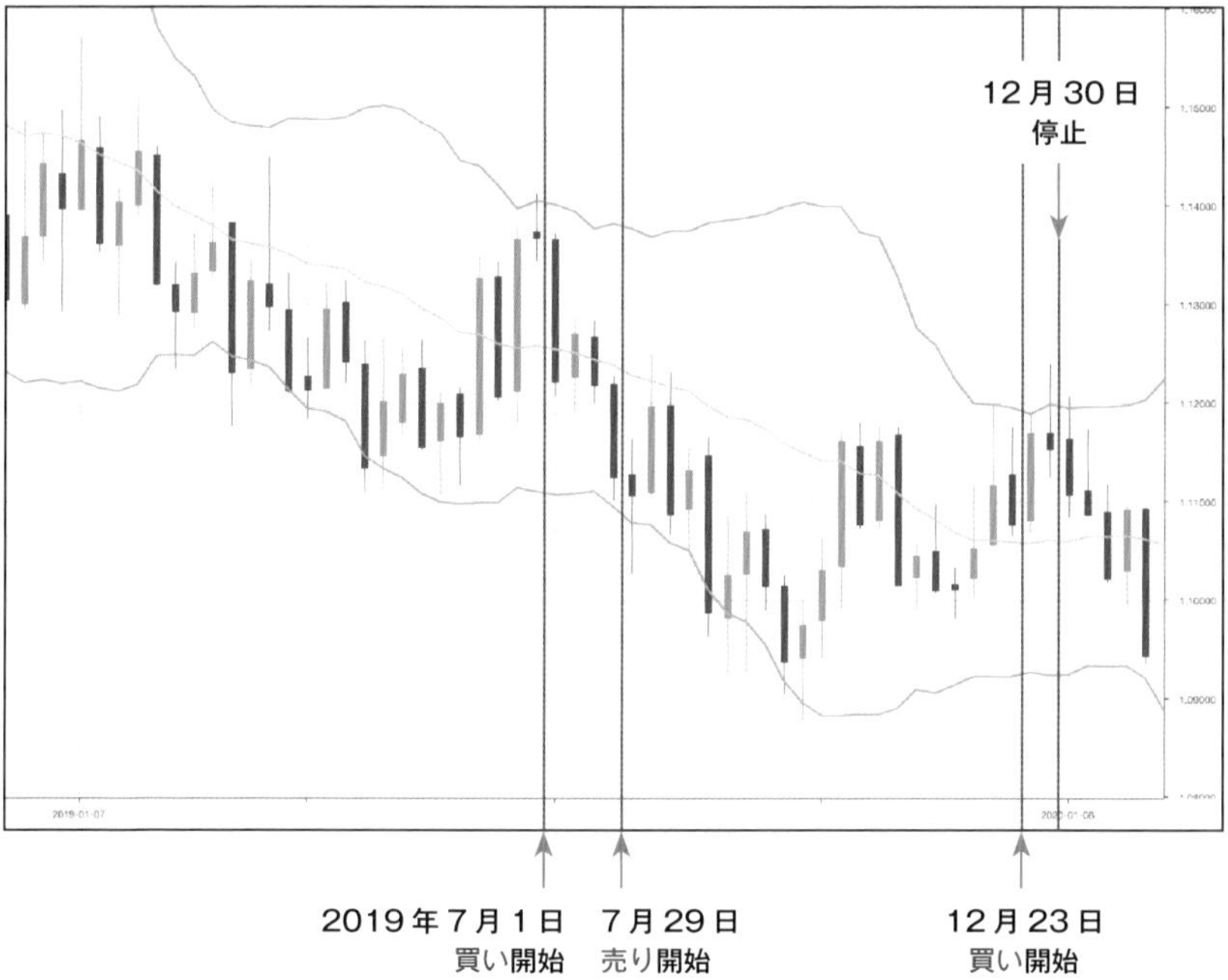

開始年月日	ポジション方向	利食い回数	損益
2019年7月1日	買	1	1,477円
7月29日	売	2	9,267円
12月23日	買	0	0円

■トラッキングトレードの設定（ユーロ／ドル）

通貨ペア	ユーロ／ドル
想定変動幅	2,480pip
対象資産	300,000円
ポジション方向	サインに従って売り、買い転換
ポジション間隔	155pip

■対象資産と想定変動幅の組み合わせで設定されるポジション値幅と最大ポジション数のイメージ（1000通貨単位）

想定変動幅		対象資産			
		100,000円	200,000円	300,000円	500,000円
200pip	ポジション間隔（pip）	11.7	10.0	10.0	10.0
	最大ポジション数（本）	107	20	20	20
300pip	ポジション間隔	20.0	10.0	10.0	10.0
	最大ポジション数	15	30	30	30
500pip	ポジション間隔	38.4	19.2	12.5	10.0
	最大ポジション数	13	26	40	50
800pip	ポジション間隔	80.0	38.0	25.0	14.8
	最大ポジション数	10	21	32	54
1100pip	ポジション間隔	137.5	61.1	40.7	23.9
	最大ポジション数	8	18	27	46
1400pip	ポジション間隔	200.0	93.3	60.8	35.8
	最大ポジション数	7	15	23	39
1700pip	ポジション間隔	283.3	130.7	85.0	48.5
	最大ポジション数	6	13	20	35
2000pip	ポジション間隔	400.0	166.6	111.1	64.5
	最大ポジション数	5	12	18	31
2300pip	ポジション間隔	460.0	230.0	143.7	82.1
	最大ポジション数	5	10	16	28
2600pip	ポジション間隔	650.0	288.8	173.3	100.0
	最大ポジション数	4	9	15	26
2900pip	ポジション間隔	725.0	322.2	207.1	120.8
	最大ポジション数	4	9	14	24
3200pip	ポジション間隔	1066.6	400.0	246.1	145.4
	最大ポジション数	3	8	13	22
3500pip	ポジション間隔	1166.6	500.0	291.6	175.0
	最大ポジション数	3	7	12	20

コラム6

自動売買でも裁量トレードでも
戦略のアレンジができるボリンジャーバンド

AIの登場で相場の動きが変わっていることは 112 ページで紹介しましたが、私が相場の動きに違和感を覚えたのは4年ほど前のことです。ちょうどトランプ氏が米国の大統領になったときです。投票前は「トランプ大統領が誕生したら株は暴落する」と言われていたのですが、そうはなりませんでした。当初、一時的には下がったのでが、そこから一気に戻したのです。その後、同じようなパターンが何度も起きています。昨年の米中通商協議でもそうでした。トランプ大統領は週末に重要なことを発表することが多いので、金曜日に協議の決裂が発表されたりします。そして月曜日にオセアニア市場が開くと、窓を開けて売りからスタートしますが、東京市場が開きしばらくすると窓を埋め、ロンドン市場が開くころには元に戻り、ニューヨーク市場が開くとさらに上がる――。そんな動きになったのです。2020 年の年明けにも同じことがありました。米軍がイランの革命防衛隊幹部のスレイマニ司令官を殺害した際にもいったん下がりましたが戻しました。その後、イランが反撃すると再び大きく下げましたが、大きく戻しました。

こうした取引は人間には難しいでしょう。人間は下がったら、「売ってついていく」のが普通です。しかし、最近は相場が戻ることが多いので、どこで相場が折り返すとのロジックがあり、AIがそれを使ってトレードをしているのではないでしょうか。おそらく過去の値動きから導き出しているのだと思います。ですから、非常にやりにくいのですが、マーケットがそうなっている以上は、それに合わせなければ利益が得られません。

そんな変化を知っているのか、最近の日本の個人投資家は、相場が下がると買いから入る人が多くなっています。しかし、年に数回は戻さずにドカンと下がってしまうこともあるので、注意が必要です。

これは自動売買も同じです。あるとき儲かるロジックがあっても、うまく機能するのは2、3年というところでしょう。相場の流れが変わると収益性が悪くなります。流れが変わったら、ロジックを変えなければなりませんが、その判断するためにもボリンジャーバンドの基本的な見方を身につけておくのは有効でしょう。自動売買でも裁量でも戦略のアレンジができるはずです。

第6章

応用編

「ダマシ回避」と「リピート注文と裁量の併用」

チャートに現れたダマシの回避にも
ボリンジャーバンドが威力を発揮する

バンドと中心線の傾きでダマシを回避

第4章で紹介したボリンジャーバンドの2σを利用した手法では、週足の終値が2回連続で中心線を上回った（または下回った）時点でトレンド転換としました。成功確率が非常に高い手法ではありますが、ダマシがゼロではありません。例えば、レンジ相場の中でサインが出た場合には、ダマシになるケースが多くなります（左ページ上）。このようなケースでは中心線と±2σのバンドの傾きにより、レンジであるという判断ができ、ダマシを減らすことができます。

左ページの中段の①のところでは終値が2回連続で中心線を上回った後、再び②のところで2回連続で下回っています。しかし、ボリンジャーバンドを見るときれいにスクイーズしており、トレンド転換の前兆と言えます。しかし、その後の方向はまだ読めません。このようなケースではいったんは様子見と判断するのがいいでしょう。また、③〜⑥の部分では判断が難しくなります。③の部分では「売り」への転換サインが出ていますので、この時点ではサインには従いますが、その後も④の「買い」、⑤の「売り」、⑥の「買い」と次々とサインが続きます。判断のポイントは±2σがスクイーズした後、エクスパンションを形成するか？　その場合、どちらの方向に進むのか？　です。結果は⑥の「買い」の転換サインの後に**明らかなエクスパンションが始まり、期間20の中心線も水平から上昇に転じ、期間50の中心線も①から②にかけて上昇しています。**これらのサインから③ではダマシによって売りを開始したとしても⑥の段階では売りを停止し、買いを開始すべきでしょう。

ダマシの発生しやすい相場局面

■レンジ相場で発生するサイン

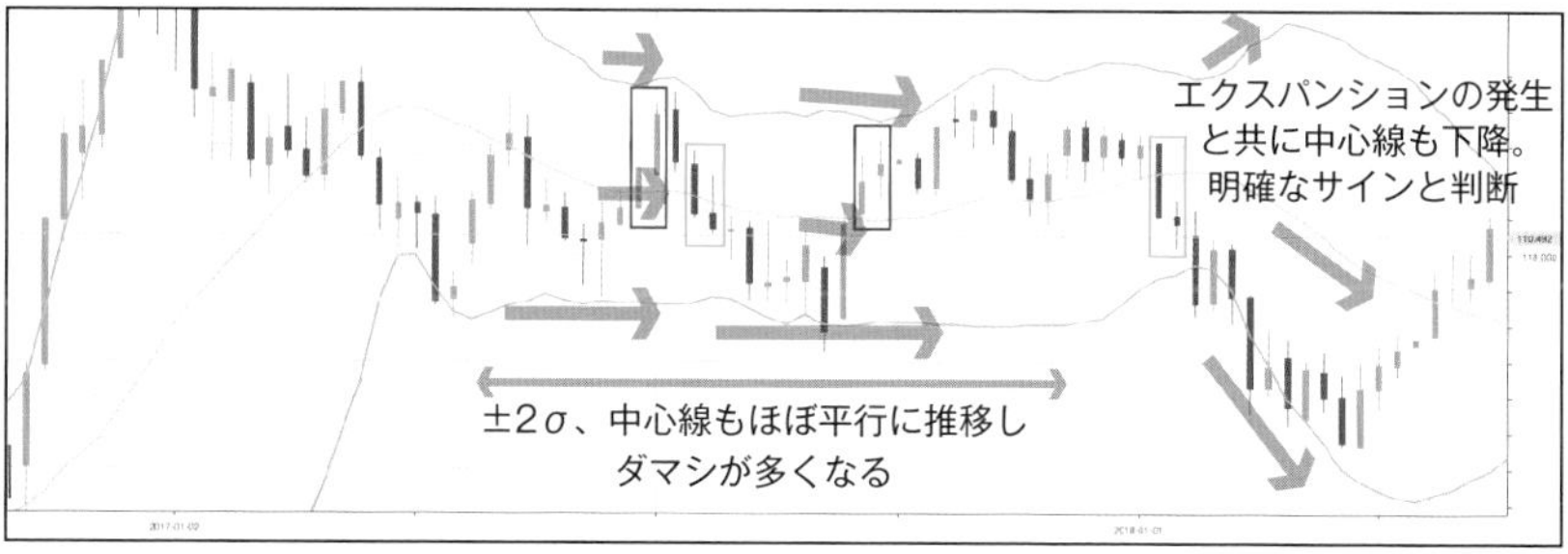

USD/JPY　週足　2016年11月7日~2018年5月14日　　□＝買いサイン　□＝売りサイン

■トレンド転換時と上昇局面の中段持ち合いで発生するサイン

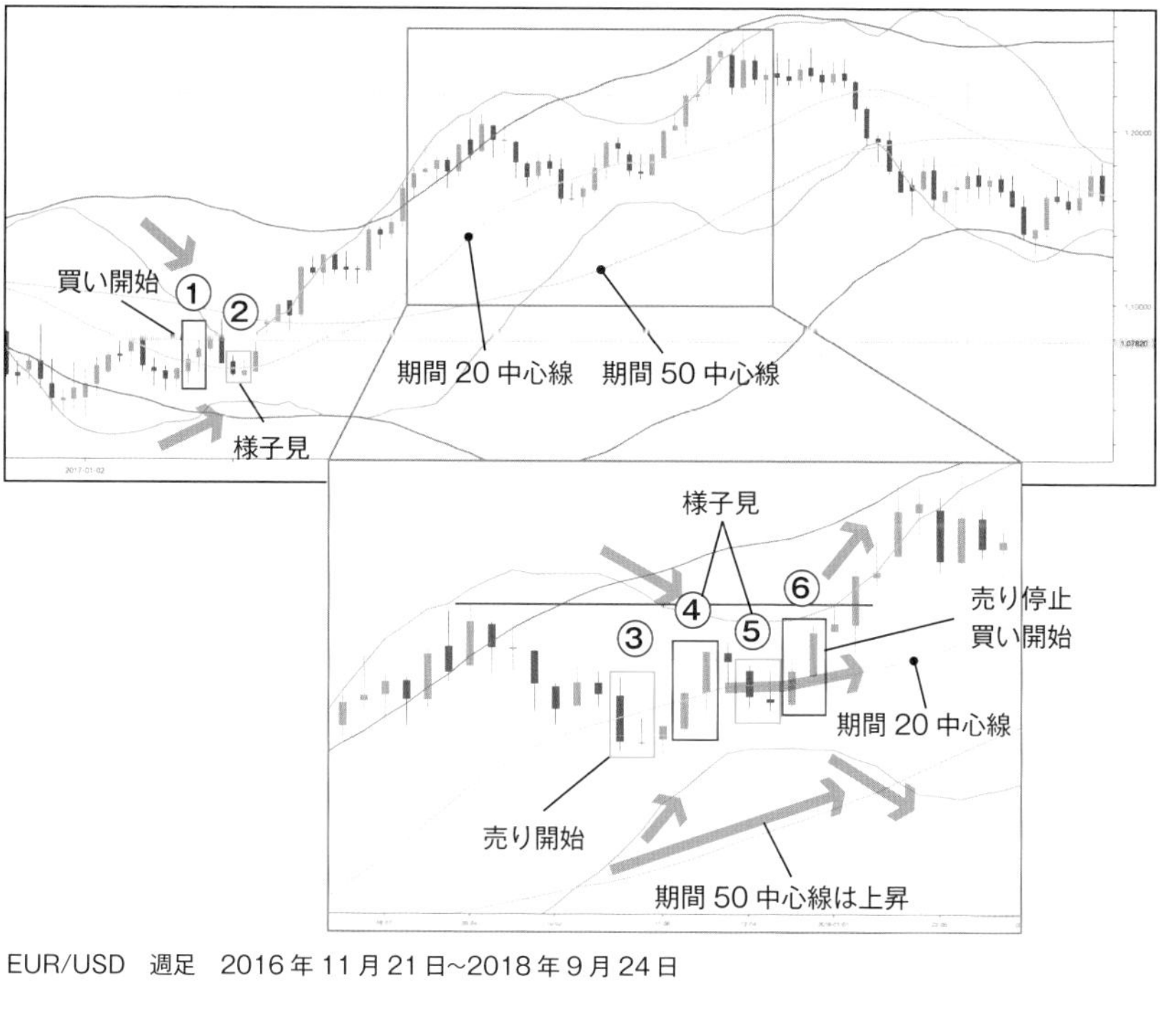

EUR/USD　週足　2016年11月21日~2018年9月24日

「売り」「買い」のサインが連続したら様子見

左ページ上の①の部分では2週連続で終値が中心線を下抜けて「売り」への転換サインが出ています。しかし、この時点では－2σも中心線も横ばいの状態で下降に転じていることが明らかになってはいません。ここに期間50のボリンジャーバンドを表示させると中心線はまだ上昇していることがわかります。このようなケースは注意が必要です。一方②、③の部分でも「買い」、「売り」と連続してサインが出ていますが、上下のバンド、中心線とも下降ぎみとは言え、明確なトレンドと判断するのは難しい場面です。

ここで力を発揮してくれるのが4章で紹介した短期と長期のボリンジャーバンドです。下のチャートで期間20の中心線と期間50の中心線がデッドクロスを形成していますが、その後短期、長期のボリンジャーバンドの下部バンドが重なっているのがわかります。これは下降トレンドのサインですからそれに従えば②で買いのサインが出てもここでは長期的な下降トレンドと判断でき、ダマシを回避することができます。一方④のサインが現れたところでは、わずかながら短期ボリンジャーバンドが広がるような気配もありますので、判断が難しいところです。結果的にはサインの出た翌週からは連続して陰線が出現していますので、短期と長期のボリンジャーバンドの下部バンドの重なりのサインが正しかったことが分かります。この下部バンドのサインが出ている間は2週連続で現れる売買サインもダマシである可能性が高いと考え、すこし様子を見て判断するといいでしょう。

裁量トレードで利益を上乗せする方法

■リピート注文と同じポジション方向へ裁量注文を出す

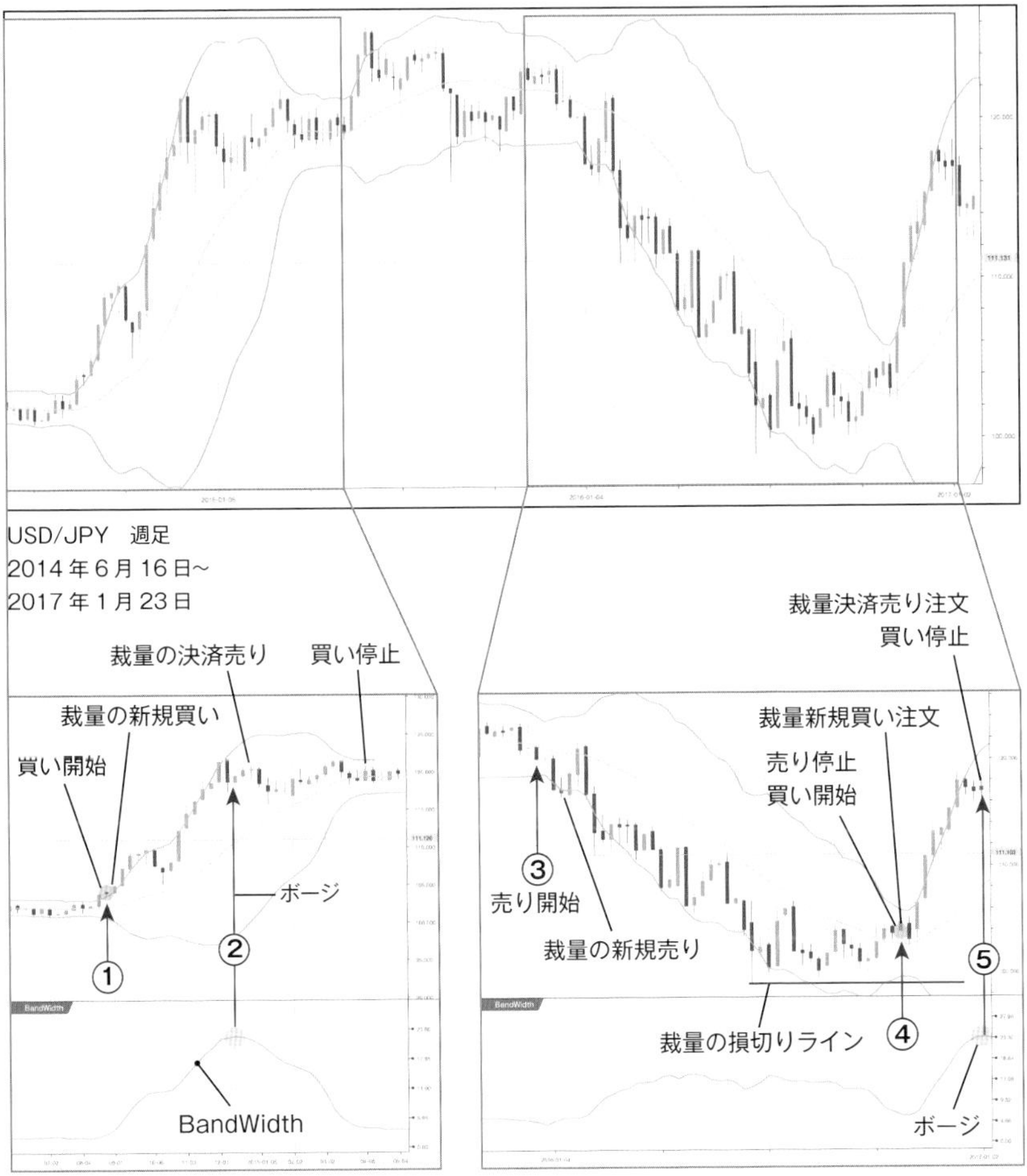

トラッキングトレードと同様に裁量トレードも開始

前ページでは、トラッキングトレードと裁量トレードに、それぞれ別の開始指標を利用しました。もう一つの方法として、トラッキングトレードと「同じサイン」で「同時に」「同じ方向に」裁量トレードを開始させる方法もあります。左ページのチャート①時点で週足が2週連続で中心線を下抜けてクローズしました。これを合図にトラッキングトレードの「売り」と、裁量トレードの新規売り注文を行ないます。このケースではボリンジャーバンドにエクスパンションは発生していませんので、裁量トレードの利益確定はチャートが2週続けて中心線を超えてクローズした時点とします。

ただし、節目となる価格では注意が必要です。このケースでは２０１１年4月11日の高値や２０１３年2月4日の高値がサポートラインになって反発する可能性があるからです。反発した場合には2週連続で中心線を上回った時点で停止します。実際には2つのサポートラインも下抜けて下がり続けたので、この下げトレンドは強いと判断し、さらに売り注文を増やす方法も考えられます。その後２０１２年3月19日の高値がサポートラインになって反発しています。２０１６年6月20日には長めの下ヒゲがサポートラインを割り込んでいますが、トレンドの終盤には起こりやすい現象です。

その後、②時点で週足が2週連続で中心線を上回っていますので、トラッキングトレードの「売り」を停止して、保有しているポジションは損切りして、「買い」のトラッキングトレードに転換します。同時に裁量トレードも利益確定します。

トラッキングトレードと同じサインで裁量でもエントリーする

EUR/JPY　週足　2011年2月7日~2016年11月12日

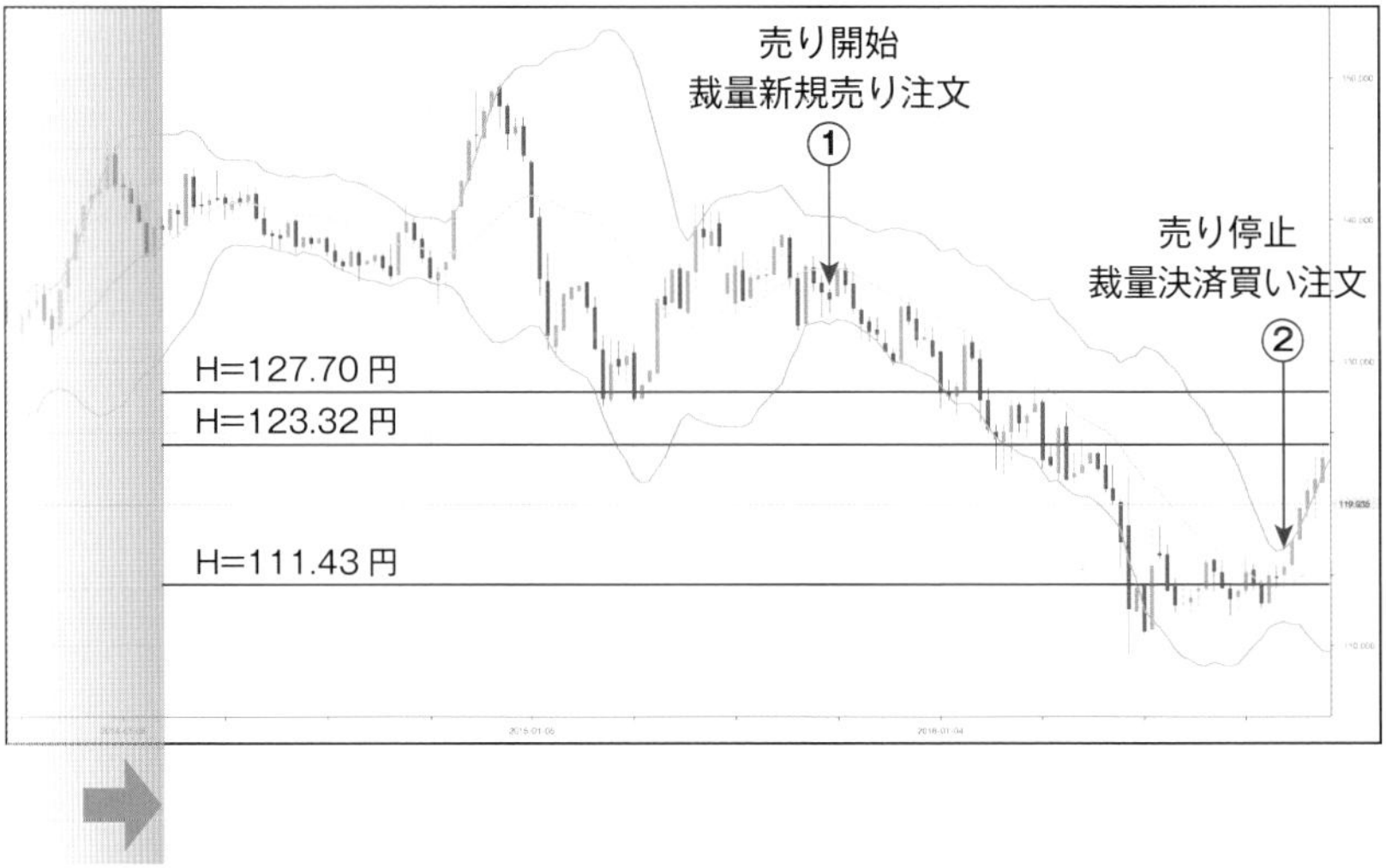

両建てでリスクを回避しながらチャンスを増やす

テニスの試合で審判のジャッジに納得できず、ビデオ判定を求めることを「チャレンジ」と言います。ＦＸでもテクニカルチャートのサインには、時として「ダマシ」が発生することがあります。常に疑ってかかることは悪いことではありません。ここでは、そんなときにリピート注文と逆の売買注文を入れて損失を最小限に食い止める方法を見てみましょう。

左ページのチャートの①時点では週足が2週連続で中心線を上回ってクローズしているので、トラッキングトレードの「買い」開始のサインになっています。しかし、移動平均線である中心線は下降していますから、上昇は短期的なものかもしれません。そこで、トラッキングトレードでは「買い」を行ないながら、裁量トレードで売りの新規注文を行ないます。トラッキングトレードで買い注文が生じるたびに裁量の売りを増やし、同じ数量で両建てにするのです。これで損失が限定されます。

その後、相場は下落に転じています。週足が2週連続で中心線を下抜けた時点で「買い」のトラッキングトレードは停止し、「売り」のトラッキングトレードに転換します。トラッキングトレードでは損失が発生していますが、裁量トレードの売り注文を決済することで利益が確保できますので、損失は帳消しです。もちろん、①時点で「買い」のトラッキングトレードを開始せずに様子を見る方法もありますが、その後、上昇トレンドになればチャンスを逃すことになりますので両建てにして様子を見るのも一つの方法と言えるでしょう。

ボリンジャーバンドのサインに「チャレンジ」

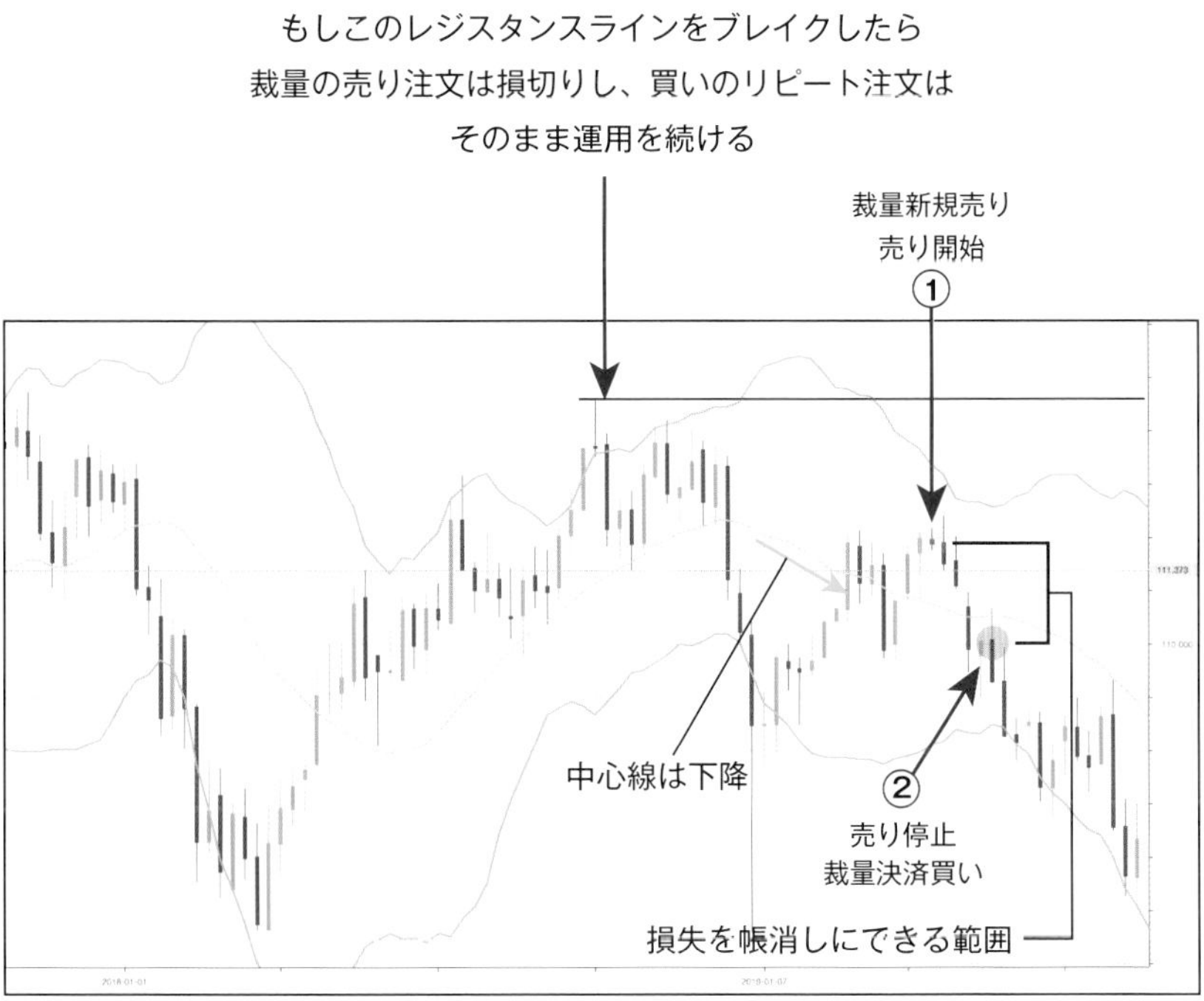
もしこのレジスタンスラインをブレイクしたら
裁量の売り注文は損切りし、買いのリピート注文は
そのまま運用を続ける
裁量新規売り
売り開始
①
中心線は下降
②
売り停止
裁量決済買い
損失を帳消しにできる範囲

USD/JPY　週足　2017年10月16日〜2019年6月17日

【著者略歴】

山中康司（やまなか・やすじ）

1982年バンク・オブ・アメリカに入行し、為替トレーディング業務に従事する。1989年バイスプレジデント、1993年プロプライエタリー・マネージャーに就任。1997年日興コーディアル証券入社、1999年日興シティ信託銀行の為替資金部次長に就任。その後、2002年アセンダント社設立・取締役就任。ボリンジャーバンドの考案者であるジョン・ボリンジャー氏とも親交がある。著書に『ど素人がわかるFXチャート＆経済指標の本』（翔泳社、共著）、『FXチャート分析マスターブック FXボリンジャーバンド常勝のワザ』（実業之日本社）、『DVDボリンジャーバンド ルールの設定とパターン分析の勝率』（パンローリング）などがある。

着《ちゃく》実《じつ》運《うん》用《よう》で4年《ねん》で10倍《ばい》！ ボリンジャーバンド×自《じ》動《どう》売《ばい》買《ばい》FX

2020年 4月11日 初版発行

発行 **株式会社クロスメディア・パブリッシング**

発行者 小早川幸一郎

〒151-0051 東京都渋谷区千駄ヶ谷4-20-3 東栄神宮外苑ビル

http://www.cm-publishing.co.jp

■本の内容に関するお問い合わせ先 …………………… TEL (03)5413-3140 ／ FAX (03)5413-3141

発売 **株式会社インプレス**

〒101-0051 東京都千代田区神田神保町一丁目105番地

■乱丁本・落丁本などのお問い合わせ先 ……………… TEL (03)6837-5016 ／ FAX (03)6837-5023

service@impress.co.jp

（受付時間 10:00～12:00、13:00～17:00 土日・祝日を除く）

※古書店で購入されたものについてはお取り替えできません

■書店／販売店のご注文窓口

株式会社インプレス 受注センター ……………………… TEL (048)449-8040 ／ FAX (048)449-8041

株式会社インプレス 出版営業部 ……………………………………………… TEL (03)6837-4635

カバーデザイン 萩原弦一郎（256）

本文デザイン 長谷川清一

編集協力 瀬川永士／向山勇（ウィット）

印刷・製本 株式会社シナノ

チャート提供 株式会社FXブロードネット

ISBN 978-4-295-40399-9 C2033